兰台寻踪

——档案里的四川故事

四川省档案馆◎编

西南交通大学出版社
·成 都·

图书在版编目（CIP）数据

兰台寻踪：档案里的四川故事 / 四川省档案馆编
. --成都：西南交通大学出版社，2023.10
ISBN 978-7-5643-9534-6

Ⅰ. ①兰… Ⅱ. ①四… Ⅲ. ①四川－地方史 Ⅳ.
①K297.1

中国国家版本馆 CIP 数据核字（2023）第 207366 号

Lantai Xunzong——Dang'an Li de Sichuan Gushi
兰台寻踪——档案里的四川故事
四川省档案馆　编

责任编辑	邵莘越
封面设计	游灵燏　曹天擎
出版发行	西南交通大学出版社 （四川省成都市金牛区二环路北一段 111 号 西南交通大学创新大厦 21 楼）
发行部电话	028-87600564　028-87600533
邮政编码	610031
网址	http://www.xnjdcbs.com
印刷	四川玖艺呈现印刷有限公司
成品尺寸	185 mm × 260 mm
印张	17.25
字数	344 千
版次	2023 年 10 月第 1 版
印次	2023 年 10 月第 1 次
书号	ISBN 978-7-5643-9534-6
定价	175.00 元

编委会

主　任　祝　云

副主任　张辉华　林　红　王学群　蒋希霖

委　员　米晓燕　张　飞　张晓芳

编写组

主　编　祝　云

副主编　张辉华

编　辑　米晓燕　张　飞　张晓芳　张　蔷　宋　弋

邓素芳　王浴熹　杨书懿　游灵燏

前　言

兰台这个美丽而又富有芬芳感的词语，主要词源之一是西汉皇家珍藏档案典籍的地方，延续至今成为档案行业的代名词。我们作为新时代的兰台人，在兰台这个浩瀚的宝库中不断追寻先辈们的踪迹，挖掘反映勤劳、勇敢、智慧的四川人民建设家园、追求美好生活的生动素材，形成了这本弘扬爱国主义精神、传播四川历史文化、助力成渝地区双城经济圈建设、推动治蜀兴川再上新台阶的《兰台寻踪——档案里的四川故事》。

书中每一篇故事的档案资料都经过认真筛选、深入研究，以翔实的史料、朴实的言辞、真实的记录，还原历史真相，展现巴蜀儿女不畏艰难、不怕牺牲、勇于奉献、不屈不挠的斗争精神，解码四川人民忠于国家、敢当大义的赤诚之心和家国情怀，从档案角度为人们了解四川历史和巴蜀文化打开一扇窗，为激励巴蜀儿女团结一心、恒守初心、继续前行、再建新功，贡献兰台力量。

未来，我们将立足馆藏档案资源，深入发掘档案中的文化内涵、思想观念、人文精神，在建设现代化四川新征程上继续讲好四川故事。

编　者

2023年10月

目　录

薪火照亮来时路

巴蜀儿女家国情

川渝大地换新天

巾帼花开别样红

薪火照亮来时路

走得再远，都不能忘记来时的路。巴蜀百年，岁月峥嵘，一代又一代共产党人，为中华民族的独立复兴前仆后继。让我们追寻照耀巴蜀大地的红色光芒，解码共产党人的百年初心，继续走好砥砺奋进的道路，创造更加幸福美好的生活。

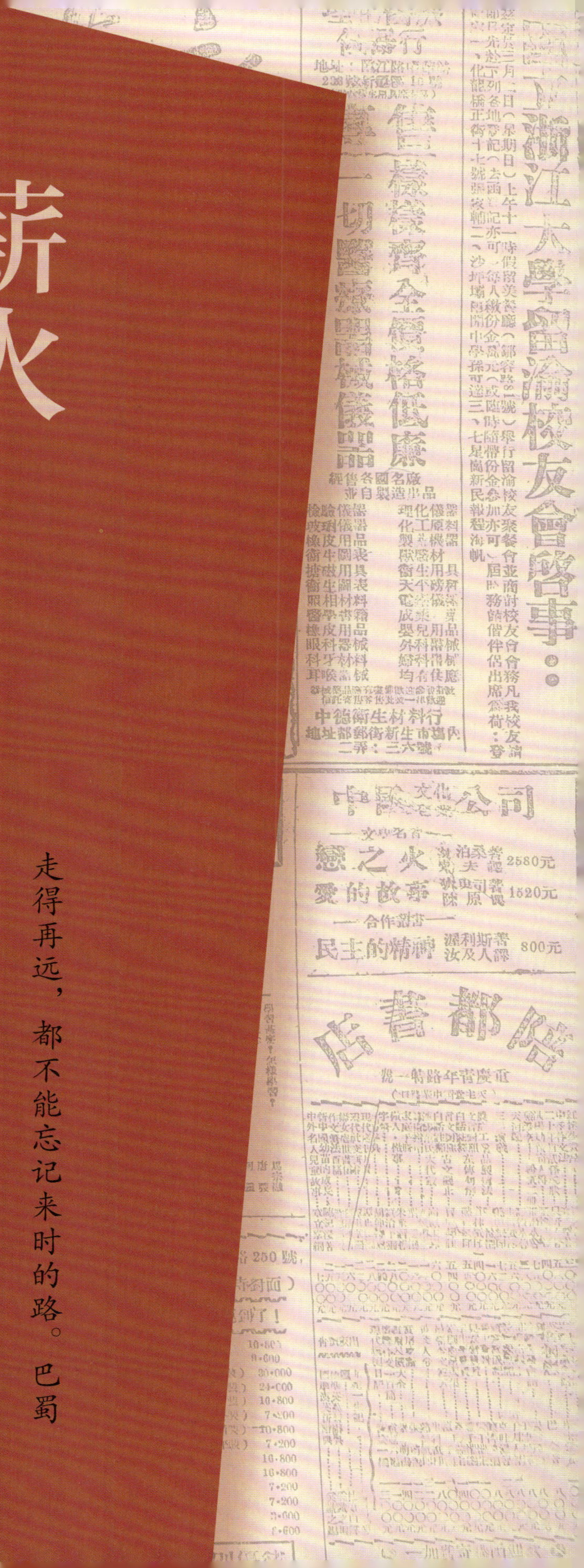

1 巴蜀星火
——四川早期团组织的创建与发展

1911年爆发的辛亥革命，虽然推翻了统治中国两千多年的封建君主专制制度，但新成立的中华民国政府，并没有给人们带来预期的民族独立、民主政治和社会进步。面对北洋军阀的黑暗统治，四川的先进分子通过投身新文化运动和五四运动，积极宣传马克思主义思想，逐步建立和发展四川党团组织，领导全川人民进行反帝反封建的伟大斗争。我们以档案文献为依据，追溯四川早期团组织的艰难奋斗历程，用档案见证共青团的百年辉煌，弘扬优良传统，永葆青春本色，积极投身新时代中国特色社会主义建设。

新文化运动在四川的兴起

新思想在四川的萌芽。1911年6月，湘、鄂、粤、川等省爆发保路运动，四川尤其激烈，极大地鼓舞了革命党人的斗志，成为辛亥革命的前奏，为中国资产阶级民主革命立下了不朽功绩，也使广大的四川人民接受了一次新思想的洗礼。1912年8月，吴玉章等人发起成立留法勤工俭学会四川分会，在成都设立留法预备学校，开始了轰轰烈烈的四川青年留法勤工俭学运动。据统计，先后有邓小平、陈毅等511名四川青年留法勤工俭学，居全国首位，占1 600余名留法学生的近三分之一，他们通过在欧洲的工作和学习，对西方的自然科学技术和民主自由思想有了更深的了解，并通过书信、刊物等各种途径将见闻和认识传递回来，促使新思想在川内逐渐萌芽。

新文化运动在四川的兴起。1915年9月，陈独秀创办《青年杂志》（后改名《新青年》），掀起了向封建思想道德和文化宣战的新文化运动。新文化运动在四川出现，最早是在成都市中心劝业场内的“华阳书报流通处”（简称“书报处”）。“书报处”起初由成都商会会长傅樵村创办，从省外大量引进宣传变法维新、鼓吹资产阶级革命等新思想和介绍西方文明的报刊书籍，通过免费借阅、赠阅等方式，最先开始在川内宣传新文化，逐渐在成都的青年知识分子中享有盛名。

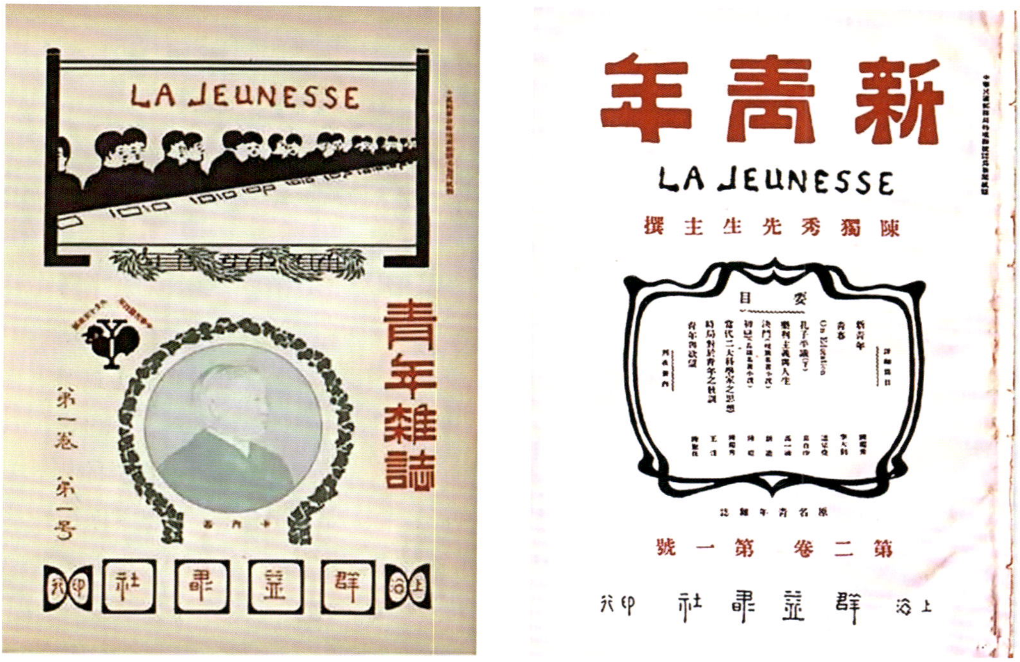

《青年杂志》和《新青年》创刊号

1917年1月，“书报处”开始销售《新青年》，后又大量引入省外的《每周评论》《甲寅》和省内的《国民公报》《蜀报》等书刊，积极宣传新思想，使一大批四川青年知识分子接受了进步思想的启蒙，如四川的吴虞撰写《吃人与礼教》在《新青年》上发表，揭露了封建礼教的反动与残酷，随后又连续发表7篇文章，对封建道德和宗法进行了猛烈批判，大胆冲击落后礼教和儒家思想，在当时的思想界引起巨大反响，陈独秀称他是“蜀中名宿”，胡适称他是“只手打倒孔家店的老英雄”。李劼人等进步人士在成都积极阅读宣传新文化的报刊，商讨改造国家的方案，不断推动四川新文化运动深入发展。

马克思主义在四川的传播

马克思主义在四川的兴起。1917年十月革命一声炮响，给中国送来了马克思列宁主义，并迅速在全国广泛传播。1919年4月下旬，成都《国民公报》先后刊登《近代社会主义鼻祖马克思之奋斗生涯》等文章，最先开始在四川介绍马克思主义。

1919年5月4日，北京发生以学生为主体的反帝反封建爱国运动，《川报》驻北京特约通讯员、川籍北京中国大学学生、少年中国学会负责人王光祈用电报将北京学生火烧赵家楼、痛打卖国贼的消息发回成都，《川报》《国民公报》等迅速刊登了相关消息，深深震撼了四川的广大青年学生和各界有识之士。5月17日，成都30多所学校数千名闻知消息的学生到皇城致公堂聚集，在举行声势浩大的声援活动后，发起筹备成立成都学界外交后援会。5月20日，重庆川东师范学校、巴县中学等学校的60余名青年学生举行集会，决定成立川东学生救国团。随后，川东女子救国会、国民外交后援会、重庆国民自强会等爱国团体陆续成立，纷纷举行活动声援北京学生的爱国运动。成都、重庆各界的声援活动快速扩散至全川，大大促进了四川人民的思想觉醒，也促进了马克思主义在四川的传播，四川青年学生的思想进一步解放，先后创办了《星期日》《四川学生潮》《川东学生周刊》《新蜀报》等十几种公开进步刊物，马克思主义思潮在四川迅速兴起。

王右木成立马克思读书会。说到四川马克思主义的传播，就不得不说到一个关键人物——王右木。他是四川传播马克思主义的先驱，1887年11月12日生于四川江油武都镇，1907年考入四川通省师范学堂（今四川大学），1914年官费留学日本，1918年秋毕业于东京明治大学经济系，期间加入了留日学生的爱国组织“神州学会”，并积极参加反对袁世凯丧权辱国“二十一条”的学生运动。正是在日本留学期间，他结识了李大钊、李达、李汉俊、施存统等先进知识分子，开始初步接触马克思主义。

1919年春，王右木回国返川省亲，哥哥王初龄一心以为这个自己苦心栽培的胞弟可以涉足官场，青云直上、光耀门楣。然而，一心想着闹革命的王右木，为了将来不连累自己的好哥哥，毅然决然和王初龄分家。5月28日，王右木与妻子一道，带上八岁的女儿王兰（松英）和两岁的儿子大体（浴生），晓行夜宿，于6月3日到达成都，在实业街租房安顿下来。随

王右木

后，王右木受聘成都高等师范学校学监，并兼任经济学和日语教师，后又陆续在高师附中、省立女子师范学校、政法专门学校、农业专门学校兼课。受五四运动和《新青年》等报刊的影响，王右木对马克思主义产生了浓厚兴趣。

1920年8月，陈独秀在上海建立共产主义小组，在大力宣传马克思主义的同时，积极推动各地共产主义小组的建立。这年暑假，王右木前往上海拜见了陈独秀等人。年底在成都组建了四川第一个学习和研究马克思主义的团体——马克思读书会，开始进行马克思主义的宣传，初期成员有40余人。

1921年春，王右木重组马克思读书会，主要吸收思想进步的学生、中小学教师、新闻记者，以及个别工人参加。读书会的主要活动是学习，阅读《共产党宣言》《唯物史观》《社会主义精髓》《新青年》《觉悟》等宣传社会主义、十月革命的报刊、书籍，结合当时的社会问题展开讨论，并利用纪念日举行讲演会，向周围的朋友宣传革命理论。参加读书会的人员最多时达100人以上，其中许多人因此走上了革命的道路。在组织马克思读书会研究传播革命理论的同时，王右木自身的思想也实现了质的飞跃，更加坚定了马克思主义信念。

王右木创办《人声》报。1921年1月，王右木创办《新四川旬报》，揭露军阀压迫、剥削人民的罪恶行径，5月便被反动派查封。1922年1月，王右木以报刊名称与北京、重庆等地报刊重复为由，申请将《新四川旬报》更名为《人声》旬报，并获得批准。

1922年2月7日，四川第一份以宣传马克思主义为首要任务的革命刊物——《人声》报正式诞生，意为人民的呼声，主要是深入浅出地宣传科学社会主义、剩余价值、阶级斗争、无产阶级专政等马克思主义原理，介绍俄国十月革命的胜利和国际工人运动，同时还揭露帝国主义对中国的侵略、封建军阀主张的“防区制”，批判旧思想、旧道德，提倡男女平等、婚姻自主、社交公开，并对妇女解放和青年运动等问题进行探讨，鲜明的观点和坚定的立场、勇敢的精神，在当时四川一潭死水中掀起微澜，唤醒劳苦民众，在中共四川地下党组织的发展史上留下了光辉的一页。《人声》报的影响不仅限于成都地区，还通过让马克思读书会的张秀熟、袁诗荛等进步青年作为特约通讯员和代办员，将《人声》报带到南充等地销售，在当地进步学生和知识分子中流传，使川北地区部分青年开始初步了解马克思主义。

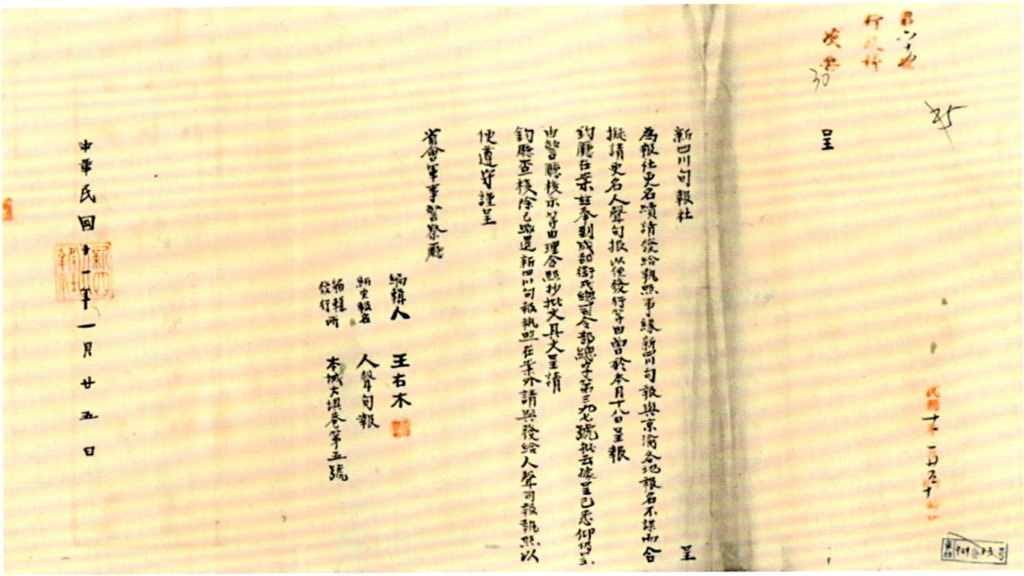

新四川旬報社　呈

為報社更名續請發給執照事緣新四川旬報與京滬各地報名不謀而合

擬請更名人聲旬報以便發行等由曾於本月十八日呈報

鈞廳在案並奉到成都衛戍總司令部總字第三九七號批云據呈已悉仰候令

由警廳核示等由理合照抄批文具文呈請

鈞廳查核除已繳還新四川旬報執照在案外請與發給人聲旬報執照以

便遵守謹呈

省會軍事警察廳

編輯人　王右木

新更報名　人聲旬報

編輯發行所　本城大壩巷第五號

中華民國十一年一月廿五日

1922年1月25日王右木向四川省会军事警察厅申请将《新四川旬报》更名为《人声》旬报的呈文（成都市档案馆馆藏）

办《人声》报，最大的困难是经费和人力。起初的办报经费主要由王右木和刘絜述负担。为了办报，王右木节衣缩食，将自己每月近200元的工资几乎全部都用来办报，仅留20元左右作为全家的生活费，一家数口常以泡菜下稀饭或以粗菜叶煮面疙瘩充饥；就连他留学日本时获得的牙骨手杖、自鸣钟等宝贵纪念品，也都忍痛变卖，用以支持办报。不仅如此，他还鼓动妻子回江油老家变卖陪嫁的街房、首饰，用以补贴办报费用；妻子患重病时，他拿不出钱去治疗，常常只能用民间小单方解决；如遇经费周转实在困难，他就把正在使用的衣物和杯盘碗盏拿去当卖，或不顾分家之隙，写信请大哥王初龄资助。人手少，他便一人兼任社长、编辑、主笔，乃至内外杂务都自己干。由于《人声》报内容丰富、形式多样、旗帜鲜明，影响力越来越大，政府当局视其为洪水猛兽，在出版到第3期时，被四川省警察厅以“言论纯为鼓吹社会主义而作”的罪名勒令停刊。后经抗争虽得以复刊，但由于当局不断压迫和经费困难，报纸从日刊改为周刊，后又改为旬刊，在断断续续出版5个多月后被迫停刊。

王右木及其家人合影

王右木通过组织马克思读书会和创办《人声》报，帮助和引导四川一批进步青年学习和掌握了马克思主义的基本原理，走上了革命道路，为马克思主义在四川的传播作出了重要贡献，也为后来四川党、团组织的建立奠定了思想和组织基础。在此前后，还有一大批先进知识分子在四川宣传马克思主义，其中的杰出代表有恽代英、萧楚女、吴玉章、童庸生等。四川早期的青年团员和共产党员，多数都是马克思读书会的成员和受到《人声》报影响的进步青年，如李硕勋（国务院原总理李鹏的父亲）、杨尚昆（原国家主席）等。

四川团组织的创建与发展

建立共产主义组织的最早尝试。1922年4月，王右木指导成都马克思读书会成员童庸生等进步青年，根据社会主义青年团中央机关刊物《先驱》杂志刊登的《中国社会主义青年团临时章程》，在成都自发成立了四川社会主义青年团，成员10余人，开始了四川建立共产主义组织的最早尝试。由于没有与团中央取得联系，王右木计划赴上海向团中央汇报，但因投入随后爆发的全川教育经费独立运动而未能成行，因而，四川社会主义青年团最终未能在社会主义青年团第一次全国代表大会召开时得到认可。

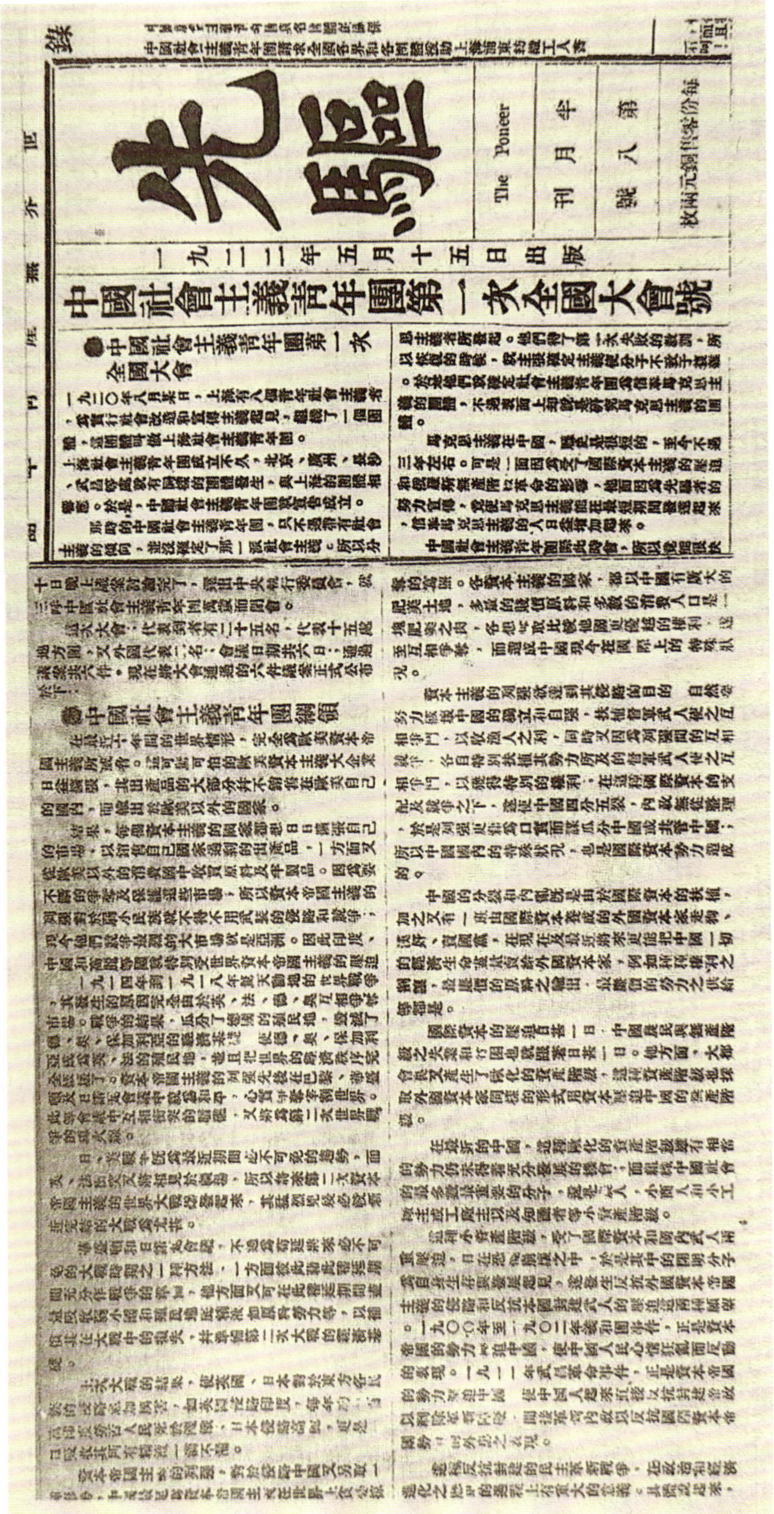
先驅
The Pioneer
半月刊
第八號
一九二二年五月十五日出版
中國社會主義青年團第一次全國大會號
中國社會主義青年團第一次全國大會
中國社會主義青年團綱領

1922年5月15日，《先驱》上刊登的关于中国社会主义青年团第一次全国代表大会的报道

最早基层团组织的成立。1922年5月5日，恽代英在泸县就任川南师范学校校长后，成立了马克思学说研究会，并把革命活动扩展到川南各县。不久，他接到团中央通知，要求其在泸县发展青年团，直属团中央领导。5月28日，他根据团一大通过的章程和决议，将马克思学说研究会的余泽鸿、张霁帆等6名成员发展成第一批团员，成立了泸县社会主义青年团，9月改为社会主义青年团泸县支部，这是四川最早建立的社会主义青年团组织。

团重庆地委的成立。1922年7月，教育经费独立运动取得胜利后，王右木前往泸州会晤了恽代英，随后前往上海与党中央、团中央联系，先后与施存统、阮达时、陈独秀等会晤。由于长期操劳过度，平时生活又素来艰苦、营养差，加之旅途劳累，他在上海期间持续高烧、头晕目眩、两眼红肿，但仍然满不在乎地四处奔走，每天都坚持工作到深夜，有时甚至彻夜不眠。离开上海时，团中央发给他《社会主义青年团大会号》，并告知团组织接洽联络的口号，委托他回川建立发展团组织。10月，王右木回到重庆，见许多知识青年都信奉无政府主义，十分痛心，便指导姜翰时、王灵祚等5名信仰马克思主义的巴县中学学生建立重庆社会主义青年团书记部，推举刘砚声为书记，并允许其直接与团中央联系；同时，致函南充的何珌辉、张秀熟，委托他们组建川北社会主义青年团。10月9日，受中共中央领导人陈独秀的委托，唐伯焜与周钦岳等人一起，联络重庆进步青年董宝琪、李光斗、李守伯等共10人，成立了中国社会主义青年团重庆地方团执行委员会（简称团重庆地委），由周钦岳任书记，并很快在巴县国民师范学校和巴县中学建立了两个基层支部。1924年1月，团中央正式承认团重庆地委，并开始寄发文件和指导工作。

团成都地委的成立。1922年10月15日，王右木回到成都后，以原四川社会主义青年团为基础，建立了中国社会主义青年团成都地方团执行委员会（简称团成都地委），选举童庸生为书记，本人由于年龄偏大，仅以特殊团员的身份指导团的工作。10月23日，团成都地委写信向团中央报告了组织成立情况。12月15日，团中央第一届执委会第22次会议在北京召开，正式承认成都地方团组织。至此，团成都地委正式成为团中央领导下的四川地方组织。

团成都地委的改选。团成都地委成立后，王右木因为身份比较尴尬，不便直接参与团的工作。后因部分学生团员毕业后陆续离开成都或自行脱离组织，团的工作面临越来越大的困难。1923年1月，王右木召集团员会议，改选了团成都地委的领导机构成员，推举蒋雪邨为第二届执委书记，自己协助蒋开展工作。由于时值学校放寒假，改选后团的工作和团员发展依然滞后于形势发展。面对这种状况，王右木甚是忧心。同时，军阀政府为了断绝王右木的生活来源，逼迫学校解聘他，终使团的工作陷入了极端困难的境地。

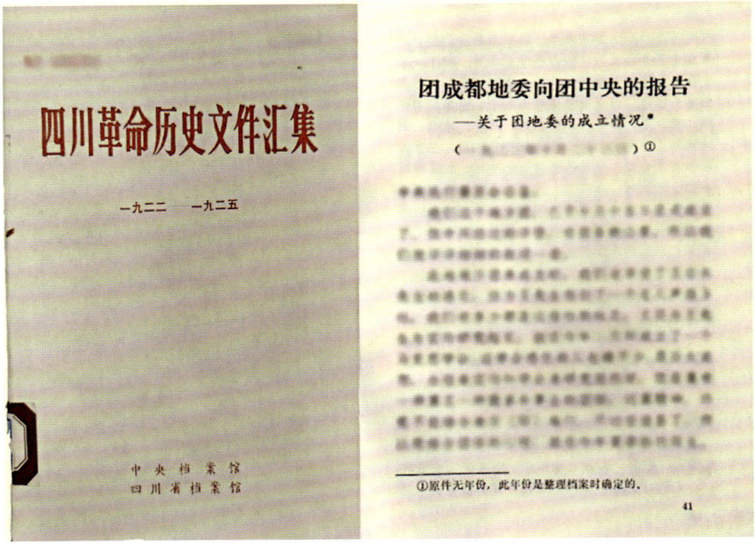

四川革命历史文件汇集

一九二二 一九二五

中央档案馆
四川省档案馆

团成都地委向团中央的报告

——关于团地委的成立情况*

①原件无年份，此年份是整理档案时确定的。

41

团成都地委成立后给团中央的报告，摘自《四川革命历史文件汇集》

团成都地委的整顿与发展。1923年1月，恽代英带领10余名团员离开泸县。3月，恽代英到达成都，在了解到团成都地委的工作情况后，直接致函团中央，“望中央能为川中慎于发令，使王（右木）得合当指导，则川中前途尚可为也”，并建议由王右木负责团成都地委的领导工作。很快，这一建议得到了团中央的批准。

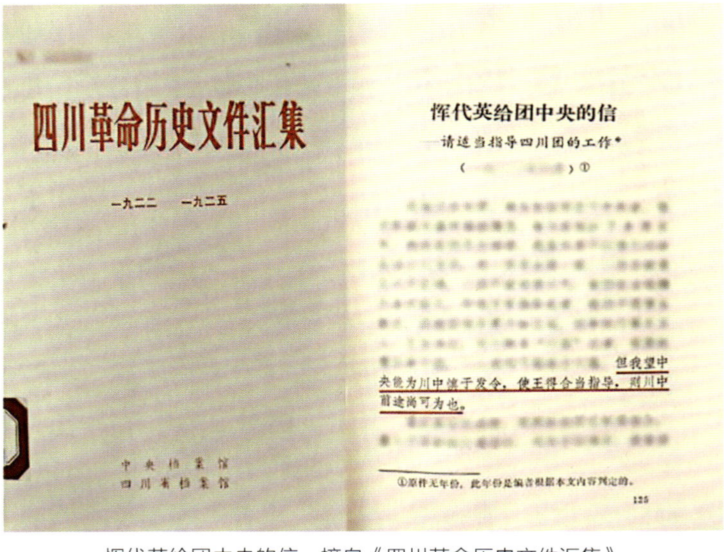

四川革命历史文件汇集

一九二二 一九二五

中央档案馆
四川省档案馆

恽代英给团中央的信

——请适当指导四川团的工作*

但我望中央能为川中慎于发令，使王得合当指导，则川中前途尚可为也。

①原件无年份，此年份是编者根据本文内容判定的。

125

恽代英给团中央的信，摘自《四川革命历史文件汇集》

1923年6月，团成都地委再次进行改选，推举王右木为书记。至此，王右木领导团组织开展工作的掣肘消失，按照团中央的指示，他带领团成都地委在积极开展学生运动的同时，将工作重心往工人运动方面倾斜，经常性带领团员深入工人群众中，努力启发他们的阶级觉悟，指导建立劳工组织，鼓励他们团结起来进行革命斗争。为了进一步宣传和发动群众，他还组织成立“青年之友社”，作为团成都地委的外围组织，创办成都地方团组织的刊物——《青年之友》，不断加强对广大学生、工人、群众的思想引导，使团成都地委成为四川学生运动、工人运动的领导核心。7月，在团中央作出积极开展民权运动的安排后，他带领团成都地委组织召开了“四川民权运动大同盟”代表会议，成为四川民权运动的核心。他还通过女团员李竹篔、钟亚弦、周彬如等大力开展妇女运动，成立妇女会，号召男女平等，反对私娼和三妻四妾，提出妇女不作寄生虫的主张。如当时蓉城女中的学监李子坚准备把女学生张敬贤献给军阀杨森做小老婆，妇女会得知情况后集体坚决反对，终使其未能得逞。在王右木的带领下，团成都地委先后建立了外东农专、高师附中、西南工学等10余个支部，团员人数由原来的27名发展到40多名，团组织在成都各界蓬勃发展，马克思主义的思想日益深入人心，革命力量在逐渐发展壮大。

其他地区团组织的创建与发展。这一时期，四川其他地方也陆续建立团组织或者发展团员，如1922年春夏，从莫斯科东方共产主义劳动大学留学回国的廖划平，在上海加入社会主义青年团，回川后任教于内江县立中学，通过在学生中介绍俄国十月革命的情况，宣传马克思主义，秘密发展团员钟伯埙、黎灌英等，于1923年2月26日组织成立中国社会主义青年团内江地方团，直接受团中央领导，有团员21名，书记钟伯埙。1923年春，萧楚女在万县省立第四师范学校任教期间，发展了几名学生为青年团员，但没有建立团的组织；同期，根据王右木在致团中央负责人的信中谈到，顺庆建团的条件已经成熟，表明顺庆当时也有建团活动，而且可能已经建立了团的组织，只是具体建团人物、时间等缺乏相关材料。1923年冬，宜宾县白花场白杨嘴的李坤泰（赵一曼）、李绍唐等人，由来到成都的宜宾籍团员郑佑之、何珌辉介绍，并经团成都地委批准加入青年团，在家乡组成团小组。1924年8月，重庆团组织负责人童庸生在涪陵县第四中学任教期间，发展团员并建立团支部。1925年1月，从成都高等蚕业学校毕业的邹进贤回到家乡綦江县，先后发展9名团员，建立青年团綦江支部；同年6月，经团中央批准改为青年团綦江特支。1925年8月中旬，经团中央批准，尹敦哲、郑则龙、郑佑之在宜宾成立了具有团地方组织性质的中国共产主义青年团宜宾特别支部，推选尹敦哲为书记，直属团中央领导，同时也向泸县团地委报告工作。

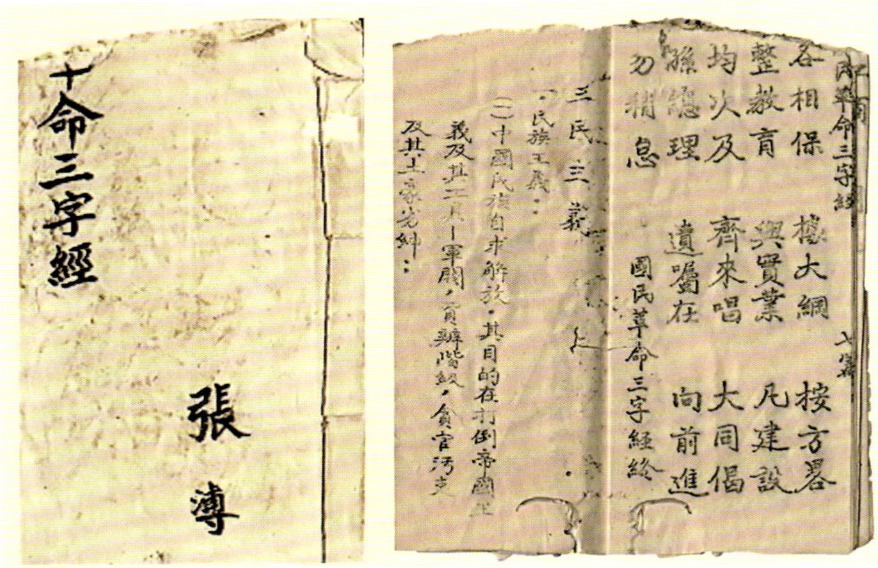

黎灌英在郫县团练学校教授的政治课教材《革命三字经》（内江市市中区档案馆藏）

四川早期团组织的创建发展历程再次证明，我们党百年来所付出的一切努力、进行的一切斗争、作出的一切牺牲，都是为了人民幸福和民族复兴。正是由于始终坚守这个初心和使命，我们党才能在极端困境中发展壮大，才能在濒临绝境中突出重围，才能在困顿逆境中毅然奋起，最终夺取全国革命的胜利，带领中华儿女踏上民族复兴的伟大征程。

参考文献

[1] 中央档案馆，四川省档案馆．四川革命历史文件汇集（1922—1925）[M]．成都：四川省雅安地区印刷厂，1986．

[2] 中共四川省委党史研究室．中国共产党四川历史（第一卷）[M]．成都：中央文献出版社，2009．

[3] 中共四川省委党史研究室．中国共产党四川九十年简史[M]．成都：中共党史出版社，2011．

[4] 中共江油市委党史研究室，江油市国家档案馆．四川马克思主义运动先驱党团组织创始人——王右木[M]．江油：光明日报出版社，2017．

[5] 四川省档案馆馆藏档案资料。

2 我党宣传战线上的璀璨明珠
——川渝地区《新华日报》的光辉历程

宣传工作是党的一项极端重要的工作，是中国共产党领导人民不断取得革命、建设、改革胜利的优良传统和政治优势。回首百年历程，中国共产党从建立伊始就十分重视宣传工作，始终把宣传工作作为党的工作的重要组成部分。报纸是我党开展宣传工作的重要阵地。在1944年陕甘宁边区文化教育工作者座谈会上，毛泽东同志以极大篇幅具体生动地阐述了全党办报的必要性和重要性。他说："应该把报纸拿在自己手里，作为组织一切工作的一个武器，反映政治、军事、经济并且又指导政治、军事、经济的一个武器，组织群众和教育群众的一个武器。要以很大的精力来注意这个工作，使它一年比一年进步。"通过报纸宣传好党的路线方针政策，配合和保证好党的各项工作顺利开展，我党在四川地区创办的《新华日报》即是极好的例证。

抗日战争时期和新中国成立之初，我党曾在四川重庆二度创办《新华日报》。四川省档案馆有幸保存了1943年1月1日—1947年2月28日的《新华日报》1 546份，1950年4月2日—1954年4月28日的《新华日报》1 234份。我们依托馆藏认真梳理了《新华日报》筹备创刊和发展历程，并甄选部分新闻报道内容，与读者共忆那段峥嵘岁月，希望人们从中汲取精神力量，恒守初心，创造更加美好幸福的生活。

筹备创刊

1937年7月7日，卢沟桥事变后，为更直接、更广泛、更及时、更有力地向国统区人民群众宣传我党抗日救国的各项政治主张，中央安排周恩来飞抵上海，准备在国民党统治区办报。到达上海后，他第一时间约见了刚出狱的潘梓年（潘汉年的堂兄），让他着手筹办。当时，要在国统区创办公开发行的报刊，须征得国民党的认可。7月17日，周恩来等在庐山同国民党商谈国共合作抗日时，提出了在国民党统治区公开出版报纸和刊物的要求。8月，中共中央召开洛川会议，将筹备出版《新华日报》作为八路军驻南京办事处的十项主要工作之一；同月，蒋介石密邀周恩来赴南京谈判。在蒋介石的首肯下，国民党政府同意共产党在南京出版《新华日报》和《群众》周刊。9月22日，国民党中央通讯社发表《中国共产党为公布国共合作宣言》。9月23日，蒋介石发表谈话，指出团结御侮的必要，正式承认中国共产党在全国的合法地位，为《新华日报》的筹备创造了条件。10月初，受周恩来调遣，潘梓年、章汉夫等陆续聚集南京，开始筹备出版《新华日报》。同年冬，周恩来和朱德在南京拜访了国民党中央宣传部部长邵力子，获得正式同意中共在南京筹办《新华日报》的批文。随后，周恩来又拜访了国民党元老、监察院院长于右任，并邀请这位著名书法家为《新华日报》题写了报头。

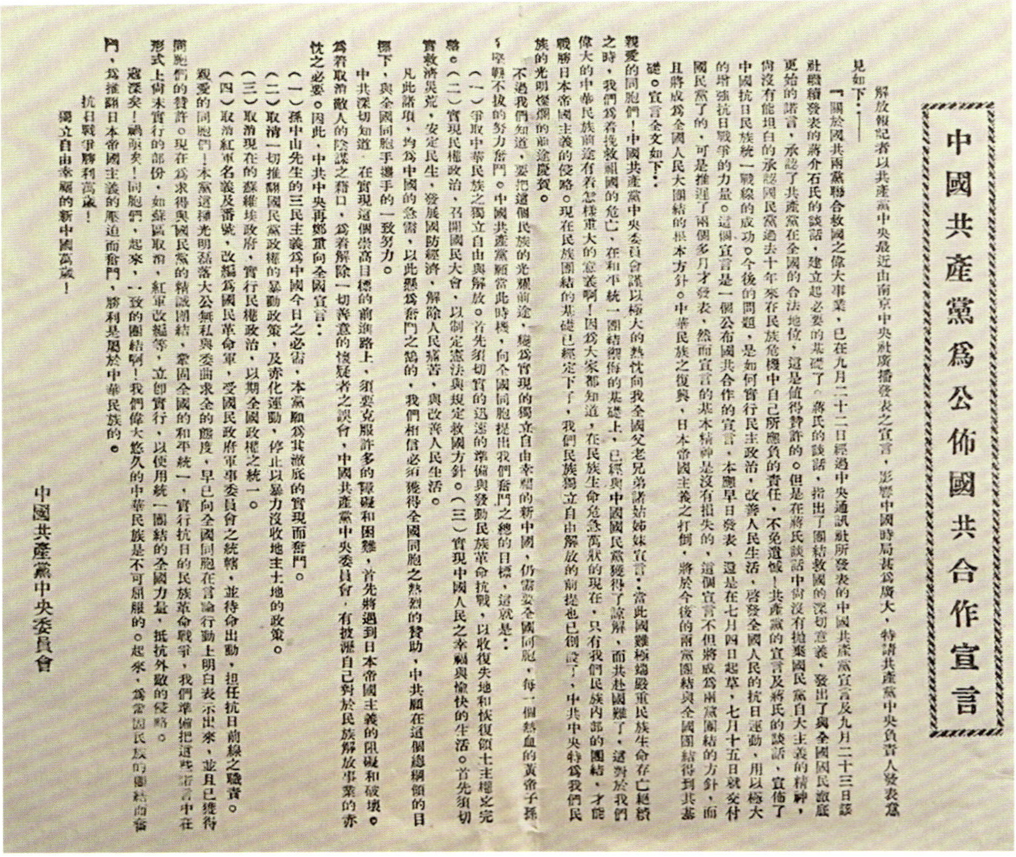
中國共產黨爲公佈國共合作宣言

解放報記者以共產黨中央最近由南京中央社廣播發表之宣言，影響中國時局甚爲廣大，特請共產黨中央負責人發表意見如下：——

「關於國共兩黨聯合救國之偉大事業，已在九月二十二日經過中央通訊社所發表的中國共產黨宣言及九月二十三日蔣氏的談話，建立起必要的基礎了。蔣氏的談話，指出了團結救國的深切意義，發出了與全國國民澈底更始的諾言，承認了共產黨在全國的合法地位，這是值得贊許的。但是在蔣氏談話中尚沒有拋棄國民黨自大主義的精神，尚沒有能坦白的承認國民黨過去十年來在民族危機中自己所應負的責任，不免遺憾！共產黨的宣言及蔣氏的談話，宣佈了中國抗日民族統一戰線的成功。今後的問題，是如何實行民主政治，改善人民生活，啓發全國人民的抗日運動，用以極大的增強抗日戰爭的力量。這個宣言是一個公布國共合作的宣言，本應早日發表，這是在七月四日起草，七月十五日就交付國民黨了的，可是推遲了兩個多月才發表，然而宣言的基本精神是沒有損失的，這個宣言不但將成爲兩黨團結的方針，而且將成爲全國人民大團結的根本方針。中華民族之復興，日本帝國主義之打倒，將於今後的兩黨團結與全國團結得到其基礎。宣言全文如下：

親愛的同胞們！中國共產黨中央委員會謹以極大的熱忱向我全國父老兄弟諸姑姊妹宣言：當此國難極端嚴重民族生命存亡絕續之時，我們爲着挽救祖國的危亡，在和平統一團結禦侮的基礎上，已經與中國國民黨獲得了諒解，而共赴國難了，這對於我們偉大的中華民族前途有着怎樣重大的意義啊！因爲大家都知道，在民族生命危急萬狀的現在，只有我們民族內部的團結，才能戰勝日本帝國主義的侵略。現在民族團結的基礎已經定下了，我們民族獨立自由解放的前提也已創設了，中共中央特爲我們民族的光明燦爛的前途慶賀。

不過我們知道，要把這個民族的光耀前途，變爲實現的獨立自由幸福的新中國，仍需要全國同胞，每一個熱血的黃帝子孫，堅韌不拔的努力奮鬥。中國共產黨願當此時機，向全國同胞提出我們奮鬥之總的目標，這就是：

（一）爭取中華民族之獨立自由與解放。首先須切實的迅速的準備與發動民族革命抗戰，以收復失地和恢復領土主權之完整。（二）實現民權政治，召開國民大會，以制定憲法與規定救國方針。（三）實現中國人民之幸福與愉快的生活。首先須切實救濟災荒，安定民生，發展國防經濟，解除人民痛苦，與改善人民生活。

凡此諸項，均爲中國的急需，以此懸爲奮鬥之鵠的，我們相信必須獲得全國同胞之熱烈的贊助，中共願在這個總綱領的目標下，與全國同胞手攜手的一致努力。

中共深切知道，在實現這個崇高目標的前進路上，須要克服許多的障礙和困難，首先將遇到日本帝國主義的阻礙和破壞。爲着取消敵人的陰謀之藉口，爲着解除一切善意的懷疑者之誤會，中國共產黨中央委員會，有披瀝自己對於民族解放事業的赤忱之必要。因此，中共中央再鄭重向全國宣言：

（一）孫中山先生的三民主義爲中國今日之必需，本黨願爲其澈底的實現而奮鬥。

（二）取消一切推翻國民黨政權的暴動政策，及赤化運動，停止以暴力沒收地主土地的政策。

（三）取消現在的蘇維埃政府，實行民權政治，以期全國政權之統一。

（四）取消紅軍名義及番號，改編爲國民革命軍，受國民政府軍事委員會之統轄，並待命出動，擔任抗日前線之職責。

親愛的同胞們！本黨這種光明磊落大公無私與委曲求全的態度，早已向全國同胞在言論行動上明白表示出來，並且已獲得同胞們的贊許。現在爲求得與國民黨的精誠團結，鞏固全國的和平統一，實行抗日的民族革命戰爭，我們準備把這些諾言中在形式上尚未實行的部份，如蘇區取消，紅軍改編等，立即實行，以使用統一團結的全國力量，抵抗外敵的侵略。

寇深矣！禍亟矣！同胞們，起來，一致的團結啊！我們偉大悠久的中華民族是不可屈服的。起來，爲鞏固民族的團結而奮鬥，爲推翻日本帝國主義的壓迫而奮鬥，勝利是屬於中華民族的。

抗日戰爭勝利萬歲！

獨立自由幸福的新中國萬歲！

中國共產黨中央委員會

1937年9月22日，国民党中央通讯社发表的《中国共产党为公布国共合作宣言》

1938年1月11日，《新华日报》正式创刊，潘梓年任社长。在《发刊词》中明确办报宗旨：“本报愿在争取民族生存独立的伟大斗争中作一个鼓励前进的号角。为完成这个神圣使命，本报愿为前方将士在浴血的苦斗中，一切可歌可泣的伟大的史迹之忠实的报道者、记载者；本报愿为后方民众支持抗战之鼓动者倡导者。”为扩大《新华日报》的影响力，报社还在《大公报》《武汉日报》显要位置刊登广告，称《新华日报》是“非常时期人人必读的报纸”。

武汉大陆里四至九号，1938年第一份新华日报诞生于此

《新华日报》作为中国共产党第一张全国性政治机关报，堪称党史上的一颗璀璨明珠。它诞生于国家危亡之际，肩负着揭露日寇暴行、报道抗战事迹、宣传抗战言论、动员组织国统区工人及青年运动，以及反击国民党三次反共高潮等重要的历史使命，是团结抗战的号角和人民大众的喉舌。

艰难办报

《新华日报》创刊后，广泛宣传我们党的政策和主张，国统区广大民众和民主人士对共产党的认识有了极大改观，认识到共产党并不是像国民党宣传的那种“青面獠牙，无恶不涉”的怪物。通过《新华日报》，可以清晰地看到复杂、曲折、艰险而又变化多端的抗日战争图景。对此，国民党顽固派十分害怕，开始逐步采取措施打击《新华日报》，企图把它扼杀在摇篮之中。1938年1月17日，国民党特务破坏了《新华日报》

营业部，后经过周恩来等同志与国民党当局谈判，才得以继续发行。创刊之初，毛泽东、周恩来、叶剑英、董必武、王若飞、邓颖超、吴玉章、秦邦宪（博古）、陆定一等中共领导人都亲自撰写文章，其中尤其以毛泽东的文章最具战斗性，在国统区影响极大，被称为“党报的元帅”。

位于重庆市民生路240号的《新华日报》营业部旧址

1938年10月，日军逼近武汉。10月24日晚，周恩来在报社口述了《新华日报》在武汉的最后一篇社论《告别武汉父老兄弟》：我们只是暂时离开武汉，我们一定要回来的，武汉终究要回到中国人民的手中。10月25日，《新华日报》刊登《本报移渝发刊》的社论，在武汉、重庆同时发行了287号报纸，《新华日报》正式转战陪都重庆。

1939年5月3日和4日，重庆市区遭日机轰炸，数十家报馆遭到破坏，国民党中宣部下令各报停刊。5月6日起，各报馆共同出版《联合版》，《新华日报》参加。这一期间，《新华日报》一方面将部分文章改在《群众》周刊发表，另一方面印制油印壁报，宣传抗日主张。8月13日，《新华日报》恢复独立出版发行。在重庆办报期间，国民党政府对《新华日报》报送的评论、报道实行最严厉的控制和审查，颁发了一系列战时新闻检查标准和办法，设立新闻检查局，殴打、逮捕报丁和报童，甚至纠集特务、流氓等制造事端、捣毁报馆，千方百计阻挠破坏报纸的出版发行。

1941年1月，“皖南事变”爆发，《新华日报》打破国民党的新闻审查，刊登了周恩来的题词：“千古奇冤，江南一叶；同室操戈，相煎何急！？”诗上首赫然写着：“为江南死国难者志哀。”

1942年，原来疏散、撤退到各地的《新华日报》职员陆续归来，还增添了夏衍、乔冠华、胡绳等骨干。从1942年2月1日起，《新华日报》对版式设计进行了“改装”，第一版全登广告，第二版刊登要闻、社论。这种“改装报”是《新华日报》对读者采取的特有保护手段，避免他们在阅读进步报刊时遭到特务的盯梢、迫害。这一段历史也成为《新华日报》与读者心连心的生动见证。

1943年起，《新华日报》进入了快速发展时期。1945年9月，根据中共中央指示，报社决定在上海设总馆，在南京、重庆设分馆。报社人员兵分三路，第一路：潘梓年、

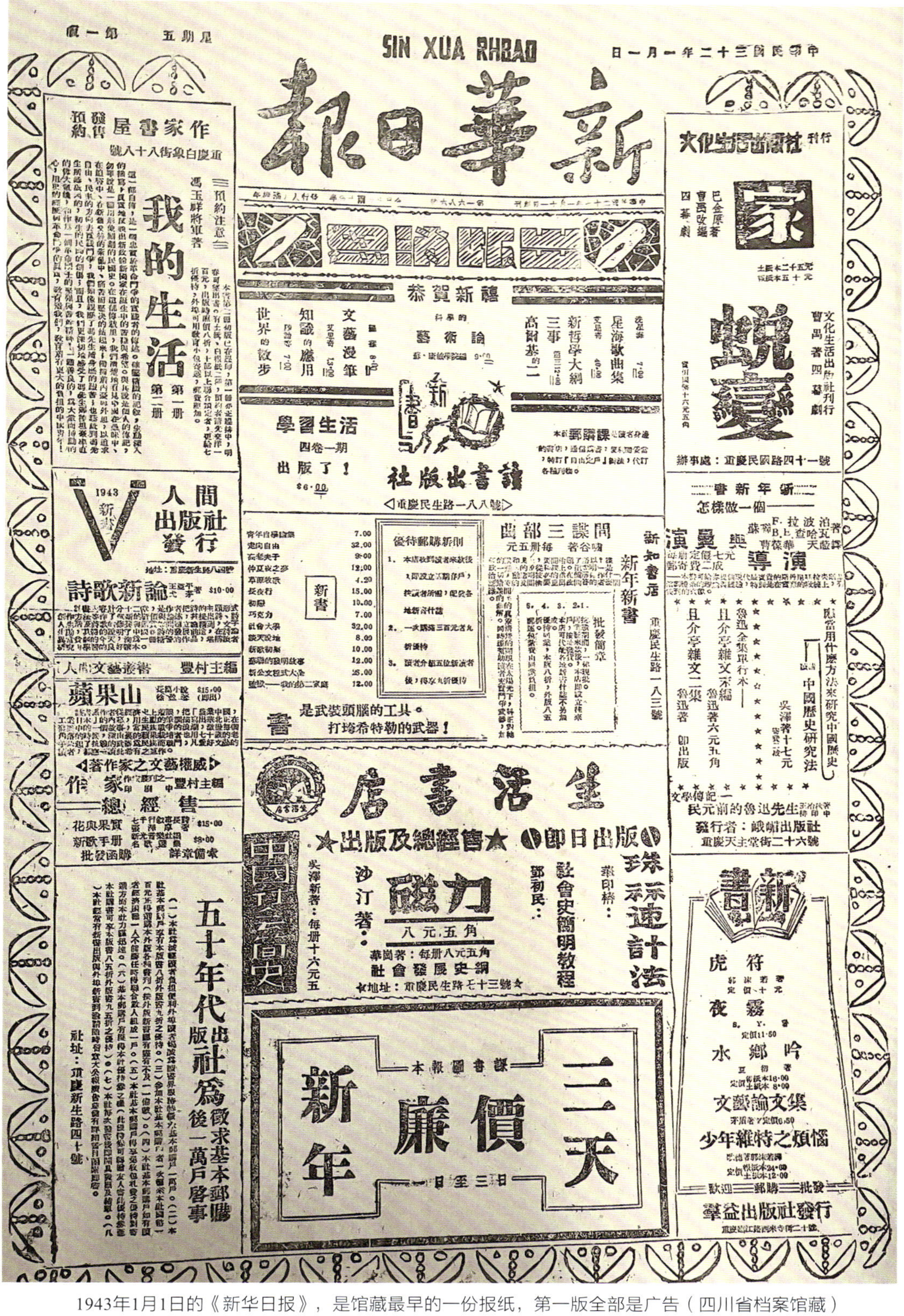
SIN XUA RHBAO

新華日報

中華民國三十二年一月一日

星期五　第一版

預約注意

作家書屋發售預約

重慶白象街八十八號

我的生活　第一冊

馮玉祥將軍著

恭賀新禧

文藝漫筆

知識的應用

世界的故步

藝術論

新哲學大綱

三事

高爾基的二

星海歌曲集

學習生活　四卷一期　出版了！

讀書出版社

重慶民生路一八八號

文化生活出版社刊行

家　巴金原著　曹禺改編　四幕劇

蛻變　曹禺著　四幕劇

辦事處：重慶民國路四十一號

1943　V　新書

人間出版社發行

詩歌新論

人間文藝叢書　豐村主編

蘋果山

著作家之文藝權威

作家

總經售

花與果實

新歌手冊

批發函購

問謀三部曲

新知書店　新年新書

重慶民生路一八三號

優待郵購新例

是武裝頭腦的工具，打垮希特勒的武器！

新年怎樣做一個新青年

演員與導演

魯迅全集單行本

且介亭雜文末編

且介亭雜文二集

中國歷史研究法

五十年代出版社為徵求基本郵購戶一萬戶啟事

社址：重慶新生路四十號

生活書店

★出版及總經售★

即日出版

中國四大家史

磁力　沙汀著　八元五角

社會發展史綱

社會史簡明教程

珠算速計法

地址：重慶民生路三十七號

讀書出版社圖書

三天價廉新年

一日至三日

新書

虎符

夜霧

水鄉吟

文藝論文集

少年維特之煩惱

歡迎郵購批發

群益出版社發行

1943年1月1日的《新华日报》，是馆藏最早的一份报纸，第一版全部是广告（四川省档案馆藏）

章汉夫、许涤新、戈宝权、乔冠华等老骨干奔向宁、沪及华南等地，做好在这些城市办报和建立分社的准备；第二路：石西民、杨赓、刘白羽、周而复、李普、鲁明等进入新华社工作；第三路：熊复、漆鲁鱼、吴江、郑心如、洪沛然等四川籍人员坚守重庆继续办报。后因国民党当局阻挠，上海、南京两版的出版计划未能实现。此时，重庆的《新华日报》日销量已达到了7万多份。

1946年5月以后，重庆《新华日报》改为中共四川省机关报，负责人为傅钟、张友渔、熊复等。

被迫停刊

1947年，国民党为巩固其独裁统治，严厉打击新闻自由，于2月28日凌晨3时，派军警包围了《新华日报》报社，勒令报社立即停止一切工作，全体员工当天被迫彻底撤离重庆，致使《新华日报》最终停刊。宋平同志在《新华日报史新著》序言中曾说道："自1938年1月11日在武汉创刊，到1947年2月28日被迫在重庆停刊，其间9年多的艰难办报历程，造就了《新华日报》不屈的'新华精神'。"

诞生于抗日烽火中的四川《新华日报》前后经历了抗日战争和解放战争初期两个重要历史时期，历时9年1个月零18天，共出版3 231期，在国民党当局的严密新闻封锁下，依然想尽办法冲破重围占据了政治、经济、文化中心的舆论制高点，被人民群众誉为"茫茫黑夜中的一座灯塔"，是宣传我党主张，让外部世界和广大民众了解我党的一个重要窗口；是维护、巩固和发展抗日民族统一战线的有力工具。《新华日报》发挥了意识形态宣传工具的重大作用，被毛泽东、周恩来称赞为八路军、新四军之外的又一支方面军。

重新创刊

1949年4月，南京解放后，党中央决定向大西南进军，担此重任的是刘伯承、邓小平率领的第二野战军，同时，从上海、南京抽调一万名青年学生和干部，组成西南服务团，随二野一起行动。在这个西南服务团中，就有一支专门的办报队伍。他们是来自上海《解放日报》的雷勃、马逸峰、范荣康、许川、李峰、吴克之等和来自《新民报》的陈理源、钱辛波等。9月下旬，这支办报队伍与南京《新华日报》抽调的新闻干部合在一起，从南京乘火车向大西南进军，中途还会合了部分原重庆《新华日报》的办报人员邵子南、刘瞻、徐君曼、曾岛、羊村等。11月20日，这支新闻队伍在湖南泸溪县城与原《晋绥日报》的新闻干部汇合后，继续向西南前进。

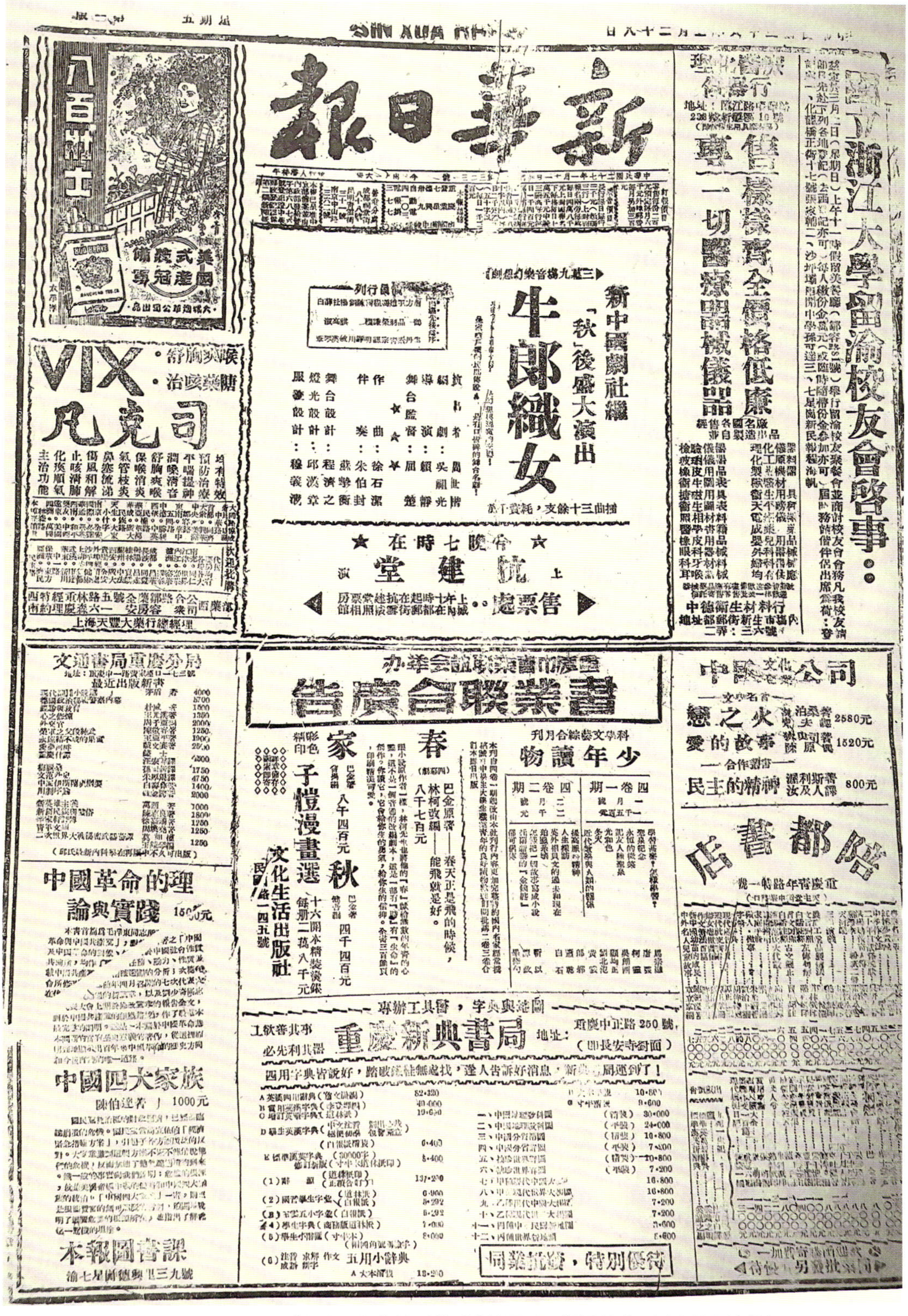
新華日報

牛郎織女

新中國劇社編

「秋」後盛大演出

在晚七時

抗建堂

售票處

VIX

凡克司

書業聯合廣告

文通書局重慶分局

中國革命的理論與實踐

中國四大家族

本報圖書課

春

家

秋

子愷漫畫選

文化生活出版社

少年讀物

國立浙江大學留渝校友會啓事

重慶新典書局

陪都書店

1947年2月28日，《新华日报》停刊前刊发的最后一期报纸（四川省档案馆藏）

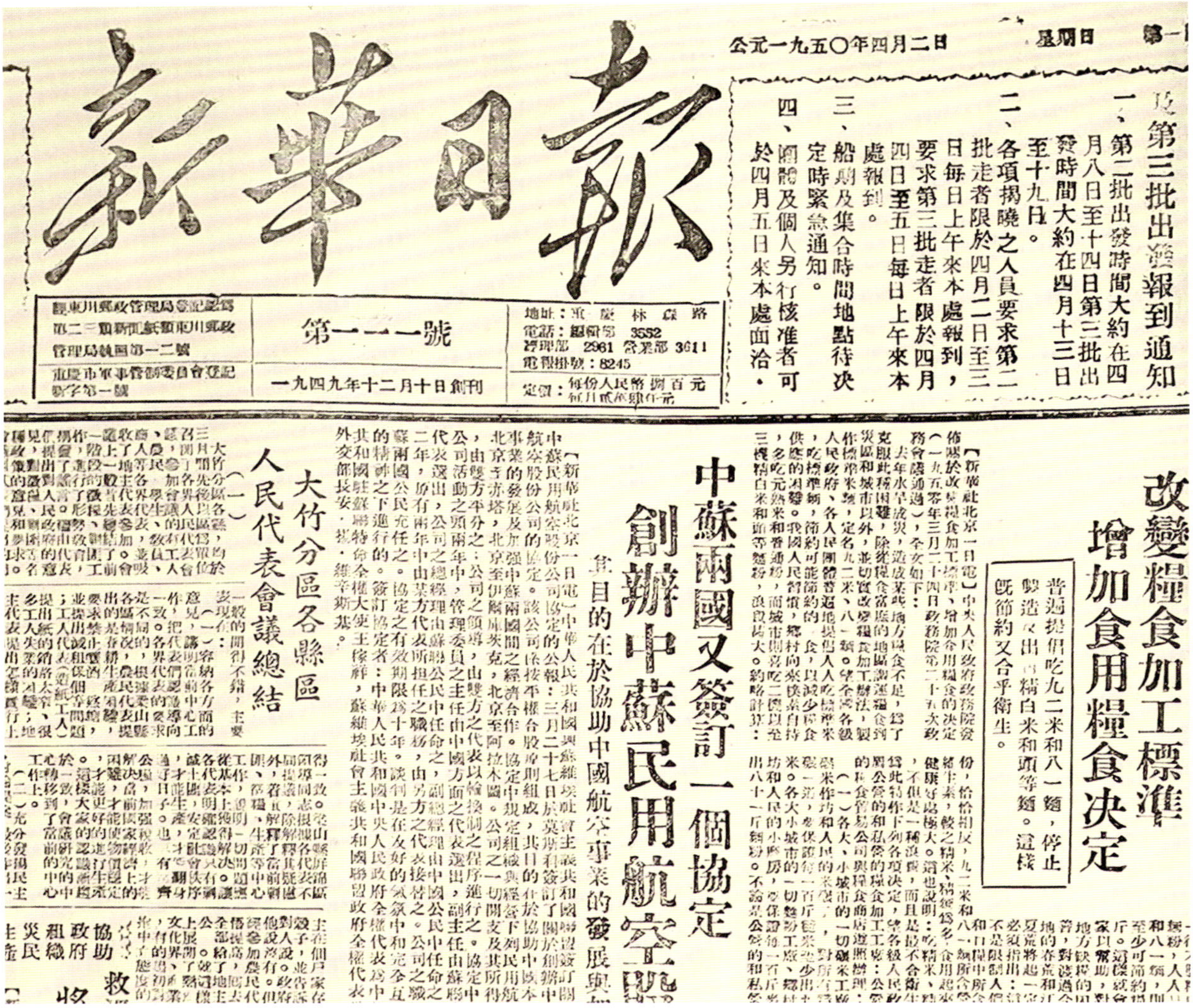
新華日報

公元一九五〇年四月二日 星期日

第一一一號

一九四九年十二月十日創刊

地址：重慶林森路

第三批出發報到通知

一、第二批出發時間大約在四月八日至十四日第三批出發時間大約在四月十三日至十九日。

二、各項揭曉之人員要求第二批走者限於四月二日至三日每日上午來本處報到，要求第三批走者限於四月四日至五日每日上午來本處報到。

三、船期及集合時間地點待決定時緊急通知。

四、團體及個人另行核准者可於四月五日來本處面洽。

改變糧食加工標準 增加食用糧食決定

普遍提倡吃九二米和八一麵，停止製造及出賣精白米和頭等麵。這樣既節約又合乎衛生。

中蘇兩國又簽訂一個協定 創辦中蘇民用航空股……

其目的在於協助中國航空事業的發展與……

大竹分區各縣區人民代表會議總結

1950年4月2日的《新华日报》，是重新创刊后馆藏最早的一份（四川省档案馆藏）

1949年11月23日，中共中央西南局成立。作为负责人的邓小平考虑到新中国成立后的稳定和发展任务十分艰巨，必须充分调动西南地区广大人民群众的积极性、主动性和创造性，这就要求西南局党组织要向广大人民群众宣传党的路线方针政策，从而唤起他们的觉悟、激发他们的热情、统一他们的意志，推进西南地区经济快速恢复和发展，巩固新生的人民政权。而在当时，最能起到这一宣传作用的就是报纸。于是，邓小平安排相关人员加紧准备，争取早日出刊。11月30日，重庆解放。12月4日晚，办报队伍抵达重庆对岸的海棠溪。12月5日，办报队伍进驻原国民党《中央日报》社，开始紧锣密鼓地准备工作。

慶祝中國共產黨成立廿九週年
西南局今日召開紀念大會
渝市各界人民亦熱烈慶祝

「本報訊」中共中央西南局所主持的慶祝中國共產黨二十九週年紀念大會，於今日下午六時在復興關西南軍區司令部廣場隆重舉行。預計參加大會者約有兩萬餘人，除駐渝西南局直屬機關、西南軍政委員會、西南軍區、中共重慶市委會直屬機關及各人民團體、川東軍區等機關團體中的共產黨員與青年團員和部分工作幹部參加外，並邀請各民主黨派及民主人士參加。會上除由中共中央西南局宣傳部張子意部長報告中國共產黨簡史外，中共中央西南局鄧小平書記及各首長和渝市各民主黨派及各界代表講話。會中並組織有書報、畫片展覽會，計有中共鬥爭史連環畫、解放戰爭照片、蘇聯及各新民主主義國家照片及彩色畫片等。會畢分場放映電影，並演出歌劇、腰鼓等遊藝節目以誌慶祝。

「又訊」重慶市各界人民都以無比的熱情、愉快來紀念七一中國共產黨二十九週年誕生紀念。各工廠工人為迎接七一，掀起生產熱潮，西南區汽車運輸公司重慶修車廠的工人日夜趕修了五輛「七一」號客貨車，以實際行動來表示對工人階級政黨的熱愛。廿四廠七所職工超額完成生產計劃百分之二十五。重慶電力公司第一發電廠自六月二十六日工會提出「努力創造減低煤耗新紀錄」的口號以來，全體職工都積極響應。貓兒石重慶造紙廠、天源電化廠、天廚味精廠、順昌鐵工廠等也舉行熱烈紀念。駐渝部隊某軍軍直，在「七一」選舉模範黨員和幹部，同時加緊展開文娛活動。十二區農民代表張樹榮昨天便趕來參加「七一」紀念大會，他代表郊區農民感謝共產黨幫助農民翻身。本市工商聯籌委會於「七一」上午十時在該會大禮堂，隆重舉行「中國共產黨成立二十九週年慶祝大會」，並發動各學習小組學習中共革命歷史等文件。市婦聯籌委會為紀念「七一」，特通知各界婦女，學習毛主席在中共三中全會的報告與本日「七一」新華日報代社論，並進行討論。西南美專校、求精商學院同學，今天在求精大禮堂聯合舉行慶祝「七一」晚會。重慶市委會青年團支部領導青年團員學習共產黨簡史後，很多團員對共產黨有了進一步的認識，紛紛要求入黨。市人民政府黨、團員表示要在整風學習運動中起模範作用，以實際行動紀念共產黨的生日。

1950年7月1日，《新华日报》刊发的庆祝中国共产党成立二十九周年的报道（四川省档案馆藏）

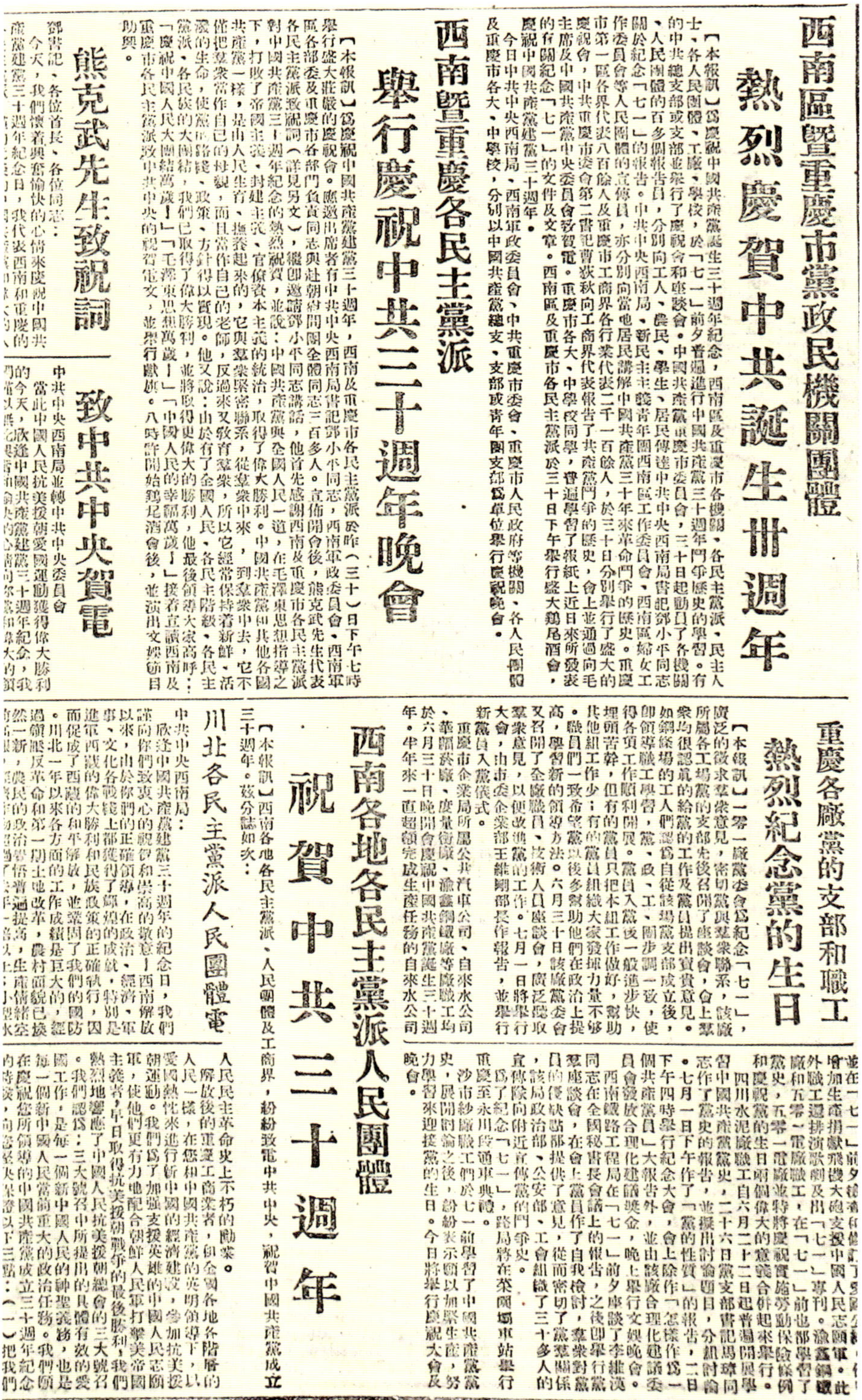

西南區暨重慶市黨政民機關團體
熱烈慶賀中共誕生卅週年

【本報訊】爲慶祝中國共產黨誕生三十週年紀念，西南區及重慶市各機關、各民主黨派、民主人士、各人民團體、工廠、學校，於「七一」前夕普遍進行中國共產黨三十週年鬥爭歷史的學習。有的中共總支部或支部並舉行了慶祝會和座談會。中國共產黨重慶市委員會，三十日起動員了各機關、人民團體的百多個報告員，分別向工人、農民、學生、居民傳達中共中央西南局書記鄧小平同志關於紀念「七一」的報告。中共中央西南局、新民主主義青年團西南區工作委員會、西南區婦女工作委員會等人民團體的宣傳員，亦分別向當地居民講解中國共產黨三十年來革命鬥爭的歷史。重慶市第一區各界代表八百餘人及重慶市工商界各行業代表二千一百餘人，於三十日分別舉行了盛大的慶祝會，中共重慶市委會第二書記曹荻秋向工商界代表報告了共產黨鬥爭的歷史，會上並通過向毛主席及中國共產黨中央委員會致賀電。重慶市各大、中學校同學，普遍學習了報紙上近日來所發表的有關紀念「七一」的文件及文章。西南區及重慶市各民主黨派於三十日下午舉行盛大雞尾酒會，慶祝中國共產黨建黨三十週年。

今日中共中央西南局、西南軍政委員會、中共重慶市委會、重慶市人民政府等機關、各人民團體及重慶市各大、中學校，分別以中國共產黨總支、支部或青年團支部爲單位舉行慶祝晚會。

西南暨重慶各民主黨派
舉行慶祝中共三十週年晚會

【本報訊】爲慶祝中國共產黨建黨三十週年，西南及重慶市各民主黨派於昨（三十）日下午七時舉行盛大莊嚴的慶祝會。應邀出席者有中共中央西南局書記鄧小平同志，西南軍政委員會、西南軍區各部委及重慶市各部門負責同志與赴朝慰問團全體同志三百多人。宣佈開會後，熊克武先生代表各民主黨派致祝詞（詳見另文），繼即邀請鄧小平同志講話，他首先感謝西南及重慶市各民主黨派對中國共產黨三十週年紀念的熱烈祝賀，並說：中國共產黨與全國人民一道，在毛澤東思想指導之下，打敗了帝國主義、封建主義、官僚資本主義的統治，取得了偉大勝利。中國共產黨和其他各國共產黨一樣，是由人民生育、撫養起來的，它與群衆緊密聯系，從群衆中來，到群衆中去，它不但把群衆當作自己的母親，而且當作自己的老師，反過來又教育群衆，所以它經常保持着新鮮、活潑的生命，使黨的路綫、政策、方針得以實現。他又說：由於有了全國人民、各民主黨派、各民族的大團結，我們已取得了偉大勝利，並將取得更偉大的勝利，他最後領導大家高呼：「慶祝中國人民大團結萬歲！」「毛澤東思想萬歲！」「中國人民的幸福萬歲！」接着宣讀西南及重慶市各民主黨派致中共中央的祝賀電文，並舉行獻旗。八時許開始雞尾酒會後，並演出文娛節目助興。

熊克武先生致祝詞

鄧書記、各位首長、各位同志：

今天，我們懷着興奮愉快的心情來慶祝中國共產黨建黨三十週年紀念日，我代表西南和重慶的

致中共中央賀電

中共中央西南局並轉中共中央委員會：

當此中國人民抗美援朝愛國運動獲得偉大勝利的今天，欣逢中國共產黨建黨三十週年紀念

重慶各廠黨的支部和職工
熱烈紀念黨的生日

【本報訊】一零一廠黨委會爲紀念「七一」，廣泛的徵求群衆意見，密切黨與群衆聯系，該廠所屬各工場黨的支部先後召開了座談會，會上群衆均很認眞的給黨的工作及黨員提出寶貴意見。如鋼條場的工人們認爲自從該場黨支部成立後，即領導職工學習，黨、政、工、團步調一致，使得各項工作順利開展。黨員入黨後一般進步快，埋頭苦幹，但有的黨員只把本組工作做好，對其他組工作少；有的黨員組織大家發揮力量不夠。職員們一致希望黨以後多幫助他們在政治上提高，學習新的領導方法。六月三十日該廠黨委會又召開了全廠職員、技術人員座談會，廣泛聽取群衆意見，以便改進黨的工作。七月一日將舉行大會，由市委企業部王維剛部長作報告，並舉行新黨員入黨儀式。

重慶市企業局所屬公共汽車公司、自來水公司、華福菸廠、度量衡廠、渝鑫鋼鐵廠等廠職工均於六月三十日晚開會慶祝中國共產黨誕生三十週年。半年來一直超額完成生產任務的自來水公司

西南各地各民主黨派人民團體
祝賀中共三十週年

【本報訊】西南各地各民主黨派、人民團體及工商界，紛紛致電中共中央，祝賀中國共產黨成立三十週年。茲分誌如次：

川北各民主黨派人民團體電

中共中央西南局：

欣逢中國共產黨建黨三十週年的紀念日，我們謹向你們致衷心的祝賀和崇高的敬意。西南解放以來，由於你們的正確領導，在政治、經濟、軍事、文化各戰綫上都獲得了輝煌的成就，特別是進軍西藏的偉大勝利和民族政策的正確執行，因而促成了西藏的和平解放，並鞏固了我們的國防。川北一年以來各方面的工作成績是巨大的，經過領導反革命和第一期土地改革，農村面貌已煥然一新

人民民主革命史上不朽的勳業。全國各地各階層人民一樣，解放後的重慶工商業者，在您和中國共產黨的英明領導下，以愛國熱忱來進行新中國的經濟建設，參加抗美援朝運動。我們爲了加強支援英雄的中國人民志願軍，使他們更有力地配合朝鮮人民軍打擊美帝國主義者，早日取得抗美援朝戰爭的最後勝利，我們熱烈地響應了中國人民抗美援朝總會的三大號召。我們認爲：三大號召中所提出的具體有效的愛國工作，是每一個新中國人民當前重大的政治任務，每一個新中國人民的神聖義務。我們也願在慶祝您所領導的中國共產黨成立三十週年紀念的時候，向您堅決保證以下三點：（一）把我們

1951年7月1日，《新华日报》刊发的庆祝中国共产党成立三十周年的报道（四川省档案馆藏）

中國人民怎樣戰勝了日本法西斯侵略者

——紀念中國共產黨誕生三十週年

聶榮臻

「戰爭教育了人民，人民將贏得戰爭，贏得和平，又贏得進步。」——毛澤東

中國共產黨領導中國人民，在一九三七年至一九四五年的八年間，經過了極爲艱險、曲折和複雜的鬥爭道路，進行了英勇的勝利的抗日戰爭，最後配合盟國特別是蘇聯的對日作戰，打敗了日本法西斯侵略者。中國共產黨從這一偉大的愛國戰爭中，動員、組織與教育了廣大人民，大大地增強了人民民主的力量，爲以後中國人民大革命的勝利，打下了堅強的基礎。

偉大的抗日戰爭，對於中國人民是一個嚴重的歷史考驗。戰爭不僅鍛鍊了人民，鍛鍊了人民軍隊，並且也鍛鍊了中國共產黨。在以馬克思、列寧主義與中國革命具體實踐相結合的毛澤東思想的指導之下，中國共產黨在抗日戰爭中發展與豐富了中國革命的經驗，特別是關於統一戰綫、武裝鬥爭和黨的建設的經驗，在政治上、思想上、進一步布爾塞維克化，在組織上更加壯大起來，成爲在全國人民中最有威信的卓越的領導者。中國人民根據切身的經驗，完全懂得：沒有中國共產黨的領導，就不可能取得抗日戰爭的勝利；沒有中國共產黨就沒有中國人民的一切。

（一）

抗日戰爭使中國革命中的敵、友、我的陣綫及其力量，發生了重大的變化與改組。

中國人民抗日戰爭的歷史，證明了帝國主義是中國和全世界愛好和平人民的死敵。抗日戰爭的

……

小資產階級和知識分子，積極投入了革命的隊伍，在各大城市中開展了學生羣衆的反日示威運動；而且在封建階級和資產階級內部也發生了新的動搖分裂和衝突。一部份民族資產階級，鄉村富農和小地主，甚至一部份和日本帝國主義及蔣介石統治集團有矛盾的地方統治勢力，對於民族革命運動或參加、或同情、或採取中立。廣大的人民羣衆，都從切身的經驗中，對國民黨反動統治日益失望，逐漸把希望寄托於中國共產黨及其所領導的人民革命政權和人民革命軍隊。

（二）

中國共產黨的革命統一戰綫政策，在抗日戰爭時期得到了重大的發展和勝利。在一九三一年「九一八」事變之後，中國共產黨立卽號召反對日本帝國主義的侵略和組織東北游擊隊，並且提出停止內戰，保障人民的自由權利，武裝人民三個條件，希望與國民黨中願意合作抗日的部份訂立抗日協定。但是蔣介石反動政府却以進攻紅軍和鎮壓抗日運動來回答了這個宣言。一九三四年十月，中國共產黨領導革命的主力人民紅軍，以十二個月的時間，用二萬五千里的遠征，戰勝了蔣介石的長追，突破了歷史上軍事遠征的紀錄，勝利地到達了抗日前綫，與西北人民紅軍會合。這一卓絕的英雄業蹟，成爲中國新的革命高潮的主要組成部份，使抗日民族統一戰綫和抗日戰爭。保存了鐵一般的中堅力量。

中國共產黨的抗日民族統一戰綫政策在全國人民中得到廣泛的同情和擁護，並迅速成爲以北平……

1951年7月1日，《新华日报》刊发的聂荣臻纪念中国共产党诞生三十周年的文章（四川省档案馆藏）

中國共產黨領導着國家建設

——爲紀念黨的三十週年而作——

陳雲

中國共產黨經過了三十年的奮鬥，領導中國人民取得了革命的勝利，在革命勝利以後又領導着國家的建設。

要考察新中國一年半以來國家建設的措施及其進展程度，首先必須明白這種建設是在什麼舊基礎上進行的？就是說，賴以建立新中國的舊中國是一個什麼樣的國家。

我們的國家是一個這樣的國家，國土廣大，物產和蘊藏豐富，有四萬萬七千五百萬人口，有五千年歷史，我們是一個偉大的民族。但是近一百年來，我們國家處在這樣一種境況中：第一、遭受帝國主義的侵略超過了一百年，日本帝國主義把東北侵佔了十四年。中國的封建主義和壟斷的官僚資本主義是帝國主義統治人民的工具，人民長期處在這三者的壓迫之下；第二、由於帝國主義的侵略和反動派的長期統治，我國經濟情況是落後的，新式工業的生產總值僅佔全部國民生產總值的百分之十左右。這個數字雖然來自一種粗略的推算和估計，在作了更近似的推算和估計或者在比較精確的計算之後，可能有若干修正，但是新式工業的比重很小，農業和手工業的比重很大，這是確定的。僅僅說明比重，還沒有完全說明嚴重的情況，嚴重的情況在於：很少的新式工業中有很大的部份是被帝國主義控制的。東北是中國重工業的首要地區，但是那裏的工業是日本帝國主義直接控制的。帝國主義依靠武裝侵略和經濟侵略，在中國直接間接地控制了許多工業到了很大的破壞。一九四九年是遭受水災的年份，其農業總產量，僅達抗日戰爭以前的平均水平的百分之七十五。一九四九年工業生產如與最高年份的一九四三年比較，則比農業情況還要壞。最近的十二年戰爭，又把城鄉、內外之間物資交流的商業關係，大大地破壞了。這些就是舊中國的概要。中國共產黨領導的中央人民政府就在這樣一個舊基礎上進行新中國的建設。

× × × ×

中央人民政府成立以來，一年半中，所做的工作，有政治方面的，也有經濟文化方面的。政治方面的工作，重要者是下列各項：

一、自中央、省、市、縣直到鄉村，建立了統一的人民政府。

二、剿滅了成百萬潰兵土匪和國民黨的殘餘武裝，剩下的少數散匪，不久將全部肅清。

三、在四萬萬農業人口中，有二萬萬九千萬人口實行了土地所有制度的改革，農民分得了地主的土地，除一般少數民族地區外，明年可以全部完成土地改革。

四、在全國範圍內，鎮壓了特務、匪首、惡霸等反革命分子，逮捕了一大批，有一批被判處死刑；被判處死刑的反革命分子是一些不論北洋時代軍閥統治時代，國民黨統治時代，日本佔領時代都能騎在人民頭上，毒害人民，血債纍纍，而又在人民政府時代拒不改悔、繼續破壞的分子。判處徒刑的反革命分子將放在勞動中加以改造。

1951年7月1日，《新华日报》刊发的陈云为纪念党的三十周年而作的文章（四川省档案馆藏）

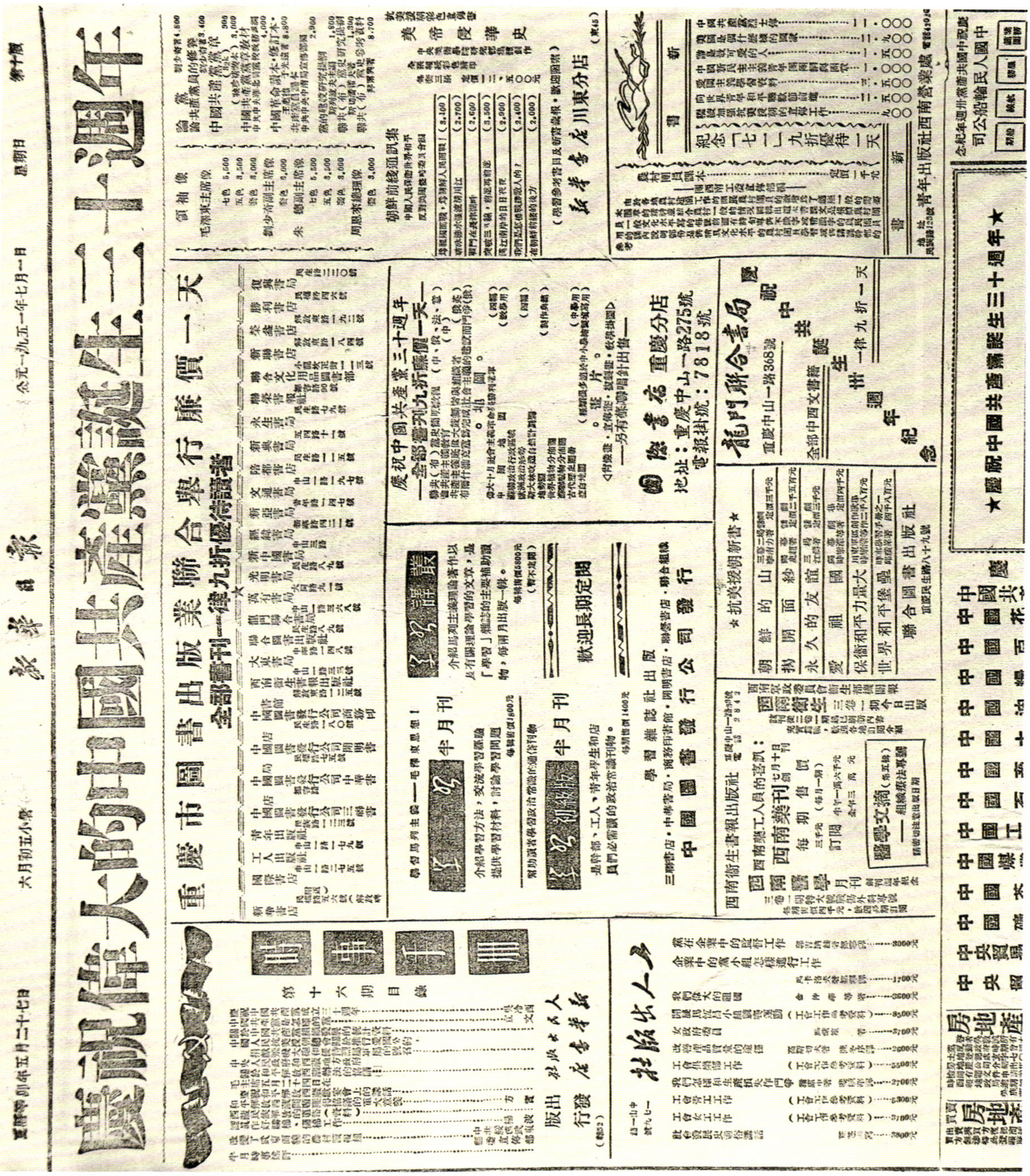
新華日報

慶祝偉大的中國共產黨誕生三十週年

重慶市圖書出版業聯合舉行廉價一天

全部書刊一律九折優待讀者

★慶祝中國共產黨誕生三十週年★

1951年7月1日，《新华日报》刊登的为庆祝中国共产党诞生三十周年的打折广告（四川省档案馆藏）

成渝鐵路的完成是中國共產黨領導的勝利

——爲慶祝中國共產黨建黨三十一週年紀念而作

中國國民黨革命委員會川康臨時工作委員會召集人　熊克武

當偉大的光榮的中國共產黨三十一週年紀念日，恰值成渝鐵路勝利完成，舉行全綫通車的節日。中國人民特別是西南人民，在這喜上添喜的節日，普遍地掀起慶祝的熱潮，向解放自己、建設國家的領導者中國共產黨和毛主席歡呼，表達衷心的感激，這是具有無比重大的意義的。

如衆所知，成渝鐵路的完成，是中國共產黨領導的勝利。這條鐵路，從一九零三年四川總督錫良奏請滿清政府修築川漢鐵路時起就開始籌劃了。經歷滿清末葉、北洋政府和蔣介石反動統治三個時代，時間將近半個世紀，人民的財產一次又一次地被大量搜刮，而鐵路始終沒有修成。自中國共產黨領導中國人民勝利的解放了西南以後，還不到半年工夫，人民政府就在生產還未完全恢復、經濟殘破的基礎上，着手進行這一偉大的工程。由於人民解放軍充當了開路先鋒和先進的工人弟兄帶動着提高了政治覺悟的農民弟兄，發揮了高度的積極性和創造性，克服了有些人認爲不可克服的困難，創造了不少技術上的新紀錄，使過去四十多年所不能修成的成渝鐵路，在短短的兩年期間就勝利完成了。這一事實指示了我們一條眞理：只有中國共產黨和毛主席的領導，中國人民才可能從解放的勝利發展到建設的勝利。

成渝鐵路的勝利完成，是西南人民進入幸福生活更高階段的重要標誌。西南人民和全國人民一樣，在反動統治時代，受帝國主義、封建主義和官僚資本主義三大敵人的殘酷壓迫和剝削，長期被困於黑暗痛苦的深淵，社會生產力一天一天地趨於萎縮，因之人民生活也隨着而每況愈下。西南勝利解放以後，人民政府積極領導推進新民主主義的各種重要改革和建設，特別是實行土地改革，廢除了封建的土地所有制，解放了農業生產力，初步地改善了人民的生活。今天成渝鐵路全綫通車了，城鄉物資的交流必大大的增進。例如內江的糖、自貢的鹽，這兩種重要日用必需品，過去完全是靠汽車或木船運載，運費既高，速度又慢，不特加重消費者的負担，有時供需亦不免發生失調現象。現在完全或主要地改用火車運載，成本降低了，供應充裕了，既減輕了人民的生活費用，又爲發展生產提供了重要的條件。這是兩個顯著的例子。其他種種物資的交流，亦將在同樣的情況下獲得大量的增進，以促進一切產業的

1952年7月1日，《新华日报》刊登的熊克武为庆祝中国共产党建党三十一周年而作的文章（四川省档案馆藏）

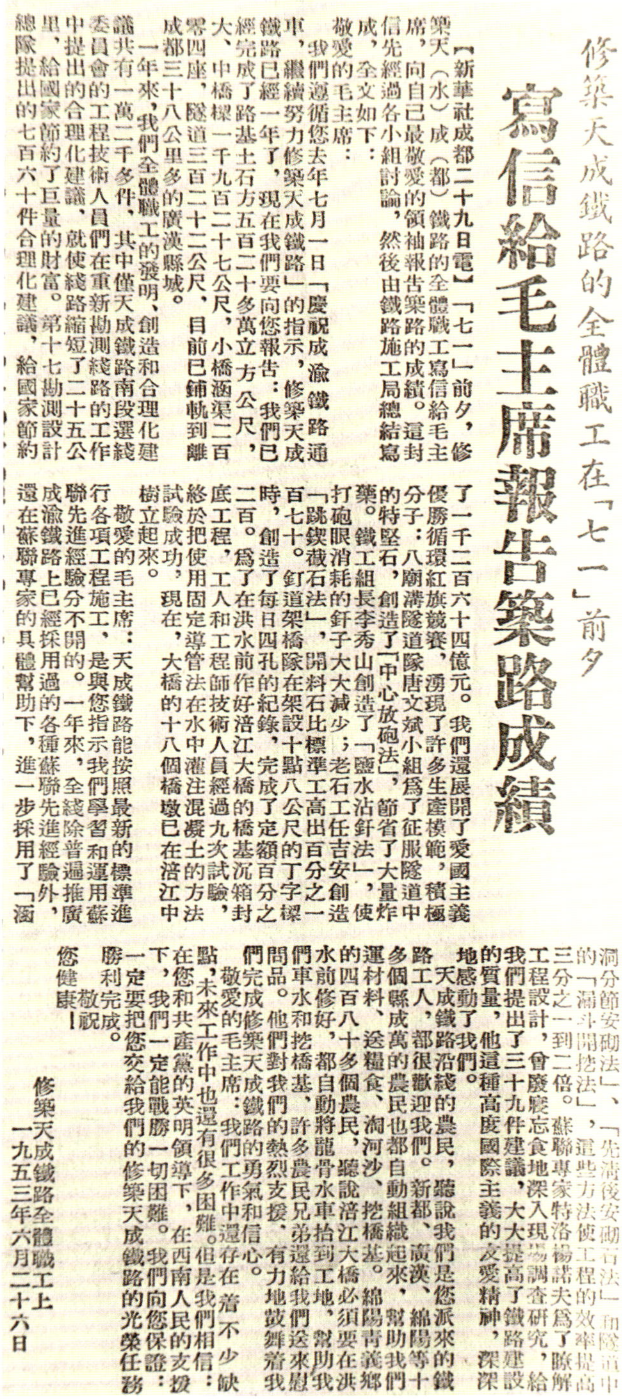

修築天成鐵路的全體職工在「七一」前夕

寫信給毛主席報告築路成績

「新華社成都二十九日電」「七一」前夕，修築天（水）成（都）鐵路的全體職工寫信給毛主席，向自己最敬愛的領袖報告築路的成績。這封信先經過各小組討論，然後由鐵路施工局總結寫成，全文如下：

敬愛的毛主席：

我們遵循您去年七月一日「慶祝成渝鐵路通車，繼續努力修築天成鐵路」的指示，修築天成鐵路已經一年了，現在我們要向您報告：我們已經完成了路基土石方五百二十多萬立方公尺，大、中橋樑一千九百二十七公尺，小橋涵渠二百零四座，隧道三百二十二公尺，目前已鋪軌到離成都三十八公里多的廣漢縣城。

一年來，我們全體職工的發明、創造和合理化建議共有一萬二千多件，其中僅天成鐵路南段選綫委員會的工程技術人員們在重新勘測綫路的工作中提出的合理化建議，就使綫路縮短了二十五公里，給國家節約了巨量的財富。第十七勘測設計總隊提出的七百六十件合理化建議，給國家節約了一千二百六十四億元。我們還展開了愛國主義優勝循環紅旗競賽，湧現了許多生產模範，積極分子：八廟溝隧道隊唐文斌小組為了征服隧道中的特堅石，創造了「中心放砲法」，節省了大量炸藥。鐵工組長李秀山創造了「鹽水沾釺法」，使打砲眼消耗的釺子大大減少；老石工任吉安創造「一跳鍥石法」，開料石比標準工高出百分之一百七十。釘道架橋隊在架設十點八公尺的丁字樑時，創造了每日四孔的紀錄，完成了定額百分之二百。為了在洪水前作好涪江大橋的橋基沉箱封底工程，工人和工程師技術人員經過九次試驗，終於把使用固定導管法在水中灌注混凝土的方法試驗成功，現在，大橋的十八個橋墩已在涪江中樹立起來。

敬愛的毛主席：天成鐵路能按照最新的標準進行各項工程施工，是與您指示我們學習和運用蘇聯先進經驗分不開的。一年來，全綫除普遍推廣成渝鐵路上已經採用過的各種蘇聯先進經驗外，還在蘇聯專家的具體幫助下，進一步採用了「涵洞分節安砌法」、「先清後安砌石法」和隧道中的「漏斗開挖法」，這些方法使工程的效率提高三分之一到二倍。蘇聯專家特洛揚諾夫為了瞭解工程設計，曾廢寢忘食地深入現場調查研究，給我們提出了三十九件建議，大大提高了鐵路建設的質量，他這種高度國際主義的友愛精神，深深地感動了我們。

天成鐵路沿綫的農民，聽說我們是您派來的鐵路工人，都很歡迎我們。新都、廣漢、綿陽等十多個縣成萬的農民也都自動組織起來，幫助我們運材料、送糧食、淘河沙、挖橋基。綿陽青義鄉的四百八十多個農民，聽說涪江大橋必須要在洪水前修好，都自動將龍骨水車抬到工地，幫助我們車水和挖橋基，許多農民兄弟還給我們送來慰問品。他們對我們的熱烈支援，有力地鼓舞着我們完成修築天成鐵路的勇氣和信心。

敬愛的毛主席：我們工作中還存在着不少缺點，未來工作中也還有很多困難。但是我們相信：在您和共產黨的英明領導下，在西南人民的支援下，我們一定能戰勝一切困難。我們向您保證：一定要把您交給我們的修築天成鐵路的光榮任務勝利完成。

敬祝

您健康！

修築天成鐵路全體職工上

一九五三年六月二十六日

1953年7月1日，《新华日报》印发《修筑天成铁路的全体职工在“七一”前夕写信给毛主席报告筑路成绩》（四川省档案馆藏）

1949年12月10日，经过几天几夜的紧张筹备，重庆《新华日报》作为中共中央西南局机关报重新创刊。重庆人民高兴地奔走相告：“《新华日报》又回来了！”

《新华日报》复刊后，积极围绕西南局中心工作任务，广泛开展土地改革、清匪反霸减租退押、成渝铁路建设等工作的宣传报道，展示城市建设发展风貌，在维护西南地区解放初期的社会稳定和推动经济发展中发挥了重要作用。

每年的7月1日，《新华日报》都会大量刊载中国共产党成立的庆祝活动和文章，广泛营造浓厚的思想舆论氛围，有效统一思想行动、凝聚智慧力量，激励西南人民团结一致、不懈奋斗建设家园。百货公司、出版社、书店等为庆祝党的生日，积极开展商品打折活动，进行廉价销售，让群众真切感受到节日的气氛，铭记党的成立是一件开天辟地、彪炳千秋的重大历史事件！

1954年8月31日，因西南大行政区撤销，四川的《新华日报》停刊。

川渝地区的《新华日报》自1938年1月11日创刊到1954年8月31日停刊，在历史上存续了13年10个多月。在国民党当局严密新闻封锁的夹缝中生存，在新中国诞生后翻身作主大张旗鼓地宣传社会主义，见证了中国历史上的巨大社会变革，见证了中国共产党人为中华民族的独立和解放作出的英勇牺牲和不懈奋斗，它自始至终都是我党宣传工作中的重要喉舌，为服务我党各项工作作出了重大贡献！

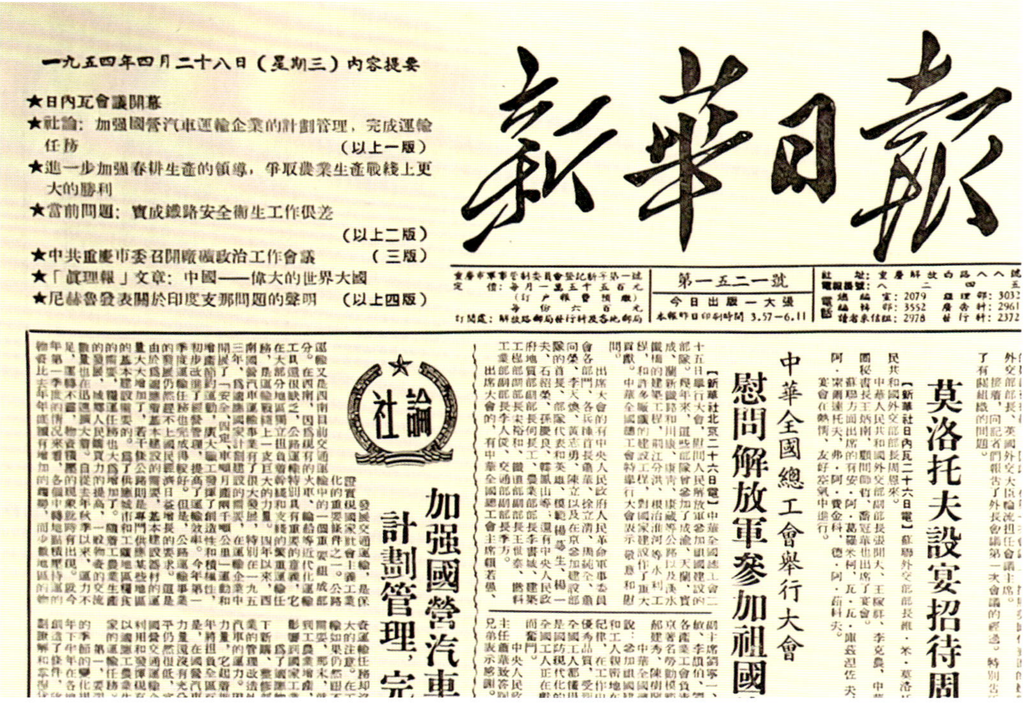
一九五四年四月二十八日（星期三）内容提要

★日內瓦會議開幕
★社論：加强國營汽車運輸企業的計劃管理，完成運輸任務（以上一版）
★進一步加强春耕生產的領導，爭取農業生產戰綫上更大的勝利
★當前問題：寶成鐵路安全衛生工作很差（以上二版）
★中共重慶市委召開廠礦政治工作會議（三版）
★「真理報」文章：中國——偉大的世界大國
★尼赫魯發表關於印度支那問題的聲明（以上四版）

新華日報

重慶市軍事管制委員會登記新字第一號
定價：每月一萬五千五百元（訂戶報費預繳）每份六百元
訂閱處：解放路郵局發行科及各地郵局

第一五二一號
今日出版一大張
本報昨日印刷時間 3.57—6.11

社址：重慶解放西路八八號
電報掛號：八二四五
電話 總編室：2079 經理部：3032 編輯部：3552 廣告科：2961 讀者來信組：2978 發行科：2372

社論 加强國營汽車運輸企業的計劃管理，完

中華全國總工會舉行大會 慰問解放軍參加祖國

莫洛托夫設宴招待周

1954年4月28日的《新华日报》，是馆藏最晚的一份（四川省档案馆藏）

附注：在党的历史上，曾经创办过多个《新华日报》

1．《新华日报》长江版。1938年1月11日，《新华日报》最先在武汉创刊，作为中共中央长江局的机关报，称《新华日报》长江版；1938年10月迁移至重庆继续发行，作为中共中央南方局机关报；1947年2月28日，在重庆被迫停刊；1949年12月10日，在重庆重新创刊，作为中共中央西南局机关报；1954年8月31日，因大行政区撤销停刊。

2．《新华日报》华北、太行版。1938年7月，日寇进攻武汉，根据中共中央长江局疏散指示，拟同时发行《新华日报》西北版，终因国民党刁难而搁浅，后经中央和长江局同意，中共六届六中全会决定，发行《新华日报》华北版。1939年1月1日，《新华日报》华北版在山西沁县创刊，为中共中央北方局机关报；5月，报社随部队转移途中，还发行过《新华日报》油印版。1943年10月1日，由于晋冀豫区党委改名为太行区党委，直属北方局领导，《新华日报》华北版改为太行版，为中共中央太行分局机关报，发行至1949年8月19日停刊。

3．《新华日报》华中版。1945年12月9日，《新华日报》华中版在江苏淮阴创办，为中共中央华中分局机关报，于1946年12月26日停刊。1948年1月1日，该报复刊，发行至1949年4月底停刊。

4．《新华日报》南京版。1949年4月30日，根据中央指示，《新华日报》在江苏南京复刊，为中共南京市委机关报，期号另起；1952年11月，改为中共江苏省委机关报；2001年9月28日，《新华日报》报社改为新华日报报业集团；2002年7月11日，改为江苏新华日报报业集团有限公司；2011年，更名为新华报业传媒集团。

参考文献

[1] 四川省档案馆馆藏。

[2] 雷勃．西南局《新华日报》创刊前后[J]．新闻研究资料，1987（4）．

[3] 朱同留．历史的记忆：抗战时期的新华日报[J]．文史天地，2013（6）．

[4] 周复，昭质．抗战时期国统区的《新华日报》[J]．档案与建设，2016（5）．

[5] 潘福兴．邓小平对《新华日报》的历史贡献及现实启示[J]．邓小平研究，2017（4）．

[6] 赵剑波．《新华日报》十种版本形态辨析[J]．新闻战线，2019（4）．

3 激流奋进干革命　历史弥新建伟业
——四川省级党组织历史沿革和历次党代会简介

党的奋斗历史，是严密党的组织体系的历史，也是完善党内民主的历史。一百多年来，我们党始终致力于加强党的组织建设，不断严密党的组织体系，不断完善党内民主制度体系，确保我们党历经一百多年而更加健全、更趋完善、更高水平。在这一过程中，一代又一代四川共产党人前仆后继、艰苦奋斗、英勇奉献，谱写了气吞山河的英雄壮歌，为推动四川社会主义事业发展作出了不可磨灭的巨大贡献。我们以档案文献为依据，回望四川省级党组织的奋斗历程，梳理四川省历次党员代表大会的相关情况，以史为鉴、开创未来，奋力推动新时代治蜀兴川再上新台阶。

四川省级党组织历史沿革

新民主主义革命时期，由于历史原因，四川党组织的革命活动多数时间处于地下秘密状态，由此也造成四川省级党组织名称变化频繁和复杂，没有统一的名称，甚至少数时期出现过两个以上省级党组织并行的情况。

杨闇公

一、中共重庆地方执行委员会（1926.02—1927.03）

1926年2月底，经党中央批准，四川第一个省级党组织——中共重庆地方执行委员会在重庆二府衙70号成立，直属中央领导，杨闇公任书记，代行四川区委（当时省级组织称区委）的领导职责，担负起领导四川全省中共党组织的重任。

1927年4月至8月，“三三一”惨案致使重庆地委主要领导人杨闇公、冉钧等相继被捕杀害，组织遭到严重破坏，期间没有省级领导机构。

二、中共四川临时省委（1927.08—1928.02）

中共五大会议结束后，中央于1927年5月22日召开四川问题谈话会，总书记陈独秀、政治局常委蔡和森、代理中央秘书长陈乔年、中央农委委员任旭、重庆地委委员吴玉章、重庆地委候补委员李嘉仲、重庆地委代理宣传部主任钟梦侠参加会议。会上，钟梦侠汇报了“三三一”惨案及其前后四川党组织的相关情况。6月6日，中央政治局常委会决定派傅烈、周贡植、钟梦侠、刘披云等由武汉入川，负责清理和恢复党组织，建立省委。8月6日，傅烈等人到达重庆。8月12日，中共四川临时省委在重庆兴隆巷成立，傅烈任书记。

傅烈

三、中共四川省委（1928.02—1928.10）

1928年2月10日，中共四川临时省委在巴县铜罐驿周贡植家里召开了20余人参加的扩大会议，确定建立中国共产党四川省委员会，并选举产生了省委委员11人、候补委员5人，其中常委5人（傅烈、刘愿庵、张秀熟、刘亚雄、李炳奎），傅烈任书记。3月9日，傅烈被捕，并于4月3日壮烈牺牲，随后刘愿庵代理省委书记。4月，刘愿庵为出席党的六大离开重庆赴上海，由张秀熟代理省委书记。

张秀熟

四、中共四川临时省委（1928.10—1929.06）

1928年10月1日，由于原共青团省委书记彭兴道和团省委委员廖时勉叛变告密，致使重庆党、团省委机关遭到严重破坏，先后有省委代理书记张秀熟、团省委代理书记蔡明钊、巴县县委书记王松樵、巴县团委书记池忘秋等党团干部23人被逮捕。10月13日，刘愿庵出席中共六大后回到重庆，得知省委被破坏后，立即召集重庆的党、团省委委员商议，召开紧急会议组织临时省委，恢复和清理党团组织，传达六大精神，筹备党、

刘愿庵

团省委扩大会议。10月20日，在川南巡视的省委常委穆青得知省委机关被破坏后紧急返回成都，由于未能知晓刘愿庵回川的消息，便与在成都的省委委员和川西特委召开紧急会议，建立中共四川临时省委，穆青任书记。同时，撤销川西特委，在重庆建立川东特委，并由省委委员刘披云赴上海向党中央报告相关情况。随后，穆青获悉刘愿庵已回到重庆，便急电其到成都传达党的六大精神。11月底，刘愿庵抵达成都，向临时省委传达了党的六大精神和各项决议。12月18日，临时省委召开会议，决定撤销分别在成、渝两地组成的临时省委，正式选举穆青、刘愿庵、程子健、陈峻山、刘远翔等5人组成新的临时省委，穆青任书记。

穆青

五、中共四川省委（1929.06—1930.08）

1929年6月7日，临时省委第二次会议在成都召开，决定成立中国共产党四川省委员会并迁驻重庆，会议正式选举了刘愿庵、穆青、刘披云、李鸣珂、陈惠等省委委员和候补委员9人，刘愿庵任书记。1930年5月5日，省委在重庆浩池街裕发祥酱园铺楼上开会时，刘愿庵、程攸生、邹进贤等因内奸告密被捕，5月8日英勇就义。在此前后，穆青等一批党员也先后被捕牺牲，党在重庆的秘密机关和据点被破坏。5月6日，省委代理组织部主任游少彬组织召集紧急会议，决定组织临时省委继续工作，选举游少彬、罗世文、邹璧成为省委常委，许仁智为秘书长。6月10日，从重庆紧急赶来的程子健、苏爱吾组织召开扩大会议，选举产生了以程子健、苏爱吾、游少彬为常委的中国共产党四川省委员会，程子健任书记。

程子健

六、中共四川省行动委员会（1930.08—1930.11）

1930年8月28日，省委第一次党员代表大会在重庆召开，决定各级党、团、工会合并，成立中共四川省行动委员会，选举程子健、罗世文、张春帆、杨玉忠等为委员，程子健任行委主席。

七、中共四川省委（1930.11—1935.06）

荀永芳

1930年11月，按照长江局对四川工作的指示，省行委召开主席团会议，决定党团自上而下立即分开，结束省行委，恢复省委，程子健、余乃文、苟良歌为常委，程子健任书记。1931年2月初，省委进行改选并重新分工，程子健仍任书记；3月，由于重庆白色恐怖日益严重，省委决定迁驻成都；6月，罗世文前往上海向党中央汇报四川省委工作情况；8月，罗世文返回成都，传达了中央对四川工作的指示，改组省委，罗世文、程子健、廖恩波、张春帆为常委，罗世文任书记。1933年8月，中央确定川陕苏区领导四川省委，罗世文调离，廖恩波继任书记；10月，廖恩波参加党的六届五中全会并留在苏区，省委再次改组，荀永芳任代理书记；年底，因荀永芳被逮捕，省委改组，史伯康任代理书记；1934年1月，中央特派员徐平到成都传达了中央指示，省委决定遵照要求建立新省委，以史伯康、曾海元、张郅为常委，徐平参加常委会，史伯康任书记；7月，省委机关遭到严重破坏，刘道生、徐平、刘克谐组成新省委，刘道生任书记；10月，省委机关再次遭到破坏，刘克谐继任书记。

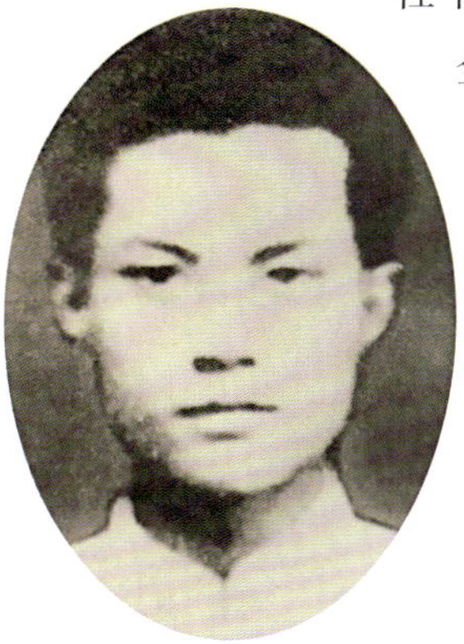
罗世文

1935年6月，刘克谐被捕，省委机构被完全破坏，此后直到1938年1月，四川无省委一级党组织。

八、中共四川省工作委员会（1938.01—1938.11）

1938年1月，根据中央指示，中共四川省工作委员会在成都成立，邹风平任书记。

九、川西（康）特委和川东特委（1938.11—1946.04）

1938年11月，省工委召开扩大会议，按照中央指示，决定结束省工委，撤销成都市委和重庆市委，分别建立川西特委和川东特委。

川西（康）特委：1938年11月底，省工委扩大会议结束后，参加会议的川西代表召开专门会议，选举罗世文、邹风平、张曙时、程子健、郑伯克、张秀熟、韩天石为川西特委委员，邹风平任书记，归南方局领导。1939年1月，西康省建立，川西特委改名为川康特委；同年春夏，南方局对川康特委领导班子进行调整，罗世文任书记。1940年4月，罗世文被捕，川康特委改组，程子健、郑伯克、于江震为常委，程子健任书记；同年夏，南方局成立西南工委和中共南方工作委员会，川康特委归西南工委领导。1941年春，程子健等撤回延安，特委机关由荣高棠、孙敬文负责，管理范围缩小，另行成立川南特委和川北工委，分别管理川南、川北党组织；9月，根据南方局指示，川东特委委员王致中到达成都，重组川康特委，以王致中、王栋方、马子卿为委员，王致中任书记。1946年4月，川康特委结束。

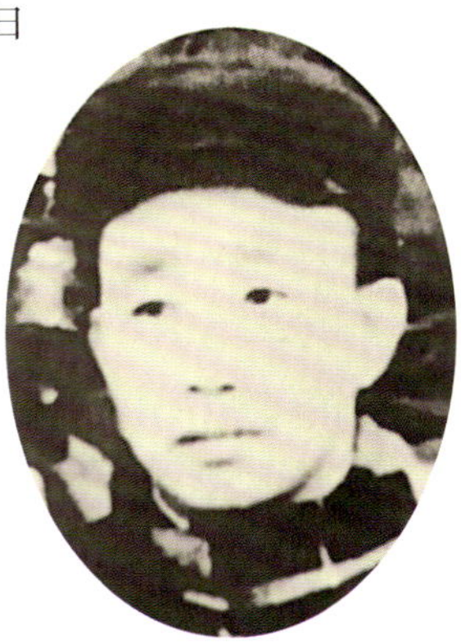
廖志高

川东特委：1938年12月，川东特委在重庆成立，以廖志高、李应吉、漆鲁鱼、王亦青、杨述、陈奇雪、黄亦仁为委员，廖志高任书记。1943年9月，廖志高调南方局，川东特委撤销，成立上川东特委和下川东特委，分别由孙敬文、曾淳领导，至1944年3月撤销。

十、中共四川省委（1946.04—1947.03）

吴玉章

1946年4月，重庆局向党中央呈报了四川省委领导成员名单，并于19日得到中共中央书记处的批准。4月22日，中共四川省委召开第一次会议，重庆局书记董必武正式宣布成立中共四川省委，直属重庆局领导，吴玉章任书记。4月30日，周恩来举行离开重庆前的最后一次记者招待会，向新闻界宣布了中共四川省委的成立，这是中国共产党在国民党统治区第一次也是唯一一次公开成立省级领导机关。省委成立后，积极开展公开活动，取得事实上的公开合法地位；积极清理和恢复原来失散的组织关系和发展新党员，不断加强党的组织建设，壮大党的力量。为应对国民党发动的全面内战，省委将工作重心逐步转移到农村，组织民变运动和武装斗争。随着时局的不断恶化，四川省委先后将王维舟、傅钟等撤离到延安。1947年3月，省委机关全部撤回延安。

1947年3月至8月，因省委撤离，四川无省委一级党组织。

十一、川康特委和川东临委（特委）（1947.08—1949.11）

1947年5月，党中央决定由上海局管辖长江流域及西南各省，加强和统一党对国统区工作的领导。此后，根据上海局指示，重庆市委先后联系川东、川康党组织，使四川党组织恢复了与党中央的联系。

川康特委：1947年8月，按照上海局指示，成都工委改建为川康特委，领导川康、川西、川南和川北部分地区的党组织。1949年1月，书记蒲华辅被捕叛变后，上海局指示主要干部到香港学习，下属各党组织独立进行活动。

川东临委（特委）：1947年11月，川东临时工作委员会成立，王璞任书记。1949年1月，由于王璞等同志先后被捕牺牲，仅剩肖泽宽一人，上海局决定撤销川东临委，成立川东特委，肖泽宽任书记，至重庆解放结束。

川康解放后，未成立四川省，在川康原辖区内先后成立了重庆市委和川东、川南、川西、川北区委及西康省委等党组织。

王璞

十二、中共四川省委（1952.08—　）

1952年8月7日，中央人民政府委员会第17次会议决定恢复四川省建制；12日，中共中央西南局发出指示，中共四川省委正式成立，李井泉任书记，李大章、赵林、阎红彦分任第一、第二、第三副书记。随后，省委先后经历了13位书记。2022年4月起，王晓晖任四川省委书记。

四川省历次党代会简介

截至目前，全省共召开12次党员代表大会。从间隔时间来看，最长的15年，最短的4年，从1983年第四次党代会以后，间隔基本保持为5年；从会期来看，最长的13天（第一次），最短的4天（第三、九、十、十一、十二次）。

一、社会主义革命和建设时期

这一时期，四川共召开了两次全省党员代表大会，即第一、二次。

中国共产党四川省第一次代表大会：1956年7月10日，中共四川省委第一次代表大会预备会议召开，决定由12名省委常委、5名地委书记、成渝两市市委书记、1名少数民族代表、第7中级党校校长组成21人主席团，通过了大会代表资格审查委员会、提案审查委员会名单和大会程序。7月14日至26日，中国共产党四川省第一次代表大会在成都召开，这也是中华人民共和国成立后第一次召开的全省党员代表大会。大会共有代表715人、候补代表160人。

这次大会是在四川省社会主义改造事业已经取得决定性胜利和社会主义建设进入全面高涨的形势下召开的。省委书记李井泉主持会议并致开幕词，副书记阎秀峰代表省委作了《关于一年来主要工作概况和当前主要任务的报告》，报告共分三个部分：一是一年来主要工作概况；二是当前主要工作任务；三是反对官僚主义，贯彻群众路线，进一步改进党的领导作风。大会认为，一年来，在党中央的领导下，经历了对农业、手工业和资本主义工商业的改造，整个社会发生了前所未有的深刻变化。大会肯定了省委的工作，认为工作中存在的官僚主义作风和强迫命令作风是前进中的主要障碍。

大会通过了《中国共产党四川省第一次代表大会决议》，选举朱德、王维舟、胡耀邦、李井泉等四川省出席中国共产党第八次全国代表大会代表53人、候补代表6人，选举产生了中国共产党四川省第一届委员会，其中：委员39人、候补委员13人。

7月27日，中国共产党四川省第一届委员会第一次全体会议召开，选举产生了省委常务委员会，委员15名；选举李井泉、李大章、廖志高、阎红彦、陈刚、许梦侠、阎秀峰等7人为省委书记处书记，李井泉为书记处第一书记。

中国共产党四川省第二次代表大会：1971年8月12日至16日在成都召开，共有大会代表1 477人、列席代表437人。这次大会是在党的“九大”之后召开。梁兴初致开幕词，张国华代表中共四川省革命委员会核心小组作了题为《在毛主席革命路线指引下，为把四川建成伟大祖国的一个可靠战略基地而奋斗》的工作报告。大会选举产生了二届省委委员106人、候补委员44人。17日，二届省委一次全会选举省委常委19名，张国华为书记。

二、改革开放和社会主义现代化建设新时期

这一时期，四川共召开了八次全省党员代表大会，即第三至十次。

中国共产党四川省第三次代表大会：1979年1月20日至23日，中国共产党四川省第三次代表大会在成都召开，这是改革开放后召开的第一次全省党员代表大会。大会共有代表1 500人。

这次大会是在粉碎江青反革命集团，党的十一届三中全会之后，实现全党工作着重点战略转移的关键时刻召开的。许梦侠致开幕词，鲁大东致闭幕词。工作报告《坚决实现全党工作重点的转移，为加快四川的社会主义现代化建设而奋斗》共分三个部分：一是揭批“四人帮”群众运动的顺利结束和党的工作着重点的转移；二是认真做好近三年的工作，一面前进，一面调整；三是在新长征中加强党的思想建设和组织建设。

会议认真传达学习贯彻中央十一届三中全会和中央工作会议精神，强调要在党中央的路线指引下，组织领导好工作着重点的转移，自始至终突出抓住保持安定团结的政治局面和按经济规律办事这两条，做好一系列工作，加快四川的社会主义现代化建设。大会认为，“文化大革命”前的17年，中共四川省委的工作成绩是主要的。大会郑重宣布，经中央批准，给李井泉、廖志高、黄新廷、郭林祥等被错误地定为“走资本主义道路的当权派”和强加的一切诬蔑不实之词予以平反。

大会号召，全体共产党员要不断加强党的团结，加强全省党、政、军、民的团结，

同心同德，万众一心，向着我们伟大的目标前进。要以顽强的毅力，学会我们不懂的东西，努力掌握社会主义建设的客观规律，谦虚谨慎，戒骄戒躁，力求在前进的过程中，少犯错误，少走弯路。要当现代化建设的闯将，以前所未有的干劲，前所未有的速度，来从事我们前所未有的四个现代化的壮丽事业。大会展望，伟大的祖国在本世纪内将发生翻天覆地的变化，我们四川也将“万象更新，后来居上”，全体党员和各族人民要紧张地动员起来，高举毛泽东思想的伟大旗帜，沿着党的十一大路线，在党中央的领导下，披荆斩棘，一往无前，为把四川尽快建成现代化社会主义强国的战略后方基地而奋斗！

大会通过了《中国共产党四川省第三次代表大会关于中共四川省第二届委员会工作报告的决议》，选举产生了中国共产党四川省第三届委员会，其中：委员125人、候补委员45人。

1月24日，中国共产党四川省第三届委员会第一次全体会议召开，选举产生了由18名常务委员组成的省委常务委员会，选举赵紫阳为省委第一书记，鲁大东为常务书记，李子元、许梦侠、杜心源等7人为书记。同日，会议还选举产生了由43名委员组成的中国共产党四川省委员会纪律检查委员会，由21名常务委员组成的省委纪律检查委员会常务委员会，选举许梦侠为省委纪律检查委员会第一书记，安法孝为第二书记，王敖为常务书记，张欣如、郭实夫等5人为副书记。

中国共产党四川省第四次代表大会：1983年1月30日至2月4日在成都召开，共有大会代表1 021人。这次大会是进一步贯彻落实中共十二大的各项决议、研究全面开创社会主义现代化建设新局面的各项方针政策、完成四川省委领导机构新老交替的一次重要会议。谭启龙致开幕词，杨汝岱代表三届省委作了题为《坚决贯彻党的十二大精神，全面开创四川社会主义现代化建设新局面》的报告。省委纪律检查委员会向大会作了工作

中国共产党四川省第四次代表大会现场

报告。大会选举产生了四届省委委员78人、候补委员22人；同时，根据党的十二大通过的党章规定，选举产生了中国共产党四川省顾问委员会委员53人；选举产生了中国共产党四川省纪律检查委员会委员43人。2月5日，四届省委一次全会选举省委常委16名，杨汝岱为书记。同日，省顾委选举常委16名，谭启龙为主任；省纪委一次全会选举常委7名，许梦侠为书记。

中国共产党四川省第五次代表大会：1988年4月25日至29日在成都召开，共有大会代表803人。这次大会是贯彻落实党的十三大精神的一次重要会议。会议由张皓若主持，杨汝岱代表四届省委作了题为《进一步解放思想，加快改革开放，为建设富裕、民主、文明的四川奋勇前进》的报告，顾金池主持闭幕大会。省顾问委员会、省纪律检查委员会向大会作了工作报告。大会选举产生了五届省委委员55人、候补委员12人，选举产生了中国共产党四川省顾问委员会委员26人和中国共产党四川省纪律检查委员会委员37人。4月30日，五届省委一次全会选举省委常委11名，杨汝岱为书记。同日，省顾委选举常委7名，许梦侠为主任；省纪委一次全会选举常委7名，曹庆泽为书记。

中国共产党四川省第六次代表大会：1993年4月25日至29日在成都召开，共有大会代表897人、特邀代表11人。这次会议是进一步贯彻党的十四大精神，总结中国共产党四川省第五次代表大会以来的工作，确定四川今后一个时期的战略任务、奋斗目标的一次重要会议。大会由肖秧主持，谢世杰代表五届省委作了题为《解放思想，把握机遇，真抓实干，为提前实现四川第二步战略目标而奋斗》的报告。省顾问委员会、省纪律检查委员会向大会作了工作报告。大会选举产生了六届省委委员63人、候补委员12人和省纪委委员49人。4月30日，六届省委一次全会选举省委常委14名，谢世杰为书记。同日，省纪委一次全会选举常委8名，杨崇汇为书记。

中国共产党四川省第六次代表大会现场

中国共产党四川省第七次代表大会：1998年1月5日至9日在成都召开，共有大会代表800人、特邀代表15人。这次会议是在全党和全国各族人民学习、贯彻党的十五大精神的新形势下召开的，是世纪之交的一次盛会。大会由宋宝瑞主持，谢世杰代表六届省委作了题为《解放思想，加快发展，全面推进四川跨世纪现代化建设事业》的报告。省纪律检查委员会向大会作了工作报告。大会选举产生了七届省委委员61人、候补委员11人和省纪委委员45人。1月10日，七届省委一次全会选举省委常委14名，谢世杰为书记。同日，省纪委一次全会选举常委11名，沈国俊为书记。

中国共产党四川省第七次代表大会现场

中国共产党四川省第八次代表大会：2002年5月10日至14日在成都召开，共有大会代表828人、特邀代表13人。这次大会是在我省高举邓小平理论伟大旗帜，认真实践“三个代表”重要思想，积极实施西部大开发战略，全面推进四川发展新跨越的关键时期召开的一次重要会议。大会由张中伟主持，七届省委向大会作了《认真实践“三个代表”重要思想，奋力推进四川发展新跨越》的报告。省纪律检查委员会向大会作了工作报告。大会选举产生了八届省委委员63人、候补委员12人和省纪委委员47人。5月14日，八届省委一次全会选举省委常委14名，周永康（2014年12月5日，中共中央政治局会议审议并通过中共中央纪律检查委员会《关于周永康严重违纪案的审查报告》，给予周永康开除党籍处分；2015年6月11日，被依法判处无期徒刑，剥夺政治权利终身）为书记。同日，省纪委一次全会选举常委11名，李崇禧（2014年9月11日，经中央纪委审议并报中共中央批准，给予李崇禧开除党籍、开除公职处分；2015年11月3日，被依法判处有期徒刑十二年）为书记。

中国共产党四川省第八次代表大会现场

中国共产党四川省第九次代表大会：2007年5月13日至16日在成都召开，共有大会代表849人、特邀代表11人。这次会议是我省在改革开放和现代化建设进入新的时期、全面建设小康社会处于关键阶段召开的一次承前启后、继往开来的重要会议。杜青林代表八届省委作了题为《坚持科学发展，构建和谐四川，为实现富民强省、全面小康而努力奋斗》的报告。省纪律检查委员会向大会作了工作报告。大会选举产生了温家宝等出席中国共产党第十七次全国代表大会的代表70人，选举产生了九届省委委员93人、候补委员17人和省纪委委员55人。5月16日，九届省委一次全会选举省委常委13名，杜青林为书记。同日，省纪委一次全会选举常委11名，欧泽高为书记。

中国共产党四川省第九次代表大会现场

中国共产党四川省第十次代表大会：2012年5月16日至19日在成都召开，共有大会代表860人、特邀代表8人。这次大会，是在四川省抗震救灾和灾后恢复重建取得全面胜利、奋力推进新一轮西部大开发和“十二五”发展、全面建设小康社会的关键时期召开的一次十分重要的大会。刘奇葆代表九届省委作了题为《科学发展、执政为民，为建设西部经济发展高地而奋斗》的报告。省纪律检查委员会向大会作了工作报告。大会选举产生了出席中国共产党第十八次全国代表大会的代表72人，选举产生了十届省委委员92人、候补委员17人和省纪委委员55人。5月19日，十届省委一次全会选举省委常委12名，刘奇葆为书记；批准了十届省纪委一次全会选举产生的书记、副书记和常务委员会委员人选。

中国共产党四川省第十次代表大会现场

三、中国特色社会主义新时代

中国共产党四川省第十一次代表大会：2017年5月24日至27日，中国共产党四川省第十一次代表大会在成都召开，这是中国特色社会主义进入新时代后第一次召开的全省党员代表大会。大会共有代表860人。

这次大会是在全面建成小康社会进入决胜阶段、奋力开启我省现代化建设新征程的关键时期，召开的一次十分重要的会议。大会的主题是：高举中国特色社会主义伟大旗帜，以习近平总书记系列重要讲话精神和治国理政新理念新思想新战略为统揽，全面落实习近平总书记对四川工作重要指示精神，改革创新、锐意进取，深入实施“三大发展战略”，奋力实现“两个跨越”，加快建设美丽繁荣和谐四川，推动治蜀兴川再上新台阶，在全面建成小康社会决胜阶段再立新功，为谱写中国梦四川篇章而努力奋斗。尹力主持开幕式，王东明代表十届省委作了题为《紧密团结在以习近平同志为核心的党中央周围，建设美丽繁荣和谐四川，推动治蜀兴川再上新台阶》的报告。报告分为十个部分：一是砥砺奋进拼搏实干的五年历程；二是以习近平总书记系列重要讲话精神和治国理政新理念新思想新战略统揽治蜀兴川全局；三是推动治蜀兴川再上新台阶的宏伟蓝图；四是深入推进供给侧结构性改革；五是持续深化改革扩大开放；六是坚决打赢脱贫攻坚战和推进社会民生事业发展；七是坚定推进生态优先绿色发展；八是切实加强思想文化建设；九是积极发展社会主义民主法治；十是推动全面从严治党向纵深发展。报告认为，党的十八大以来，以习近平同志为核心的党中央继往开来、励精图治，团结带领全国各族人民朝着中华民族伟大复兴中国梦阔步前进，书写了彪炳史册的恢宏篇章，开辟了中国特色社会主义新境界。全省各级党组织和广大党员要牢固树立“四个意识”，更加紧密地团结在以习近平同志为核心的党中央周围，更加自觉地在思想上政治上行动上同党中央保持高度一致，更加扎实地把党中央决策部署在四川落到实处。整个报告总结成绩客观深刻、求真务实，谋划未来目标深远、内涵丰富，传递出加快建设美丽繁荣和谐四川的时代强音，激起与会代表强烈共鸣。大会的胜利召开，标志着四川决胜全面小康、建设经济强省开启了新的征程。

大会号召，全省各级党组织和广大党员干部一定要牢记使命、不负重托，朝着大会确定的目标奋勇前进，一步一个脚印把美好蓝图变成现实。要把准正确前进方向，更加紧密地团结在以习近平同志为核心的党中央周围，更加自觉地在思想上政治上行动上同党中央保持高度一致，更加坚定地用习近平总书记系列重要讲话精神和对四川工作的指示要求统揽全局。要保持专注发展定力，统筹推进“五位一体”总体布局、协调推进“四个全面”战略布局，坚定不移实施“三大发展战略”，奋力实现“两个跨越”，建设美丽繁荣和谐四川。要振奋精神拼搏实干，保持奋发有为的精神状态，发扬求真务实的过硬作风，结合实际创造性开展工作，推动党代会决策部署不折不扣落到实处、见到实效。要凝聚强大奋进力量，全面加强领导班子和干部队伍建设，充分发挥人大政协职能作用，做好统一战线和群团工作，引导全省广大党员干部群众团结一心、克难奋进，投身治蜀兴川波澜壮阔的生动实践，共同创造四川发展美好未来，把美好蓝图变成现实。

大会要求，全省各级党组织和广大党员干部面对新的形势、新的任务，必须始终保持清醒头脑，始终怀有忧患意识，直面困难挑战，勇于担当担责；面对新的挑战、新的“赶考”，必须始终保持战略定力，牢记使命、不忘初心，以“逢山开路、遇水架桥”的非凡勇气和“敢于战胜一切困难而不被任何困难所压倒”的大无畏英雄气概，紧紧依靠和团结带领全省各族人民，再前进、再出发，朝着既定目标坚定前行，去征服新的“雪山草地”，去战胜新的艰难险阻，奋力开创我省现代化建设新局面。以辛勤汗水、智慧力量和奉献担当，在巴蜀大地书写新的历史、铸就新的辉煌，更好造福可爱的四川人民。

中国共产党四川省第十一次代表大会现场

大会强调，全省各级党组织和广大党员干部，要更加紧密地团结在以习近平同志为核心的党中央周围，高举中国特色社会主义伟大旗帜，以习近平总书记系列重要讲话精神和治国理政新理念新思想新战略为统揽，改革创新、锐意进取，埋头苦干、奋发有为，推动治蜀兴川再上新台阶，在全面建成小康社会决胜阶段再立新功，加快建设美丽繁荣和谐四川，为谱写中国梦四川篇章而努力奋斗！

大会通过了关于十届省委报告的决议和关于省纪委工作报告的决议；选举产生了十一届省委委员92人、候补委员17人和十一届省纪律检查委员会委员55人，选举产生了我省出席党的十九大代表73人。

5月27日下午，中国共产党四川省第十一届委员会第一次全体会议在成都举行。会议选举王东明、尹力、邓小刚、王雁飞、黄建发等12人为十一届省委常务委员，王东明为书记；批准了十一届省纪委一次全会选举产生的书记、副书记和常务委员会委员人选。

四、踏上现代化建设新征程的党代会

中国共产党四川省第十二次代表大会：2022年5月27日至30日，中国共产党四川省第十二次代表大会在成都召开。大会共有代表和特邀代表872人。

这次大会是在迈步全面建设社会主义现代化四川新征程、喜迎党的二十大的关键时刻，召开的一次十分重要的会议。大会主题是：高举习近平新时代中国特色社会主义思想伟大旗帜，深入贯彻落实习近平总书记对四川工作系列重要指示精神和党中

中国共产党四川省第十二次代表大会现场

央决策部署，立足四川实际，胸怀“国之大者”，践行初心使命，以赶考姿态推动新时代治蜀兴川再上新台阶，为全面建设社会主义现代化四川努力奋斗。黄强主持开幕式，王晓晖代表十一届省委作了题为《高举习近平新时代中国特色社会主义思想伟大旗帜 团结奋进全面建设社会主义现代化四川新征程》的报告。

报告认为，党的十八大以来，以习近平同志为核心的党中央以伟大的历史主动精神、巨大的政治勇气、强烈的责任担当，领航中国特色社会主义巍巍巨轮破浪前行，开辟了中华民族伟大复兴前所未有的光明前景。党确立习近平同志党中央的核心、全党的核心地位，确立习近平新时代中国特色社会主义思想的指导地位，对新时代党和国家事业发展、对推进中华民族伟大复兴历史进程具有决定性意义。在新的赶考路上，全省各级党组织和广大党员要从党的百年历史中汲取智慧和力量，自觉做“两个确立”的忠诚拥护者和“两个维护”的坚定践行者，矢志不渝沿着习近平总书记指引的方向接续奋斗，努力创造无愧于时代、无愧于人民、无愧于历史的新业绩！

报告指出，党的十八大以来，习近平总书记从党和国家战略全局出发，对四川工作作出系列重要指示，提出推动治蜀兴川再上新台阶的明确要求，系统阐明了四川发展“怎么看、怎么办、怎么干”等一系列重大问题，为新时代治蜀兴川提供了方向指引。全省各级党组织和广大党员干部要坚定沿着习近平总书记指引的方向前进，深入学习贯彻习近平总书记对四川工作系列重要指示精神，一项一项落实、一件一件推进，坚决把领袖的深切关怀转化为奋进力量，把领袖的殷殷嘱托转化为自觉行动，把领袖的战略擘画转化为美好现实！特别是要深入学习贯彻习近平总书记关于四川发展形势任务的重要指示，牢牢把握新时代治蜀兴川的总体要求；深入学习贯彻习近平总书记关于四川在全国大局中地位作用的重要指示，牢牢把握新时代治蜀兴川的重大责任；深入学习贯彻习近平总书记关于推动发展和改善民生的重要指示，牢牢把握新时代治蜀兴川的着力重点；深入学习贯彻习近平总书记关于加强党的建设的重要指示，牢牢把握新时代治蜀兴川的根本保证。

报告明确，迈步全面建设社会主义现代化四川新征程，必须坚定以习近平新时代中国特色社会主义思想为指导，深入贯彻落实习近平总书记对四川工作系列重要指示精神和党中央决策部署，统筹推进“五位一体”总体布局、协调推进“四个全面”战略布局，立足新发展阶段，完整、准确、全面贯彻新发展理念，服务和融入新发展格局，以成渝地区双城经济圈建设为战略引领，紧紧围绕“讲政治、抓发展、惠民生、保安全”的工作总思路，深入实施“一干多支、五区协同”“四向拓展、全域开放”战略部署，推动新时代治蜀兴川再上新台阶，奋力谱写全面建设社会主义现代化四川新篇章。通过五年努力，实现以下奋斗目标：综合发展实力再上新台阶，经济增速高于全国平均水平，力争到2027年全省经济总量突破八万亿元、人均地区生产总值突破九万元，城乡区域发展协调性明显增强，现代产业体系和基础设施体系不断完善，建成国家创新驱动发展先行省，改革开放取得新的重大进展。人民生活品质实现新提升，共同富裕迈出坚实步伐，居民人均可支配收入增速高于全国、城乡收入比持续缩小，多层次社会保障体系更加健全，基本公共服务均等化水平明显提高。美丽四川建设迈出新步伐，大气、水、土壤环境质量持续改善，能源资源利用效率大幅提升，碳排放强度明显下降，长江黄河上游生态屏障进一步筑牢。社会文明进步达到新高度，党的创新理论深入人心，社会主义核心价值观广为弘扬，现代公共文化服务体系和文化产业体系更加健全，人民群众精神文化生活更加丰富，文化强省旅游强省基本建成。民主法治建设取得新进展，全过程人民民主深入发展，法治四川、平安四川建设达到更高水平，城乡基层治理制度创新和能力建设取得更大成效，依法防范化解重大风险能力不断增强。全面从严治党展现新气象，以政治建设为统领的党的各项建设全面加强，上下贯通、执行有力的组织体系更加健全，忠诚干净担当的高素质专业化干部队伍不断建强，反腐败斗争压倒性胜利成果巩固拓展，政治生态和发展环境更加优化。报告还围绕以成渝地区双城经济圈建设引领高水平区域协调发展，建设支撑高质量发展的现代化经济体系，朝着共同富裕目标持续增进民生福祉，筑牢长江黄河上游生态屏障，加快新时代文化强省建设，推进民主政治建设和全面依法治省，以自我革命精神纵深推进全面从严治党等，提出了具体的工作思路和要求。

报告强调，全省各级党组织和广大党员干部一定要永葆坚如磐石的理想信念，不忘初心、牢记使命，始终忠于党和人民的神圣事业，主动担好新时代赋予的历史重任；永葆只争朝夕的拼搏劲头，锐意进取、笃行实干，一张蓝图绘到底，与时俱进谱新篇；永葆一往无前的斗争精神，万众一心、众志成城，勇于跨越前进道路上的“泸定桥”“夹金山”，敢于征服奋进征途中的“雪山”“草地”，在攻坚克难中不断夺取新的更大胜利，努力为党和人民争取更大光荣！

大会号召，全省各级党组织和广大党员干部要更加紧密地团结在以习近平同志为核心的党中央周围，始终保持“任尔东西南北风”的战略定力，牢固树立“而今迈步从头越”的雄心壮志，不断砥砺“敢教日月换新天”的进取精神，踔厉奋发、笃行实干、奋勇前行，在迈步全面建设社会主义现代化四川新征程中不断赢得新的胜利、铸就新的辉煌、谱写新的篇章。

大会通过了关于中共四川省第十一届委员会报告的决议、关于中共四川省第十一届纪律检查委员会工作报告的决议；选举产生了十二届省委委员93人、候补委员17人和十二届省纪律检查委员会委员55人，选举产生了我省出席党的二十大代表73人。

5月30日下午，中国共产党四川省第十二届委员会第一次全体会议在成都举行。会议选举王晓晖、黄强、罗文、廖建宇、施小琳（女）、于立军、李云泽、田晓蔚、曹立军、陈炜、赵俊民、靳磊、郑莉（女）等13人为十二届省委常务委员，王晓晖为书记；批准了十二届省纪委一次全会选举产生的书记、副书记和常务委员会委员人选。

参考文献

[1] 中共四川省委党史研究室．中国共产党四川历史（第一卷）[M]．成都：中央文献出版社，2009．

[2] 中共四川省委党史研究室．中国共产党四川九十年简史[M]．成都：中共党史出版社，2011．

[3] 中共四川省委党史研究室．中国共产党四川历史第一卷（1921—1949）[M]．成都：中共党史出版社，2021．

[4] 中共四川省委办公厅，中共四川省委组织部，四川省档案局（馆）编印：《中国共产党四川省历次代表大会简介》；四川省档案馆馆藏档案资料；部分图片来自网络。

巴蜀儿女家国情

无川不成军，巴蜀儿女历来有血性、有骨气、有担当。面对国家危难、民族存亡，英勇的巴蜀儿女奋不顾身，为保家卫国抛头颅、洒热血；广大的四川老百姓倾囊相助，为支援抗战踊跃捐献。他们的英名永远镌刻在丰碑，他们的壮举永远铭记在史册。

4 民族脊梁　巴蜀军魂
——南昌八一起义中的四川英雄

1927年8月1日，根据中国共产党中央委员会的决定，在以周恩来为书记的前敌委员会的领导下，在贺龙、叶挺、朱德、刘伯承等人的直接指挥下，北伐军2.3万余人在江西南昌举行了武装起义，打响了武装反抗国民党反动派的第一枪，从此揭开了我党独立领导武装斗争和创建革命军队的序幕。无川不成军，在起义队伍中，不乏四川人的身影，他们是革命先行者，是不怕牺牲、勇于奉献的千千万万四川人的代表，是巴蜀军魂。我们从珍稀红色档案中，努力找寻他们的姓名和人生轨迹，以此缅怀先辈们的丰功伟绩，激励巴蜀儿女不忘初心，不负其志，珍惜今天的和平与安宁，以赶考姿态推动新时代治蜀兴川再上新台阶。

1927年8月1日凌晨，南昌起义爆发。起义部队包括：贺龙部第二十军7 500人，叶挺部第十一军24师5 500人，蔡廷锴部第十一军10师近5 000人，聂荣臻率第四军25师近5 000人，朱德率南昌公安局部分人员和第三军军官教育团3个连，另有中央军事政治学校武汉分校女生队部分学员等其他人员参加起义，共2.3万余人。

8月1日黎明，经过激烈战斗，南昌城内外敌军除部分向进贤、丰城方向溃逃外，大部被歼灭，起义战斗取得胜利。上午，国民党中央委员及各省、区、特别市和海外党部代表联席会议召开，会议由叶挺报告起义经过，决定成立中国国民党革命委员会，尽快确立新的革命根据地，召集第三次全国代表大会，讨论一切党国大计。革命委员会随即召开第一次会议，决定改编部队，仍沿用国民革命军第二方面军番号，贺龙为代总指挥兼第二十军军长（辖1、2、3师），叶挺为第十一军军长（辖10、24、25师），朱德为第九军副军长（8月3日改任军长）。8月2日，5万余名南昌各界群众在公共体育场举行盛大集会，庆祝起义胜利和革命委员会成立。会后，南昌各界青年踊跃参军，仅报名的学生就达600余人。

八一起义总指挥部旧址

8月3日至5日，起义部队按照原定计划，分批撤离南昌，南下广东。部队经临川到达瑞金，并占领瑞金县城，随后在会昌击溃钱大钧部主力，占领会昌县城。会昌战斗后，起义军陆续折返瑞金，改道东进，经福建省长汀、上杭，沿汀江、韩江南下。9月22日，第十一军25师占领广东省大埔县三河坝，主力继续南进，于23日占领潮安（今潮州）、汕头。随后，起义军主力6 500余人先后在广东省揭西县山湖村、揭东县汾水村地区与敌激战，后向揭阳撤退。接着，汕头、三河坝部队也被迫放弃阵地。至此，起义部队分布在揭阳、潮州、三河坝三个地区的主力均被击溃，形势异常严峻。10月3日，起义军主力与革命委员会在普宁县流沙镇会合，决定武装人员突围去海陆丰，非武装人员留在原地或分批从海上撤退。但会议刚结束，部队就在乌石地区遭敌伏击，指挥机关和第24师被打散，只能分散转移。数日后，第二十军一部由于与指挥机关失去联系，在敌人包围和少数坏分子造谣煽动下被缴械。

随后，董朗、颜昌颐率领从乌石突围的1 000余人，历尽艰险到达海陆丰地区，扩编为红2师，成为创建海陆丰根据地的主力。朱德、陈毅率领从三河坝撤离的起义部队转战赣、粤山区，于1928年初进入湘南，举行湘南起义，掀起巨大的农民革命风暴，后于4月达到井冈山，与毛泽东领导的秋收起义部队会师，组成中国工农红军第四军，为建立和发展井冈山革命根据地作出了突出贡献。

从20世纪80年代开始，相关学者和专家一直致力于起义将士的核实工作，但由于历史原因，工作开展困难重重。据南昌八一起义纪念馆介绍，目前已核实姓名的起义将士1 120人，四川籍84人，占7.5%，其中：男性81人，女性3人，来自全省40余个县市（包括直辖前的重庆地区），有9人牺牲于1927年，有15人卒年不详，有25人见证了新中国诞生，还走出了4位开国元帅，他们为中华人民共和国的建立作出了卓越贡献。

开国元帅（4人）

朱德

朱德（1886—1976），字玉阶，四川仪陇人。1909年考入云南陆军讲武堂，同年加入中国同盟会。先后参加辛亥革命、护国战争、护法战争等，在滇军中历任营长、团长、旅长。1922年赴德国留学，并加入中国共产党。1925年赴苏联莫斯科学习军事，1926年回国。1927年在南昌创办国民革命军第三军军官教育团。同年8月，参加领导南昌起义，任第九军副军长、革命委员会委员。1928年1月领导起义军余部和农军举行湘南起义。4月率部上井冈山同毛泽东部会师，成立中国工农红军第四军，任军长。后历任红一军团总指挥、红一方面军总司令、工农红军总司令、八路军总司令、人民解放军总司令等职。新中国成立后，历任中共中央副主席、国家副主席、全国人大常委会委员长等职。1955年被授予元帅军衔。著有《从南昌起义到上井冈山》。

1927年7月31日晚，为配合起义，朱德巧施妙计，在嘉宾楼宴请驻守南昌城东的朱培德部23、24团团长和团副，后安排到南昌城西的大士院30号打牌，伺机解除了两个团的武装，为起义军主力部队减轻了压力。图为大士院30号旧址

朱德任南昌公安局长时的配枪，为德国造M1896式短管警用型毛瑟手枪（亦称驳壳枪），枪号592032，枪柄上有朱德亲自雕刻的10个字：“南昌暴动纪念朱德自用。”此后，朱德佩戴这支手枪率部南下作战

刘伯承

刘伯承（1892—1986），曾用名刘伯坚，四川开县（今重庆市开州区）人。1912年考入重庆军政府将校学堂。1914年加入孙中山领导的中华革命党。在护国、护法战争中，历任连长、旅参谋长、团长。1916年在丰都激战中右眼负伤。1926年5月加入中国共产党，任中共重庆地方委员会军事委员会委员；12月发动泸州、顺庆起义，任四川各路总指挥、暂编第十五军军长。1927年参加领导南昌起义，不久后赴苏联学习军事。1930年回国，历任中革军委总参谋长、八路军一二九师师长、晋冀鲁豫军区司令员、第二野战军司令员等职。新中国成立后，历任中国人民解放军军事学院院长，中共中央军委副主席、全国人大常委会副委员长等职。1955年被授予元帅军衔。著有《南昌暴动始末记》。

聂荣臻

聂荣臻（1899—1992），字福骈，四川江津（今重庆市江津区）人。1923年加入中国共产党。1924年赴苏联学习，1925年回国，历任黄埔军校政治部秘书兼政治教官、中共两广区委军委特派员和中共湖北区委军委书记。1927年7月中旬，被周恩来指定为前敌军委书记，赴九江准备组织武装起义；8月1日，任起义军第十一军党代表。潮汕失败后，与叶挺等人护送重病中的周恩来转赴香港，同年参加领导广州起义。后历任红军总政治部副主任、红一军团政委、晋察冀军区司令员兼政委、华北军区司令员、军委副总参谋长等职。新中国成立后，历任中共中央军委副主席、国务院副总理兼国防科委主任、中国人民解放军代总参谋长等职。1955年被授予元帅军衔。著有《南昌起义的历史意义和经验教训》等。

陈毅

陈毅（1901—1972），字仲弘，四川乐至人。1923年加入中国共产党。1927年在中央军事政治学校武汉分校做政治工作。1927年南昌起义后，在临川赶上起义军，任第25师73团党代表。起义军在潮汕失败后，与朱德率余部转战粤赣湘边界地区。1928年初参与领导发动湘南起义，率部上井冈山同毛泽东部会师，后历任红四军政治部主任、江西军区司令员兼政委、新四军军长、解放军第三野战军司令员兼政委等职。新中国成立后，历任中共中央军委副主席、国务院副总理兼外交部部长、国防委员会副主席等职。1955年被授予元帅军衔。著有《关于南昌八一起义》。

革命勇士（80人）

◆ 革命委员会（14人）

吴玉章

吴玉章

吴玉章（1878—1966），原名永珊，号树人，四川荣县人。早年留学日本，后参加同盟会从事民主革命运动。遭到袁世凯通缉，流亡法国，参加组织华法教育会和留法勤工俭学会。1925年在北京加入中国共产党。1926年出席国民党第二次全国代表大会，当选为中央执行委员。1927年大革命失败后到九江，7月31日到达南昌参加起义，任革命委员会委员兼秘书厅秘书长等职。潮汕失利后，先乘民船前往香港，后去苏联学习。1938年回国后，历任延安鲁迅艺术学院院长、四川省委书记、华北大学校长等职。新中国成立后，任中国人民大学校长、全国教育工会主任、全国人大常委会委员等职。著有关于南昌起义的报告《八一革命》。

南昌起义时，吴玉章使用过的公文箱，原件藏南昌八一起义纪念馆

吴玉章著《八一革命》

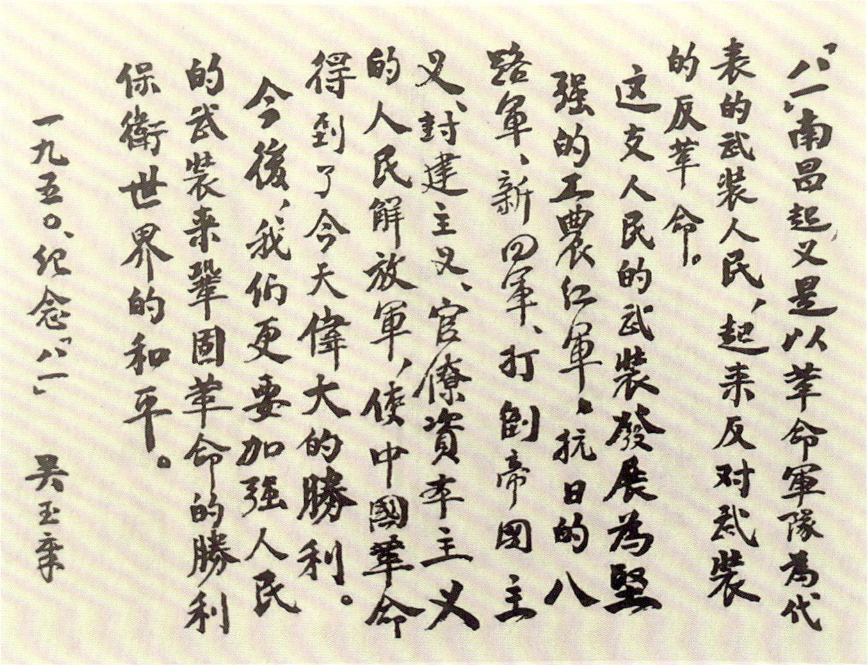
八一南昌起义是以革命軍隊為代表的武装人民，起来反对武装的反革命。这支人民的武装發展為堅强的工農紅軍，抗日的八路軍、新四軍，打倒帝国主义、封建主义、官僚資本主义的人民解放軍，使中國革命得到了今天偉大的勝利。今後，我們更要加强人民的武装来鞏固革命的勝利保衛世界的和平。

一九五〇、纪念"八一"　吴玉章

1950年7月，中共南昌市委书记黄霖赴京，由林伯渠约请吴玉章为准备筹建的南昌起义纪念塔题词。题词藏于南昌市档案馆

郭沫若

郭沫若

郭沫若（1892—1978），原名开贞，号尚武，曾用名鼎堂，笔名沫若、麦克昂、易坎人、石沱等，四川乐山人。早年留学日本，1921年发起建立文学团体创造社，1923年毕业于帝国大学。1924年11月回到上海。1925年编辑《创造》季刊与《创造周报》《创造日》，提出“革命文学”主张。1926年3月离开上海，任广州大学（中山大学）文学院院长，后参加北伐任国民革命军总政治部副主任。1927年发表《请看今日之蒋介石》，声讨蒋介石反共清党罪行，8月4日赶到南昌，任革命委员会主席团成员，后随军南下，在瑞金由周恩来等介绍加入中国共产党，后乘船经香港回上海。1928年2月携全家避居日本。1937年回到上海主编《救亡日报》，从事抗日救亡运动和进步文化工作。1945年组织成立反内战联合会。1948年底由香港赴东北解放区。1949年2月到达北平，被选为全国文联主席。新中国成立后，历任全国人大常委会副委员长、全国政协副主席、中国科学院院长等职。著有《流沙》《南昌之一夜》等。

南昌起义时，郭沫若使用过的带锁木箱，原件藏广东省陆丰市文化馆

李一氓

李一氓（1903—1990），又名李民治，四川成都人。1925年加入中国共产党，次年参加北伐，在国民革命军总政治部工作。1927年8月1日在铁路工人协助下，乘坐手摇车赶到南昌，任参谋团秘书长。随军南下广东，参加过流沙会议。后到上海，从事党的地下工作。先后任中华苏维埃共和国国家保卫局执行部部长、新四军秘书长兼军法处处长、苏北区党委副书记、华东局常委兼宣传部部长等职。新中国成立后，任中共中央对外联络部副部长、中纪委副书记等职。著有《李一氓回忆录》。

李一氓

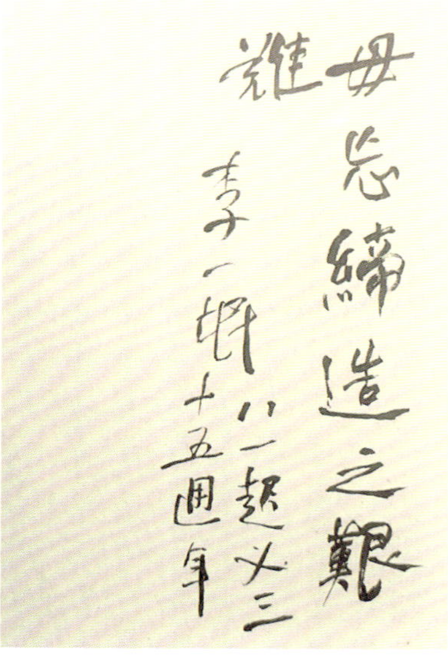

1962年8月1日，李一氓参观南昌八一起义纪念馆时的题词。题词藏于南昌八一起义纪念馆

周国干

周国干

周国干（1892—1945），又名周国淦，四川铜梁（今重庆市铜梁区）人。1925年在上海加入中国共产党。1927年7月31日到南昌参加起义，任参谋团下属第一课参谋课长，协助刘伯承工作，并随军南下，后随刘伯承等前往莫斯科军事学院学习。1929年底回到上海，后回川任川西特委执委兼军委负责人、川西行动委员会军委书记，主要任务是开展军队上层统战工作和秘密情报工作。抗战时期，开办“华光酒精厂”，掩护党的地下工作。后因操劳过度病逝。

李嘉仲

李嘉仲

李嘉仲（1899—1981），四川巴县（现重庆市巴南区）人。中国共产党党员中共五大代表。曾参加泸顺起义。1927年7月底，与刘伯承、周国干一起从九江乘火车到达南昌，任革命委员会党务委员会委员。新中国成立后，任民盟重庆市委副主委。著有《参加八一起义的点滴回忆》。

吴鸣和

吴鸣和（1890—1933），又名吴鸣鹤、兰生，吴玉章之侄，四川荣县人。1927年在武汉加入中国共产党。同年7月随吴玉章参加南昌起义，与叶挺、贺龙共同南征。潮汕失利后，和吴玉章一起到香港，不久去苏联学习。回国后到鄂豫皖苏区，任红四方面军总部参谋等职。1933年在通江牺牲。

陈林

陈林（1902—1990），四川宜宾人。1925年9月加入中国共产党。1926年任宜宾县中学中共特支书记。1927年南昌起义时，与吴匡时等5个四川人从武汉出发，经九江、上海辗转到汕头加入起义部队，在革命委员会从事宣传工作。潮汕失利后，经香港转赴上海，后到莫斯科高等射击学校和步兵学校学习。回国后，历任中共皖南特委特派员、宣城县委书记、上海区委组织部长等职。1932年10月被捕，1937年经营救出狱，后到延安中央党校学习。新中国成立后，历任中共宜宾地委书记、川南行署人民法院院长和中央民族学院党委书记、全国政协委员等职。

陈宣三

陈宣三（1884—1948），名天德，四川宜宾人。曾任罗江县知事。1925年去上海，由恽代英介绍加入中国共产党；同年回到重庆，参与筹备国民党四川省党部，任宣传部长。1927年，重庆“三三一”惨案后到武汉，后与江子能、刘公潜、吴匡时等人前往南昌，在汕头加入起义部队，被吴玉章安排在革命委员会工作。潮汕失利后，前往香港，后以行医作掩护从事党的联络接头任务。

杨剑英

杨剑英（1899—1932），名万孚，字震宣，四川筠连人。1925加入中国共产党。1927年秋，随周恩来参加南昌起义，后前往香港从事党的军事工作；12月，随聂荣臻赴广州准备起义事宜。1929年，被周恩来调往上海办理联络事宜。1931年初，奉命前往香港，不幸被捕遇害。

熊正心

熊正心（1895—1940），四川江津（今重庆市江津区）人。1923年加入中国共产党，后前往莫斯科东方大学学习。1927年回国任全国总工会工人纠察队政治指导员，后任警卫团党代表，随周恩来参加南昌起义，负责部队给养后勤工作，因作战受伤转移到上海从事党的地下工作。1930年回川治病，继续从事党的地下工作。1940年春，因在治疗过程中被敌人下毒牺牲。

熊正心

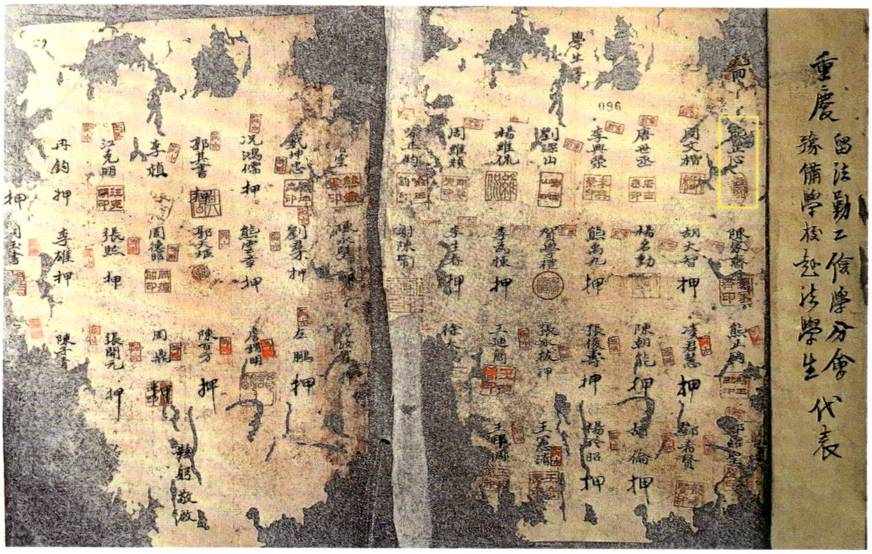

重庆留法勤工俭学分会预备学校赴法学生代表名册（第一排右起第一个为熊正心，重庆市巴南区档案馆馆藏）

江子能

江子能

江子能（1881—1967），四川宜宾人。与陈林等五个四川人一起在汕头赶上起义部队，被吴玉章安排在革命委员会工作。潮汕失利后，与党组织失去联系。此后，江子能利用曾是同盟会会员的身份，先后出任河南睢县、确山、新蔡等县县长。1934年返川，曾任四川省政府铨叙委员会秘书、纳溪县县长、四川省政府参事兼光华大学讲师。1935年加入中国民主同盟，与杨伯恺创办《民众时报》；同年，任光华大学教授。成都解放后，历任光华大学副校长、四川财经学院副院长、民盟成都市委主任委员、川西人民行政公署监察委员、四川省人民政府监察委员、成都市人民监察委员会副主任、成都市人民政府参事室主任、省政协委员、成都市政协常委等职。1967年于成都病逝。

文嘉镛

（？—？），又名文声杨，四川人。黄埔军校第六期毕业。1927年参加南昌起义，潮汕失利后，被吴玉章指定保管一大包中央印鉴，在陆丰被缴械，他把整包印鉴打散后抛到房顶。后在重庆做锰矿工程师。

刘公潜

（？—？），四川人。与陈林等五个四川人一起在汕头赶上起义部队，被吴玉章安排在革命委员会工作。

吴匡时

（？—1937），四川荣县人。与陈林等五个四川人一起在汕头赶上起义部队，被吴玉章安排在革命委员会工作。

◆第九军（9人）

冉国平

（？—1927），四川酉阳（今重庆市酉阳县）人，中国共产党党员，四川讲武堂毕业。1927年初随朱德从万县出发，参加南昌起义，任国民革命军第九军参谋处处长；8月，在瑞金壬田村与敌人激战中不幸中弹牺牲。

周淮川

（？—1929），四川万县（今重庆市万州区）人，中国共产党党员，黄埔军校第三期毕业，原任第三军军官教育团第2连连长。起义前夕，与刘君毅等四川人返回南昌参加起义，后任第九军特务营营长，在随朱德转战赣南时负伤，被留在群众家里养伤。1928年春回到家乡。1929年在成都逝世。

杨达

杨达（1902—1928），原名先达，字闻非，四川彭县（今四川彭州）人。1925年加入中国共产党。1926年任国民革命军第三军军官教育团秘书。1927年3月兼任南昌公安局秘书；4月10日代理公安局长。为了配合南昌起义，奉命前往丰城杨池生部，任政治部宣传科长，开展争取和瓦解国民党军队工作。1928年2月在赣江轮船上被捕牺牲。

杨达

1924年，杨达与“彭县旅沪学会”部分成员在上海合影（彭州市档案馆馆藏）

1926年12月，杨达烈士在南昌起义前寄往家中的单人全身直立照片（彭州市档案馆馆藏）

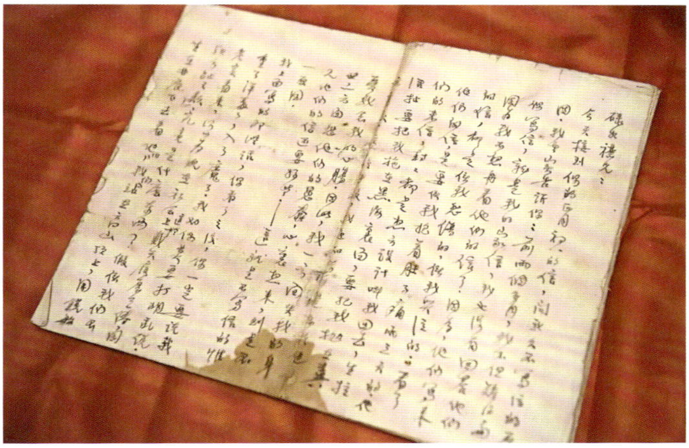

杨达烈士的家书（四川大学档案馆馆藏）

陈光第

陈光第（1896—1935），四川仪陇人。1927年春任国民革命军第三军军官教育团军需长，随后参加南昌起义，英勇作战，挫败了敌人抢夺军需物资的图谋，后在第九军任职。1928年春随朱德上井冈山，后又参加了创建赣南、闽西根据地等斗争。1935年长征途中攻打遵义城时，身负重伤，壮烈牺牲。红军总政治部将其生前所带的旅命名为陈光第旅，以示纪念。

魏瑾均

魏瑾均（？—？），四川人。曾赴法国勤工俭学，回国后被派到朱德率领的第三军军官教育团任党代表。1927年参加南昌起义。

罗纲秩

罗纲秩（？—？），四川荣县人。黄埔军校第三期毕业，后任第三军军官教育团第1营指导员。1927年参加南昌起义。

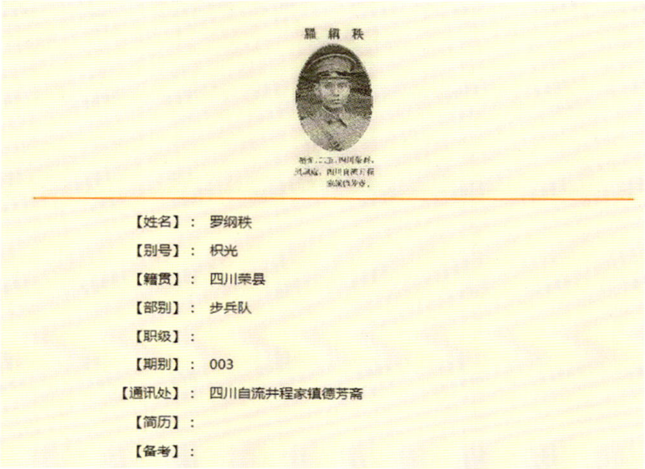
羅綱秩

【姓名】：罗纲秩
【别号】：枳光
【籍贯】：四川荣县
【部别】：步兵队
【职级】：
【期别】：003
【通讯处】：四川自流井程家镇德芳斋
【简历】：
【备考】：

《黄埔军校同学录》中有关罗纲秩的信息（浙江档案网）

罗刚直

罗刚直（？—？），四川人。黄埔军校第三期毕业，后任第三军军官教育团第2连连长。1927年参加南昌起义。

刘君毅

刘君毅（1905—1995），四川万县（今重庆市万州区）人。曾任第三军军官教育团第3连连长。1927年参加南昌起义，跟随朱德率领的第九军行动，参与了7月31日夜牵制敌团长的行动，南下途中任第十一军第25师第75团特务连连长，起义失利后返回四川。著有《从万县到南昌》。

刘君毅

龚楷

龚楷（1904—1930），四川宣汉人。1927年参加南昌起义，跟随朱德领导的第九军行动，后任东江红军第十一军参谋。

◆第十一军（16人）

罗髫渔

罗髫渔

罗髫渔（1902—1988），又名罗懋其，四川古宋（今四川兴文）人。1926年加入中国共产党。1927年参加南昌起义，任第十一军政治部组织处处长。抗战时期，任国民政府军事委员会政治部第三厅主任秘书。新中国成立后，历任四川大学教授、川西行政公署新闻出版处处长等职，1958年调中国人民大学工作，历任教授、语言文学系第二主任、清史研究所所长等职。

梁伯隆

梁伯隆

梁伯隆（1904—1930），又名梁伯龙，四川江安人。1927年受党组织委派，前往南昌任《贯彻日报》主笔。南昌起义爆发后，先在第十一军政治部任秘书，后在第25师师部从事宣传和党务工作。1928年，到重庆从事教育工作，参与开展兵运、抗租、抗税等斗争，后被捕牺牲。

阳翰笙

阳翰笙

阳翰笙（1902—1993），又名欧阳继修，四川高县人。1925年加入中国共产党，1926年任黄埔军校政治教官，后任国民革命军第四政治部秘书。1927年8月4日到南昌加入起义部队，先后任24师党代表、总政治部秘书长。潮汕失利后，经香港辗转回到上海，历任左联书记、中共中央上海局文委书记、中国左翼文化总同盟党团书记等职。抗战时期，任国民政府军委会政治部第三厅秘书等职。

解放战争时期，主要从事文化界统战工作。新中国成立后，历任政务院总理办公室副主任、中国文联副主席等职。著有《照耀我革命征途的一盏明灯》。

陈文贵

陈文贵

陈文贵（1902—1974），四川永川（今重庆市永川区）人，著名的微生物学家和细菌学家。1923年入湖南湘雅医学院学习。1927年参加南昌起义。1928年入华西协合大学医科学习，获医学博士学位，毕业后任北平协和医院病理科助教，后从事细菌学研究。1934年离开协和医院，到南京筹办西北防疫处。1936年被国联聘为世界卫生组织公共卫生视察员，是揭露日军侵华细菌战的第一人。新中国成立后，历任卫生部卫生防疫司司长、中国医学科学院研究所所长等职。

邹维清

邹维清

邹维清（1899—1927），又名正源，四川合江人。1922年加入中国共产党。1927年参加南昌起义，年底参加广州起义，中弹受伤后在行军途中因病牺牲。1952年被批准为革命烈士。

董朗

董朗（1894—1932），原名董仲明，四川简阳人。黄埔军校第一期学生。北伐中任国民革命军第24师营长。1927年参加南昌起义，后随军南下，先后任第24师第70团团长、师长。潮汕失利后，率部撤退到海陆丰地区，与东江农军改编为工农革命军第2师，并任师长，后在湘鄂西苏区任红四军参谋长。1932年牺牲。

李鸣珂

李鸣珂（1899—1930），四川南部人。1926年黄埔军校第四期步兵科毕业，任国民革命军第十军第24师教导大队第一中队队长。1927年参加南昌起义，率部歼灭驻扎在贡院后面的守敌，后调任前委警卫营长，同年秋调中央特科工作。1928年夏，受党中央委

成都龙泉驿区董朗烈士纪念碑

1928年3月，董朗率起义军经过陆丰南万大岳坑村时丢失的白色圆形瓷碗。该碗口径10厘米，底径6厘米，高8厘米，已破为两半，藏于南昌八一起义纪念馆

派，任四川省委委员兼军委书记。1930年4月18日，同叛徒相遇，不幸被捕，后牺牲于重庆朝天门。

李鸣珂

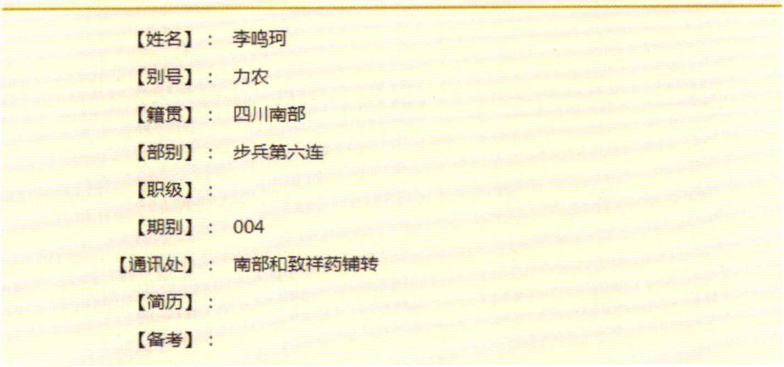

【姓名】：李鸣珂
【别号】：力农
【籍贯】：四川南部
【部别】：步兵第六连
【职级】：
【期别】：004
【通讯处】：南部和致祥药铺转
【简历】：
【备考】：

《黄埔军校同学录》中有关李鸣珂的信息（浙江档案网）

李春畅

李春畅（1899—1929），原名李永学，四川南部人。1927年春，应李鸣珂邀请，与李载浦、李宗昭、罗道成等7名青年进入中央军事政治学校武汉分校学习，并加入中国共产党，结业后分配到叶挺教导大队第二中队任文书，后参加南昌起义，编入李鸣珂的警卫营任军需，负责保管革委文件和起义军收缴的金银财宝；南下途中，在潮州遭军阀围堵，誓死保卫周恩来等领导安全撤退。1928年任四川省委军委委员，分管军运、农运，后任川东特委书记。1929年被叛徒出卖，被捕牺牲。

李载浦

李载浦（1896—1933），四川南部人。1927年春，应李鸣珂邀请，带领李春畅、李宗昭等七名青年入中央军事政治学校武汉分校学习，并加入中国共产党，结业后在叶挺教导大队第一中队任文书，随后参加南昌起义，编入李鸣珂的警卫营任文书。南下途中，在潮州遇军阀围堵，身受重伤，被李春畅护送至江西赤区养伤。1927年冬，回到老家继续开展革命活动。1933年1月19日，任红四方面军独立第1师政治部主任。1933年冬，在“肃反”中被错杀。

李载浦

李硕勋

李硕勋

李硕勋（1903—1931），又名李陶，四川高县人。1922年发起成立四川社会主义青年团，1924年加入中国共产党。1927年8月1日上午，李硕勋和聂荣臻、周士第等在马回岭以“打野外”为名，带领第25师第73、75团和第74团重机枪连参加南昌起义。8月2日率部到达南昌，将部队重编为第25师，任党代表、书记、政治部主任，并在74、75团建立党支部，加强各党团的工作和政治工作。南下途中，参加了会昌战斗，在三河坝与围堵的2万敌军激战三天三夜后，率部向西南方向撤退。后历任中共中央军事部军事委员会委员，中共江苏省委秘书长、军委书记，中共浙江省委组织部部长、代理书记，中共江苏省委军委书记。1931年任红七军政委，后任中共广东省委军委书记，在赴海南岛组织领导武装斗争时被捕牺牲。

1927年8月1日下午，根据党的指示，李硕勋率领第四军25师起义部队从马回岭车站乘火车前往南昌参加起义，突遇张发奎率队阻止。李硕勋当机立断，开枪回击，张发奎吓得仓皇跳车，其所率卫队营五六百人全部被俘。图为马回岭车站旧址

李硕勋早年个人留影（四川省档案馆馆藏）

李硕勋烈士故居旧照（四川省档案馆馆藏）

羊角

羊角

羊角（1905—1993），又名王志之，四川眉山人。1927年参加南昌起义。南下途中，在三河坝战斗中被俘，囚禁在汕头俘虏集中营，后寻机逃出，考入北京师范大学国文系。1931年加入左联，创办过《北方文艺》《文史》等刊物。新中国成立后，在东北师范大学任教。著有《南昌起义散记》。

曾霖

曾霖

曾霖（1897—1956），四川江北（今重庆市江北区）人。1926年任叶挺独立团副官、参谋。1927年加入中国共产党，并参加南昌起义。1928年回川从事兵运工作。1948年华蓥山武装起义时，任西南民主联军川东纵队军事指挥员。新中国成立后，任重庆市交际处处长、南泉疗养院院长等职。

蒋仁风

蒋仁风（1904—1981），又名叶南，四川蓬溪人。1926年冬在叶挺率领的第十一军24师72团1营1连当兵，后在江西由连长彭云良介绍加入中国共产党。1927年参加南昌起义，在会昌战役中身负重伤，转移到广州医院治伤时与组织失去联系。1928年5月回到蓬溪继续革命。1937年9月任蓬溪县委书记。重庆解放后，任西南公安部反奸科副科长。1953年调西南政法学院工作。1962年调南充师范学院任教务处副处长。

蒋仁风

贾佐

贾佐（1907—1960），又名陈昌、贾希一等，四川仪陇人。1924年考入川军第六师军官讲习所学生队，1926年参加北伐。1927年任贺龙上尉侍从副官，参加南昌起义时任贺龙手枪队队长，同年12月加入中国共产党。曾任广东梅县苏维埃政府赤卫队总队长。1931年入上海中央特科，开始从事隐蔽战线工作。新中国成立后，曾遭错捕，后平反，恢复党籍。

贾佐

黄克健

黄克健（？—1927），四川成都人。1927年参加南昌起义，时任第十一军第24师第72团营长，在会昌战斗中不幸牺牲。

魏权

魏权（？—？），四川人。黄埔军校第四期毕业。1927年参加南昌起义，南下途中任第十一军第71团第1营营长。

◆第二十军（12人）

刘达五

刘达五（1880—1952），四川会理人。1927年参加南昌起义，任第二十军第1师前敌指挥、第1团团长，率部首先向朱培德指挥部发起进攻，在南下途中受伤，后经香港回到武汉，在汉阳兵工厂当工人。著有《我所认识的贺龙将军》。

谢独开

谢独开

谢独开（1899—1930），四川内江人。1926年底考入中央军事政治学校武汉分校，先后任国民革命军第二十军学兵营营长、第20师教导团副团长。1927年参加南昌起义，南下途中任教导团团长，后在潮州与敌军展开激战，身负重伤。1928年夏到重庆，从事武装斗争。1930年秋被土匪杀害于安岳宝华寺。

杨量衡

杨量衡

杨量衡（1908—1928），又名亮衡、铁铮、书铨，四川富顺人。1927年参加南昌起义，时任第二十军教导团学兵营排长；9月加入中国共产党，参加会昌、潮州竹竿山等战斗，后历任警卫连排长、工农革命军直属特务连排长。在掩护部队奔赴井冈山的突围战斗中，不幸中弹牺牲。

范长江

范长江

范长江（1909—1970），四川内江人。1927年赴武汉加入国民革命军第二十军学兵营，不久升任班长，随部参加南昌起义，长期从事新闻工作。1939年加入中国共产党。后历任新华社华中分社社长、中共南京代表团发言人、新华通讯社总编辑等职。新中国成立后，历任解放日报社社长、新华社总编辑、人民日报社社长、国家科委副主任和全国科协副主席兼党组书记等职。著有《我的自述》。

刘力劳

刘力劳（1898—1931），又名刘道盛，四川富顺人。1924年春考入四川陆军讲武堂学习军事，1925年考入黄埔军校第四期政治科学习，并加入中国共产党。1926年8月，到湖南常德贺龙部任政治讲习所教官。1927年2月任武汉工人纠察队大队长，6月8日，纠察队解散后回贺龙部任特务营（警卫营）第1连连长，后任国民革命军第二十军军委委员和特务营营长；8月1日参加南昌起义；10月到海陆丰和广州，先后任农民队长和广州工人纠察队队长，潮汕失利后转入秘密工作。1931年被捕牺牲。

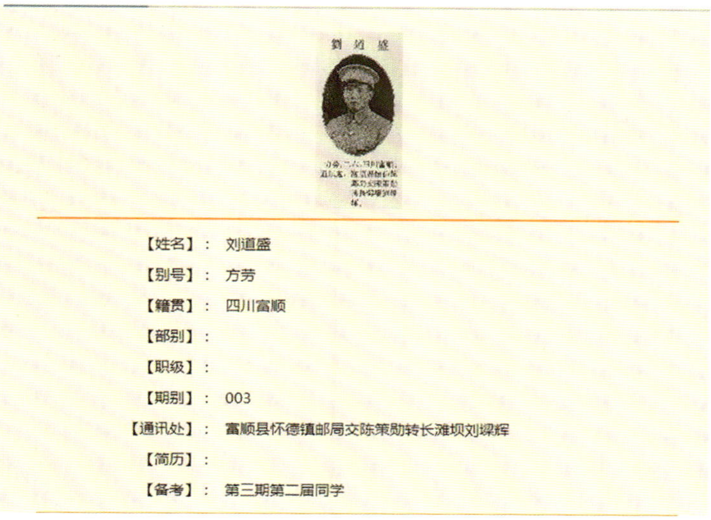

【姓名】：刘道盛

【别号】：方劳

【籍贯】：四川富顺

【部别】：

【职级】：

【期别】：003

【通讯处】：富顺县怀德镇邮局交陈策勋转长滩坝刘燥辉

【简历】：

【备考】：第三期第二届同学

《黄埔军校同学录》中有关刘力劳的信息（浙江档案网）

黄霖

黄霖（1904—1985），原名罗永正，字直方，四川新都人。四川讲武堂毕业，后任第二十军特务营第1连连长。1927年参加南昌起义。潮汕失利后返回四川，从事党的秘密工作，后历任中共中央管理局副局长、南昌市委书记、吉林省委副秘书长、南昌警备司令部政委、江西省副省长、省政协副主席等职。著有《南昌起义亲历记》等。

黄霖

黄霖著《南昌起义亲历记——贺龙警卫连长随军见闻纪实》

刘安恭

刘安恭（1899—1929），四川永川（今重庆市永川区）人。早年留学德国，1924年回国后参加川军，不久加入中国共产党，曾任第二十军高级参议。1927年参加南昌起义。1928年入莫斯科高级步兵学校学习。1929年回国后，历任红四军临时军委书记、政治部主任、第二纵队队长等职；同年10月下旬，在广东大埔县作战时牺牲。

郭琴舫

郭琴舫（1905—1941），又名郭雪萍，四川威远人。黄埔军校毕业，经吴玉章介绍加入中国共产党，后到国民革命军第二十军任职。1927年参加南昌起义，南下途中负伤，后到香港养伤。曾任中共涪陵县委书记、中共江苏省委军委巡视员。1931年在扬州被捕，判刑十年。第二次国共合作初期，由吕正操等抗日将领保释出狱，后任国民党军少将。1941年，因向共产党提供物资，被国民党以贪污罪名枪杀。

郭琴舫

陈震华

陈震华（？—1927），四川犍为人。四川讲武堂毕业。1927年在武汉农民运动讲习所工作，后加入第二十军，南昌起义时任第1师第3团副营长；9月29日，在山湖战斗中不幸牺牲。

梅子乾

梅子乾（？—？），四川成都人。曾入中央军事政治学校长沙分校炮兵科，后转武汉分校学习，历任国民革命军第二十军教导团排长、连长。1927年参加南昌起义，潮汕失利后搭轮船到达上海，被党组织派往苏联学习。著有《梅子乾自述》。

刘德蒲

刘德蒲（？—？），四川人。曾在万县第二十军军校学习，后考入中央军事政治学校武汉分校。1927年参加南昌起义，后前往香港。

罗说今

罗说今（？—？），四川威远人，字献闻。1927年与杨量衡一起在武汉参加国民革命军，任第二十军教导团学兵营排长，参加了南昌起义，参加了会昌、潮州竹竿山等战斗。起义军失利后与朱德部会合后转战，任警卫连排长。后任工农革命军直属特务连一排排长。新中国成立后任自贡市民政局干部，后在自贡市自来水公司工作。

◆其他（26人）

汤慕禹

汤慕禹

汤慕禹（1903—1932），四川巴县（今重庆市巴南区）人。1925年考入黄埔军校第四期。毕业后加入国民革命军，参加北伐。1927年参加南昌起义，后被派往莫斯科高级步兵学校学习。1930年毕业回国，先后任红二军团参谋长、红六军军长，率部参加巩固发展湘鄂西革命根据地斗争和各次反“围剿”作战。1931年3月红二军团改称红三军，任军教导团团长，后任红九军军长兼第25师师长。1932年春率第25师主力（原教导团）返回洪湖革命根据地，任洪湖军官学校第二分校总队长，后又任红三军第8师师长；同年秋在荆门大瓦山战斗中牺牲。

许祖熊

许祖熊（1901—1927），字汉初，四川富顺人。1920年赴法国留学。1925年被迫经莫斯科转道回国。1926年入黄埔军校学习。北伐时，任国民革命军第三政治科科长兼总务科长，后调任第8师政治部主任。1927年任国民革命军第三军参谋长，后参加南昌起义，不幸牺牲。

许祖熊

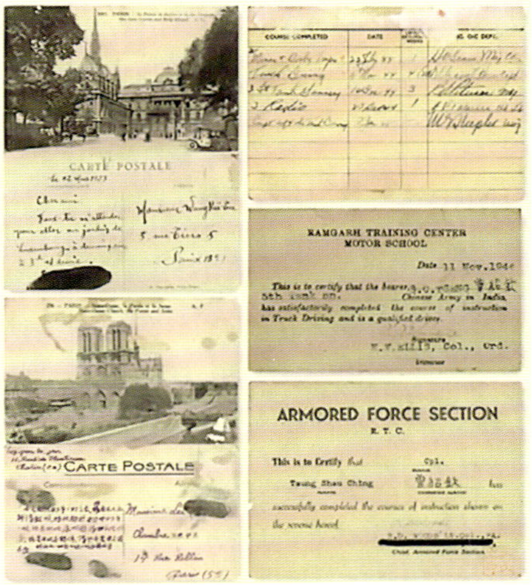

许祖熊旅法期间法国友人寄给他的明信片，记录了他旅法生活及参加革命活动的情况（富顺县档案馆馆藏）

苏重淮

苏重淮（1898—1927），字慕韩，四川筠连人。1925年考入黄埔军校第四期，同年加入中国共产党，后任国民革命军第五军军官教导团第5连连长。1927年参加南昌起义，后参加广州起义，不幸牺牲。

【姓名】：苏重淮
【别号】：慕韩
【籍贯】：四川筠连
【部别】：炮兵第二队
【职级】：
【期别】：004
【通讯处】：筠连小街苏寓
【简历】：
【备考】：

《黄埔军校同学录》中有关苏重淮的信息（浙江档案网）

张元昌

张元昌（1906—1933），字觉人，原名梦侠，四川达县（今四川达州）人。1927年考入中央军事政治学校武汉分校学习，曾任北伐军学兵连连长，经王炳南介绍加入中国共产党。1927年参加南昌起义，在战斗中负伤。1928年初，奉命回到达县，秘密从事党的地下工作，是达县地下党领导人之一。曾任中共成都市东城区委书记、中共绵竹县委书记。后考入南京骑兵学校，因秘密从事革命活动，被校方察觉离校。1932年到大竹川军周绍轩旅任行营少校副官，进行兵运工作；同年12月在渠县三汇镇被捕。1933年9月被反动军阀杀害于广安渠江。

张世光

张世光（1905—1950），四川古蔺人。1927年6月中旬，从武汉农民运动讲习所毕业后，前往南昌参加起义，战斗中不幸负伤，到汉口九江医院治疗。伤愈后回到古蔺，建立了古蔺最早的党组织——中共古蔺特别支部。

张鸿沉

张鸿沉（1904—1930），又名张竟若，四川南川（今重庆市南川区）人，中国共产党党员。黄埔军校第二期政治教官。1927年参加南昌起义。1930年不幸被捕牺牲。

张锡龙

张锡龙

张锡龙（1906—1933），又名希铭，四川庆符（今四川高县）人。1926年加入中国共产党。1927年春入中央军事政治学校武汉分校学习，9月赶到汕头加入起义部队，任排长，不久赴苏联学习军事。1930年回国，任中央军委长江办事处参谋，后历任红三军参谋长、红七军参谋长、红五军4师师长等职。1933年12月，在江西黎川团村战斗中牺牲。

陈云庵

陈云庵

陈云庵（1902—1935），原名守谦，四川忠县（今重庆市忠县）人。1926年考入中央军事政治学校武汉分校学习，不久加入中国共产党。1927年参加南昌起义，后任广东省肇庆县县长。1928年春奉调回川，先后任中共射洪县太和镇特支书记、中共万县县委书记。1935年3月，因叛徒出卖被捕牺牲。1983年10月，被四川省人民政府追认为革命烈士。

袁绍柏

袁绍柏（1903—1929），四川安岳人。1927年入中央军事政治学校武汉分校学习，后任国民革命军某部教导团迫击炮第8连排长兼军事教员；8月参加南昌起义，率领该排战士摧毁敌人司令部和武器库，为夺取起义胜利扫清了障碍，随后参加广州起义。1929年6月任代理营长，在海陆丰地区坚持斗争，后不幸负伤牺牲。

袁镜铭

袁镜铭（1905—1930），又名袁庆，四川铜梁（今重庆市铜梁区）人。1925年12月入黄埔军校第四期学习，并加入中国共产党，后到中央军事政治学校武汉分校学习。1927年8月参加南昌起义，后返回武汉从事兵运工作。1929年奉调上海，在党的中央机关工作，任军委和组织部干事；同年底，前往武汉负责湘、鄂、川军事联络工作。1930年，由于叛徒出卖，不幸被捕牺牲。

顾浚

顾浚（1895—1927），四川宣汉人。1924年5月入黄埔军校第一期学习，毕业后留任第二期学生步兵科排长、第三期3支队第9队队长、第四期步兵科军官第1团第1营第1连少校连长。1927年1月调往南昌，任宪兵团第1营营长，参加南昌起义筹备工作，到武昌、南京、上海、广州等地传递情报和筹资购买武器。8月1日率部参加南昌起义，任宪兵团团长，后回到南京从事党的地下工作，不幸被捕。1927年8月24日，在南京鸡鸣寺被秘密杀害。

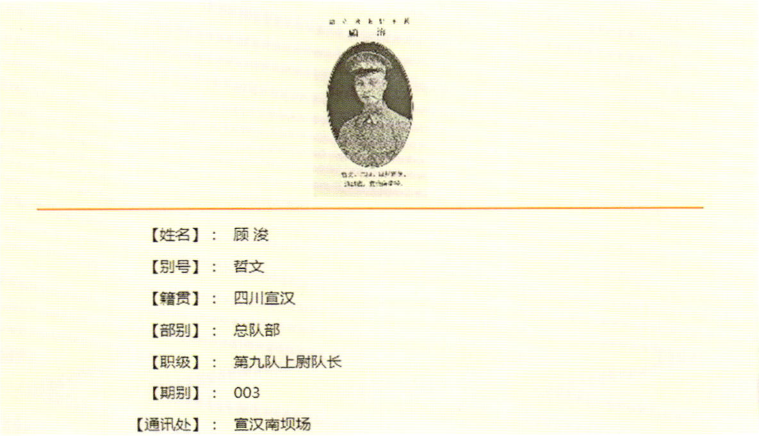
【姓名】： 顾浚
【别号】： 哲文
【籍贯】： 四川宣汉
【部别】： 总队部
【职级】： 第九队上尉队长
【期别】： 003
【通讯处】： 宣汉南坝场

《黄埔军校同学录》中有关顾浚的信息（浙江档案网）

高伯礼

高伯礼（1896—1933），又名高山子，四川内江人。1925年，入黄埔军校第四期学习，后加入中国共产党并参加北伐，任国民革命军营长、团长。1927年参加南昌起义，后任工农革命军第2师（又称红二师）营长、教导队队长等职；同年10月，参加彭湃领导的海陆丰第三次武装起义，后任中共四川荣县县委书记、内江县委书记、自贡中心县委书记等职。1933年3月5日，因叛徒出卖被捕，5月5日在重庆两路口被害。

唐方雷

唐方雷

唐方雷（1904—2005），原名唐永先，曾用名徐荣，四川安岳人。1926年入上海大同大学学习。1927年4月考入黄埔军校第五期，后参加南昌起义；10月加入中国共产党，参加了广州起义，在战斗中被俘。1928年在上海从事党的地下工作，后历任山西新军196旅政治主任、河南陕灵阌芦分区地委书记和陕南安康地委书记兼分区政委、军管会副主任等职。新中国成立后，先后任陕西省委农村工作部长、西安市委书记处书记兼副市长、全国政协委员等职。

唐赤英

唐赤英（1903—1933），又名唐世焕，字泽英，四川大足（今重庆市大足区）人。1925年1月考入黄埔军校第三期第二届步兵队学习，1926年进入该校第四期政治科政治大队第二队学习，后参加北伐，并加入中国共产党。1927年8月参加南昌起义。1928年入莫斯科高级步兵学校学习。回国后，历任红三军代理政治委员、前委委员和红军中央军事政治学校第二分校校长、红三军参谋长、洪湖警卫师师长等职。1933年初，在“肃反”中被错杀。

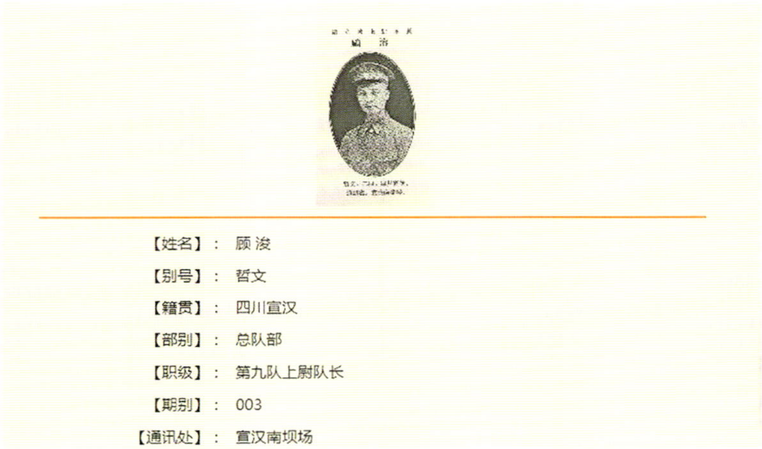

《黄埔军校同学录》中有关唐泽英的信息（浙江档案网）

康明惠

康明惠（1898—1931），号恩溥，化名悯怀，四川成都人。1925年秋入黄埔军校第四期学习，后参加北伐，先后任工兵排长和连长。1927年参加南昌起义，年底返回温江。1929年初加入中国共产党，主要从事工运、农运和兵运工作，在温江建立和发展党组织，任支部书记和特支书记。1931年9月奉命前往江西苏区从事军事工作，途中失踪。1988年6月，被温江县（今温江区）人民政府追认为革命烈士。

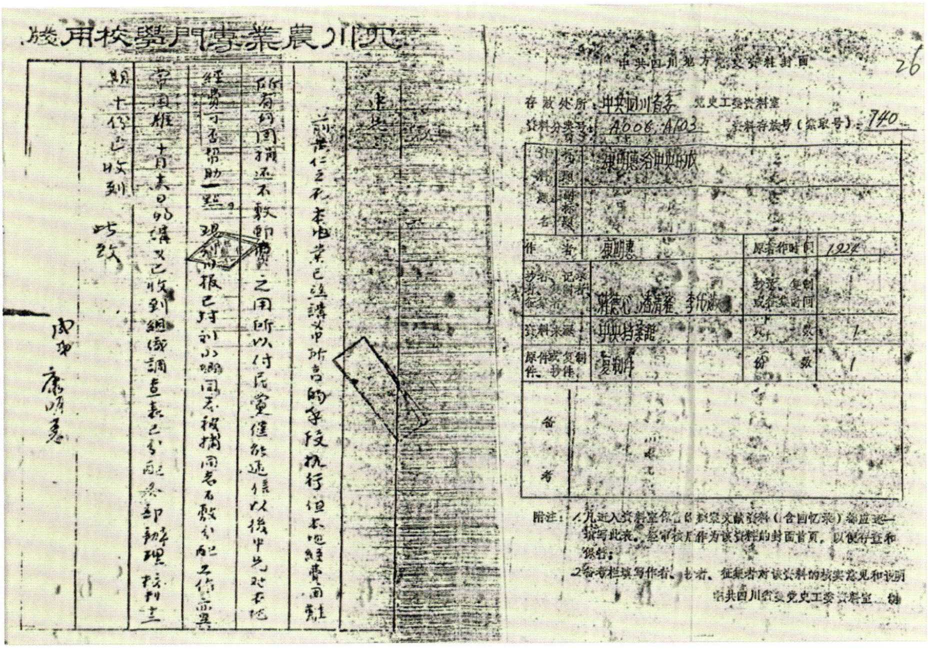

1924年，康明惠给团中央的一封信（复制件，温江区档案馆馆藏）

程攸生

程攸生（1900—1930），又名佑生，四川巴县（今重庆市巴南区）人。1925年入中法大学学习，1926年加入中国共产党。1927年到武汉，更名程嘉乐，被派往湖北鄂城从事农运工作，后率领农民自卫军及农民讲习所部分学员参加南昌起义，南下失利后，随彭湃前往广东陆丰组织农民协会，继续开展农运工作。1928年初回川，曾任自贡特支书记。1929年任自贡盐业工人总同盟罢工委员会书记和行动指挥部总指挥，后任中共四川省委委员，因叛徒告密被捕牺牲。

田雨晴

田雨晴（1900—1928），又名宇琦，四川富顺人。1926年加入中国共产党，毕业后与同学廖恩波编辑出版《城成周刊》《响应周报》等刊物，宣传革命。1927年奉调回乡从事地下活动，受到驻防富顺的川军第二十四军第5混成旅追捕，脱险后到江西参加南昌起义，后为党出版地下刊物、筹集活动经费，被军阀刘文彩下令逮捕，在狱中备受酷刑。1928年3月，被枪杀于宜宾市合江门。

田雨晴

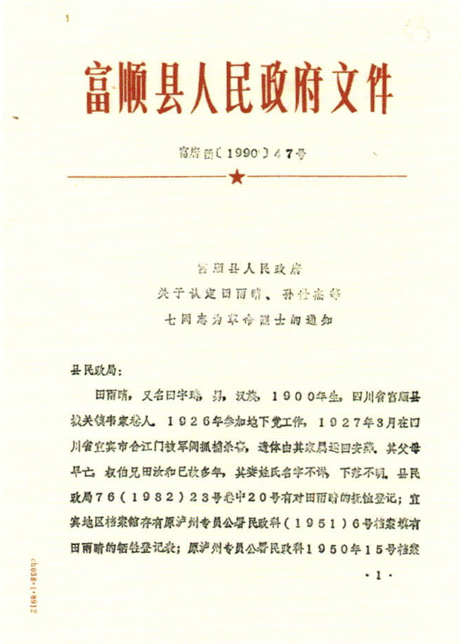

富顺县人民政府文件

富府函〔1990〕47号

富顺县人民政府
关于认定田雨晴、孙世杰等
七同志为革命烈士的通知

县民政局：

田雨晴，又名田宇瑞，男，汉族，1900年生，四川省富顺县狮关镇韦家巷人。1926年参加地下党工作，1927年3月在四川省宜宾市合江门被军阀抓捕杀害，遗体由其家属运回安葬。其父母早亡，叔伯兄田汝和已故多年，其妻姓氏名字不详，下落不明。县民政局76（1982）23号卷中20号有对田雨晴的抚恤登记；宜宾地区档案馆存有原泸州专员公署民政科（1951）6号档案填有田雨晴的牺牲登记表；原泸州专员公署民政科1950年15号档案

·1·

1990年，富顺县人民政府《关于认定田雨晴、孙世杰等七同志为革命烈士的通知》（富顺县档案馆馆藏）

唐绍烈

唐绍烈（1901—1972），四川金堂人，又名唐尔勋。北京大学中文系学生，早期共产党员，参加过北伐，南昌起义时在第二十五师第七十三团任干事，在南下广东的一次激战中左腿受伤。后去上海，转北京，回北大读政治系，毕业后回成都新都华阳教书，1946年任四川金堂淮镇中学第一任校长。新中国成立后在绵阳专区中学教师进修学校任教，曾任该县政协委员。陈毅曾为其写信证明其革命经历，现存中国人民革命军事博物馆。曾写有《卅余年来的回忆》。

龚佐新

龚佐新（1905—1930），四川珙县人，又名龚崇熙。曾入重庆中法大学学习，1927年春入武汉中央军事政治学校，编入南湖学兵团，加入中国共产党。南昌起义时任第二十五师政治部总务科长。起义军失利后经武汉返四川，开展农运。后任重庆市区兵委委员，做谍报工作被捕，在重庆朝天门码头就义。

刘汉升

刘汉升（1899—1942），四川人。1927年参加南昌起义，后辗转前往香港。

李宗昭

李宗昭（？—1927），四川南部人。1927年参加南昌起义。

叶荫昌

叶荫昌（？—1927），四川邻水人。1927年参加南昌起义，后在会昌战斗中牺牲。

张子昌

张子昌（？—？），四川人。1927年先后参加南昌起义、广州起义，后前往上海，被捕牺牲于南京。

钟湘

钟湘（？—？），四川人。1927年参加南昌起义，后辗转前往香港。

龚秉仁

龚秉仁（？—？），四川江津（今重庆市江津区）人。1927年参加南昌起义。1930年参加江津起义。

陈中

陈中（？—？），四川人。1927年参加南昌起义。

◆巾帼英雄（3人）

周开璧

周开璧（？—？），女，四川人，中央军事政治学校武汉分校女生队学员，南昌起义前在第十一军军医处工作，后与曹泽芝一起乔装从九江辗转到汕头赶上起义部队，加入贺龙率领的第二十军。起义失利后，与曹泽芝等三位女兵一起随队到达海陆丰。

曹泽芝

曹泽芝（1906—1975），女，又名曹诚，四川江津（今重庆市江津区）人，与周开璧是表姐妹，中央军事政治学校武汉分校女生队学员。1927年8月与周开璧一起乔装从九江辗转到汕头赶上南昌起义部队，加入贺龙率领的第二十军。起义失利后，与周铁忠等三位女兵一起随队到达海陆丰，参加海陆丰起义。1930年参加江津起义。新中国成立后，任四川省文史馆馆员。

熊某某

熊某某（？—？），女，四川人，中央军事政治学校武汉分校女生队学员。1927年参加南昌起义，南下途中跟随朱德率领的第九军行动，后转移至赣北特委机关。据邻水县史志办丁禹强初步考证，熊某某为邻水籍熊仪芳。

南昌起义的战火硝烟虽然已经远去，但我们永远不能忘记每一位起义将士的努力与牺牲，不能忘记他们为革命斗争所作出的伟大贡献。作为新时代的赶考者、答卷人，巴蜀儿女一定要更加紧密地团结在以习近平同志为核心的党中央周围，继承发扬“坚定信念、不屈不挠、勇于开拓、敢为人先”的八一精神，踔厉奋发、勇毅前行，努力开创全面建设社会主义现代化四川新局面。

南昌八一起义四川籍部分英雄名录

姓名	籍贯	姓名	籍贯
朱　德（1886—1976）	四川仪陇人	魏　权（？—？）	四川人
刘伯承（1892—1986）	四川开县人	刘达五（1880—1952）	四川会理人
聂荣臻（1899—1992）	四川江津人	谢独开（1899—1930）	四川内江人
陈　毅（1901—1972）	四川乐至人	杨量衡（1908—1928）	四川富顺人
吴玉章（1878—1966）	四川荣县人	范长江（1909—1970）	四川内江人
郭沫若（1892—1978）	四川嘉定人	刘力劳（1898—1931）	四川富顺人
李一氓（1903—1990）	四川成都人	黄　霖（1904—1985）	四川新都人
周国干（1892—1945）	四川铜梁人	刘安恭（1899—1929）	四川永川人

续表

姓名	籍贯	姓名	籍贯
李嘉仲（1899—1981）	四川巴县人	郭琴舫（1905—1941）	四川威远人
吴鸣和（1890—1933）	四川荣县人	陈震华（？—1927）	四川犍为人
陈　林（1902—1990）	四川宜宾人	梅子乾（？—？）	四川温江人
陈宣三（1884—1948）	四川宜宾人	刘德蒲（？—？）	四川人
杨剑英（1899—1932）	四川筠连人	罗说今（？—？）	四川威远人
熊正心（1895—1940）	四川江津人	汤慕禹（1903—1932）	四川巴县人
江子能（1883—1967）	四川宜宾人	许祖熊（1901—1927）	四川富顺人
文嘉镛（？—？）	四川人	苏重淮（1898—1927）	四川筠连人
刘公潜（？—？）	四川人	张元昌（1906—1933）	四川达县人
吴匡时（？—1937）	四川荣县人	张世光（1905—1950）	四川古蔺人
冉国平（？—1927）	四川人	张鸿沉（1904—1930）	四川南川人
周淮川（？—1929）	四川万县人	张锡龙（1906—1933）	四川庆符人
杨　达（1902—1928）	四川彭县（今彭州市）人	陈云庵（1902—1935）	四川忠县人
陈光第（1896—1935）	四川仪陇人	袁绍柏（1903—1929）	四川安岳人
魏瑾均（？—？）	四川人	袁镜铭（1905—1930）	四川铜梁人
罗纲秩（？—？）	四川荣县人	顾　浚（1895—1927）	四川汉宣人
罗刚直（？—？）	四川人	高伯礼（1896—1933）	四川内江人
刘君毅（1905—1995）	四川万县人	唐方雷（1904—2005）	四川安岳人
龚　楷（1904—1930）	四川宣汉人	唐赤英（1903—1933）	四川大足（今重庆大足）人
罗髫渔（1902—1988）	四川古宋人	康明惠（1896—1931）	四川温江人
梁伯隆（1904—1930）	四川江安人	程攸生（1900—1930）	四川巴县人
阳翰笙（1902—1993）	四川高县人	田雨晴（1900—1928）	四川富顺人
陈文贵（1902—1974）	四川永川人	唐绍烈（1901—1972）	四川金堂人
邹维清（1899—1927）	四川合川人	龚佐新（1905—1930）	四川珙县人
董　朗（1894—1932）	四川简阳人	刘汉升（1899—1942）	四川宜宾人

续表

姓名	籍贯	姓名	籍贯
李鸣珂（1899—1930）	四川南部人	李宗昭（？—1927）	四川南部人
李春畅（1899—1929）	四川南部人	叶荫昌（？—1927）	四川邻水人
李载浦（1896—1933）	四川南部人	张子昌（？—？）	四川路南人
李硕勋（1903—1931）	四川庆符人	钟　湘（？—？）	四川人
羊　角（1905—1993）	四川眉山人	龚秉仁（？—？）	四川江津人
曾　霖（1897—1956）	四川江北人	陈　中（？—？）	四川人
蒋仁风（1903—1981）	四川蓬溪人	周开璧（？—？）	四川人
贾　佐（1907—1960）	四川仪陇人	曹泽芝（1906—1975）	四川江津人
黄克健（？—1927）	四川成都人	熊某某（？—？）	四川人

参考文献

[1] 南昌八一起义纪念馆.南昌起义[M]. 南昌：中共党史出版社，2009.

[2] 肖燕燕. 南昌起义人物研究[M]. 南昌：江西人民出版社，2009.

[3] 王小玲，曹佳倩，等. 八一记忆——文物背后的故事[M]. 南昌：江西人民出版社，2015.

[4] 王国平. 数说八一南昌起义中的巴蜀军魂[N]. 川报观察，2020-08-01.

[5] 王国平. 又找到1人！川籍南昌起义参加者名录已确认81人[N]. 川报观察. 2021-08-03.

[6] 成都市档案馆. 红色四川——成都篇[M]. 成都：巴蜀书社，2021.

[7] 自贡市档案馆. 红色四川——自贡篇[M]. 成都：巴蜀书社，2021.

[8] 重庆市档案馆，四川省档案馆. 川渝地区档案馆馆藏中国共产党红色珍档集；四川省档案馆馆藏档案资料；部分图片来自网络。

5 万众一心赴国难
——四川发起的节约献金救国运动

1937年，抗日战争全面爆发。随着战争的持续，各种人力、物力和财力消耗巨大，加之沦陷区扩大导致税收减少，国民党上层权贵贪污腐败又日益恶化，财政入不敷出，赤字严重，中华民族可谓到了最危险的时候。为唤起民众危机意识和爱国热忱，争取抗战最后胜利，冯玉祥将军在四川发起节约献金救国运动，巴蜀儿女不分男女老幼、不分贫富贵贱，踊跃捐献，万众一心，共赴国难，为支援抗战尽了最大最重要责任，永远铭记史册。

爱国将领

冯玉祥，生于1882年11月6日，字焕章，安徽巢县（今安徽省巢湖市）人，基督教徒，国民革命军陆军一级上将，著名爱国将领，周恩来称赞他是国民党中“抗战的中流砥柱”。

1911年辛亥革命爆发后参加滦州起义。1921年8月任陆军第11师师长，后任陕西督军。1924年发动北京政变，推翻直系军阀控制的北京政府，电请孙中山北上主持大计。1926年3月赴苏联考察，5月加入中国国民党，9月率领西北军出潼关参加北伐战争。1930年3月与阎锡山组成讨蒋联军，中原大战失败后退隐。1933年5月在察哈尔组织民众抗日同盟军，任总司令。1935年以蒋介石答应抗日为条件，出任国民政府军事委员会副委员长。1937年10月受蒋介石排挤被免去战区司令长官职务。1942年成立全国基督徒节约献金总会，开始在后方支持抗战。1946年9月赴美考察，并被强令退役。1947年5月在美国公开呼吁停止内战，成立联合政府。1948年1月当选为中国国民党革命委员会常务委员和政治委员会主席。1948年7月应中共中央邀请从美国启程回国，参加中国人民政治协商会议筹备工作，9月1日中午因轮船失火不幸遇难。

运动前奏

1931年九一八事变之后，海外华人华侨和社会有识之士就已在民间发起献金救亡活动。1937年七七事变之后，国内献金开始在上海兴起，后发展于武汉，一般在大城市开展，揭开了全民献金运动的序幕。

重庆献金运动始于1937年秋，后每年按期举行，从不间断。图为重庆各界为抗战劳军自由献金

1937年秋至1941年春，重庆和成都先后多次组织开展献金活动，倡导一日一分捐钱行动，举办劝募游艺大会、义卖献金大会、节约献金竞赛和出钱劳军竞赛等活动。

1938年12月18日，《新华日报》社在重庆中央公园举行义卖献金大会

1939年元旦，合江县保育院师生节食义卖留影

1942年冬，冯玉祥途经成都，与当地基督教会的朋友举行谈话会，讨论抗战救国方式。在冯玉祥积极倡导下，参会人员形成共识，一致将节约献金作为他们参加抗战救国的主要方式，并积极付诸行动，发起节约献金救国运动，先期在成都成立“中国基督徒节约献金救国运动（成都）分会”。1943年1月17日回到重庆的冯玉祥发起成立“中国基督徒节约献金救国运动总会”，亲自任理事长。在冯玉祥影响下，四川各地陆续成立分会，开展节约献金运动。自1942年11月到1943年7月，冯玉祥凭借自己军事委员会副委员长身份和“爱国将军”影响力，主要在重庆城区从事献金劝募工作，但由于局限于重庆城区和少数爱国人士，未广泛发动群众，收效不大，捐款总数仅88万多元。

1940年2月，重庆设立的“劳军献金台”

献金是战时四川开展最多的捐献活动，初为民间自发，后渐变为政府主导下开展的任务性质的活动。图为军乐队做先导的街头献金宣传

运动经过

1943年冬，国民政府财政困难日益严重，部队补给更为困难，不少士兵衣衫褴褛、装备奇缺、忍饥挨饿、士气低迷。冯玉祥在多次要求蒋介石增加军费、加强抗战力量无果之下，决定亲自周游四川各地发起节约献金救国运动，并于1943年10月14日将“中国基督徒节约献金救国运动总会”更名为“中国国民节约献金救国运动总会”。

1943 年 11 月至 1944 年 1 月

1943年11月，冯玉祥从重庆出发，北上西行，先后到达内江、自贡、威远、荣县、五通桥、嘉定（今乐山）、夹江、眉山、彭县、新津、双流、成都等二十多个县市，发起四川第一次大规模节约献金救国运动。每到一个地方，他都深入学校、机关、商会、行会及其他社会团体，开展演讲和动员，举行座谈会、义卖会，大力宣传节约献金的重要意义，进一步唤醒民众危机意识和爱国热忱，号召社会各界积极捐款捐物，争取抗战最后胜利。

从1943年11月至1944年1月，冯玉祥举办演讲数百次，得到四川人民积极响应，每一个地方都涌现出感人至深的画面。

内江：在清源中学，冯玉祥举行义卖献金，所有作品很快被抢购一空。在威远煤矿，矿工们一次献金就达23.9万余元，所有人还写下《每月志愿献金书》，承诺每月再定期捐献2.8万元，以后陆续增加献金标准。据不完全统计，矿工们先后累计献金达149万余元。

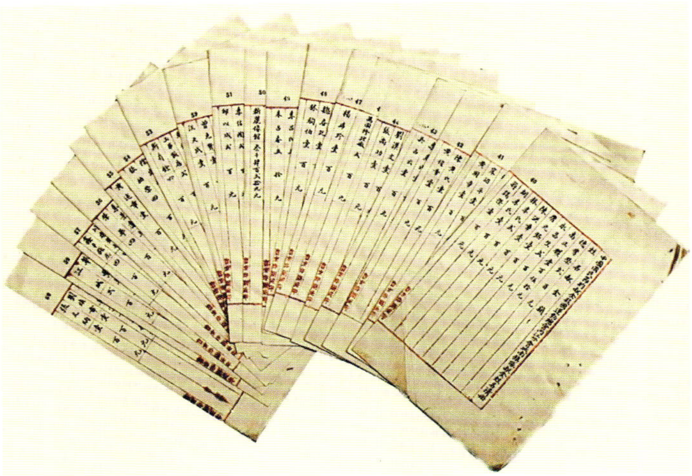

内江献金姓名清册

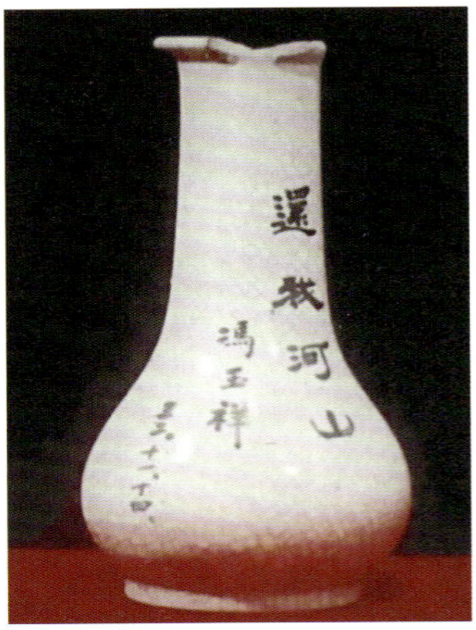

1943年11月14日，冯玉祥夫妇回赠给四川威远煤矿的花瓶

自贡：在市政府大礼堂，冯玉祥演讲刚结束，参会群众就涌向主席台，争先恐后献金，仅仅两天捐款就达160万元。

乐山：人们从四面八方涌进献金大会，捐款300余万元。现场民众喊破了嗓子，登记捐款的工作人员手写得发麻，不得不经常更换。

眉山：民众遭遇旱灾，收成不好，自己都吃不饱，但依然捐出84万元。一位杜姓中学教师，将他的多幅画作拿到捐献现场义卖，所得全部捐献，感动了现场所有人。

成都：冯玉祥将成都市划分为东南西北四个献金区，由他分别到各区轮流演讲近百次，宣传献金运动，成都市民从乞丐到达官显贵，从幼童到耄耋老人，纷纷捐款捐物，共募得款项1 200余万元，动员激励民众影响之大、之深、之广，史无前例。

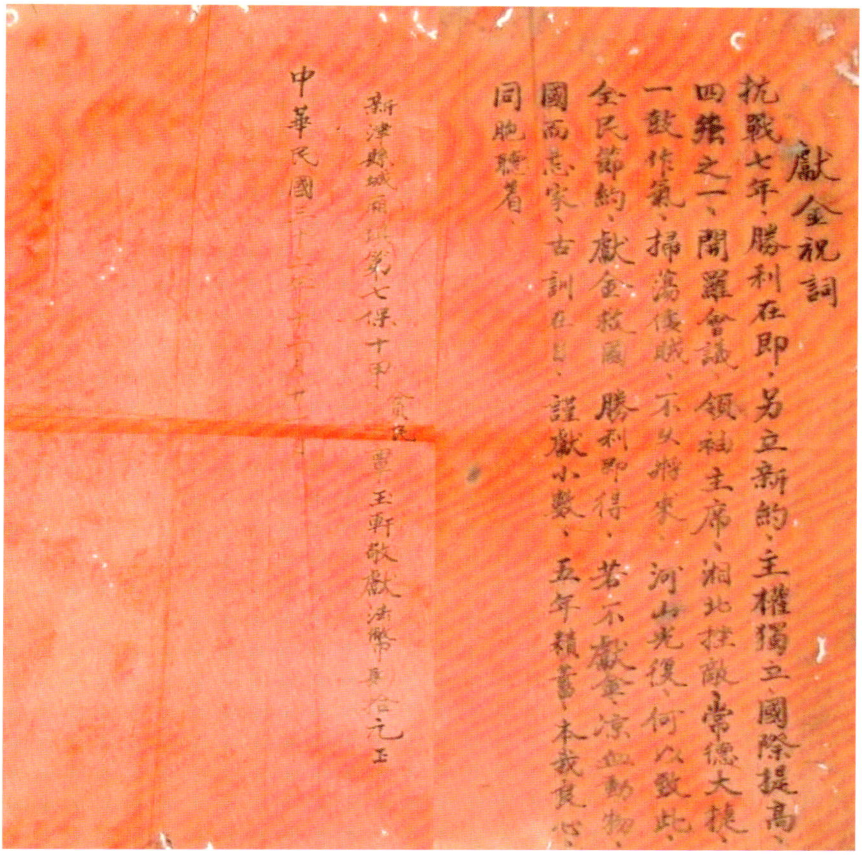
獻金祝詞
抗戰七年，勝利在即，另立新約，主權獨立，國際提高，
四強之一，開羅會議，領袖主席，湘北挫敵，常德大捷，
一致作氣，掃蕩倭賊，不久將來，河山光復，何以致此，
全民節約，獻金救國，勝利即得，若不獻金，涼血動物，
國而忘家，古訓在目，謹獻小數，五年積蓄，本救良心
同胞聽着
新津縣城廂鎮第七保十甲貧民覃玉軒敬獻法幣壹佰元正
中華民國三十二年十二月廿一日

1943年12月21日，新津县城厢镇贫民覃玉轩献金祝词

1944年1月18日，冯玉祥返回重庆，第一次节约献金救国运动顺利结束，历时2月有余，除募集大量款物外，还总结出广泛发动群众的两种献金模式。一是在当地举办献金大会，先由冯玉祥演讲，群众随后自愿捐献，称为“一次献金”。二是某一个人或团体每月固定捐献若干数量钱粮，称为“长期献金”。在首次大规模集中献金运动中，四川人民向世人展示了质朴的爱国情怀和高尚的爱国情操，让冯玉祥确信抗战胜利希望在人民、力量在人民。

他说：“有的人说四川对于抗战是出钱、出力、出命，我说他没有说完全，还有出田、出地、出粮、出汗。这是多么伟大的事啊，这是永远不可忘记的事！”

1944年1月16日，成都献金大会现场，一群穿得破破烂烂的乞丐队伍走上献金台，将他们多年讨来的2 250元钱双手擎着交给冯玉祥。冯玉祥含着眼泪代表政府将钱接过，又代表政府庄严宣布，将这笔钱回赠给乞丐们，但他们坚持不接受政府的回赠。图为乞丐献金

冯玉祥（图中端旗者）与参加献金活动的华西五大学部分师生代表合影

1944 年 3 月至 1944 年 11 月

1944年，正值国家抗战最为艰难的时期。为募集更多的捐款支持抗战，春节刚过，冯玉祥便开始计划在四川发起第二次节约献金救国运动。为广泛动员，他亲自写成14封公开信，宣传民众参加献金运动爱国事迹，并四处散发，广为宣传。

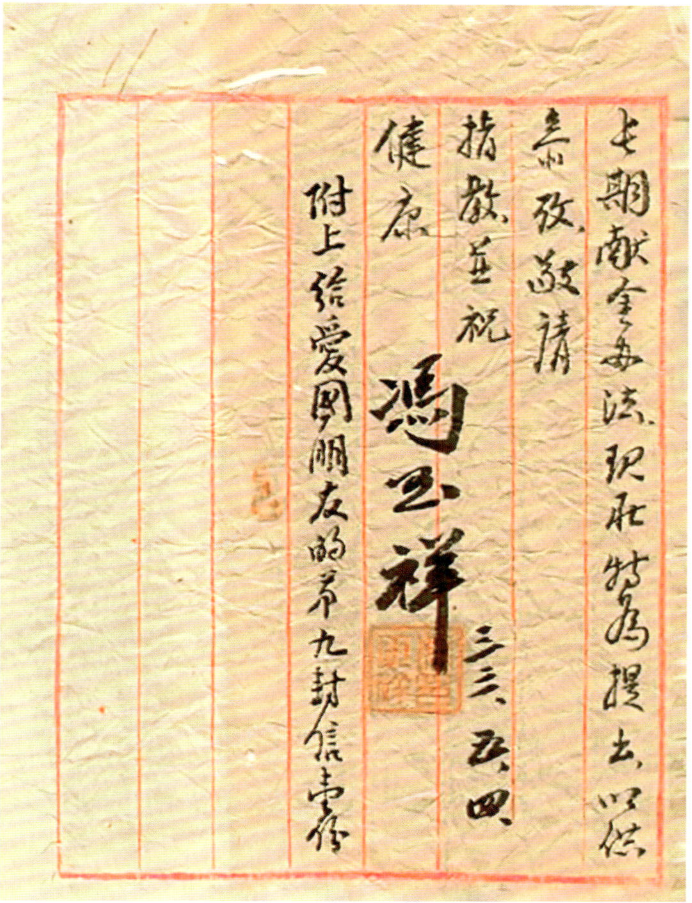

七期献金办法现在特为提出以供
参考敬请
指教并祝
健康
冯玉祥 三三、五、四
附上给爱国朋友的第九封信壹本

冯玉祥先后4次到四川20多个市、县，调动各界救亡激情；还把各地群众的爱国热情和献金详情，写成14封公开信，扩大宣传。图为冯玉祥给爱国朋友的信

1944年3月，冯玉祥离开重庆，开启在四川的第二次节约献金之旅。分两路先后开展，江津—合川—泸县—隆昌一条线；内江—自贡—富顺—威远一条线。在冯玉祥宣传演讲感召下和各方组织下，各地争相开展“爱国超居人前”献金竞赛，充分激发了群众爱国热情，商人们也纷纷慷慨解囊，献金运动高潮迭起，捐献金额不断刷新。

江津：在国立九中，全校6个分校2 000多名学生绝食一天，将省下的饭钱和菜金，全部捐献。在白沙镇，同学们开展献金竞赛，不断提高捐献金额，累计达700多万元；期间，同学们发现商会士绅捐款还没有学生多，就集体下跪请求增加捐款到200万元。在县城献金大会上，一位农民把怀里还没焐热的卖菜钱捐了出来；一位小乞丐跪在台上，请求收下他乞讨来的几元钱。冯玉祥含着热泪大声说：“这几元钱胜过富翁们的几百万元。”

泸县：在溪口大操场，上万民众组队参加献金大会，学校献金队由700万元增至1 000万元；在全体学生的加油声中，29家商业银行由150万元增加到210万元，商业献金队由350万元增加到400万元。一群乞丐把钱放在自己讨饭的破碗中送上主席台；伤兵把自己编卖雨伞、椅子等所得的12 000元带到献金大会上，坚决要捐献给国家，冯玉祥多次推让，最后只好含泪收下，并将他们扶下主席台，全场无不深受感动。到大会结束，捐款金额达到惊人的5 000余万元。

老人捐出自己积蓄已久的钞票

1944年4月，冯玉祥手捧献金加油箱

隆昌：在大操坝，民众冒着雨后泥泞从几十里外的乡镇赶到大会现场，献金超过2 500万元、金戒指216个，还有很多蚊帐、夏布、背心等物资。特别是石鹅中心学校6位青年走到台前，表示不但要献金，还要把身体献给国家，愿意参军去杀敌，引来了台下一片热烈掌声。

下力的车夫捐出自己的辛苦钱

内江：冯玉祥刚到内江，中国旅行社女工温毛氏当即将自己终年积攒的工资全部捐献；县立中学训育主任熊楚才将留给子女上学的5.7万元捐献；全兴钱庄经理曾仲海捐献130万元，突破了以往个人献金最高纪录；金台旅馆老板李焕章的200亩田产每年收益黄谷600石，自愿全部捐献，直至抗战胜利；贾家乡老人艾氏、凌家乡乡民李德鳌，分别献出田土变卖捐献；有的老太太献出了自己出嫁时祖母给的银手镯；有的穷苦学生没有钱，看到别人献金救国，自己就熬夜打草鞋卖钱捐献。

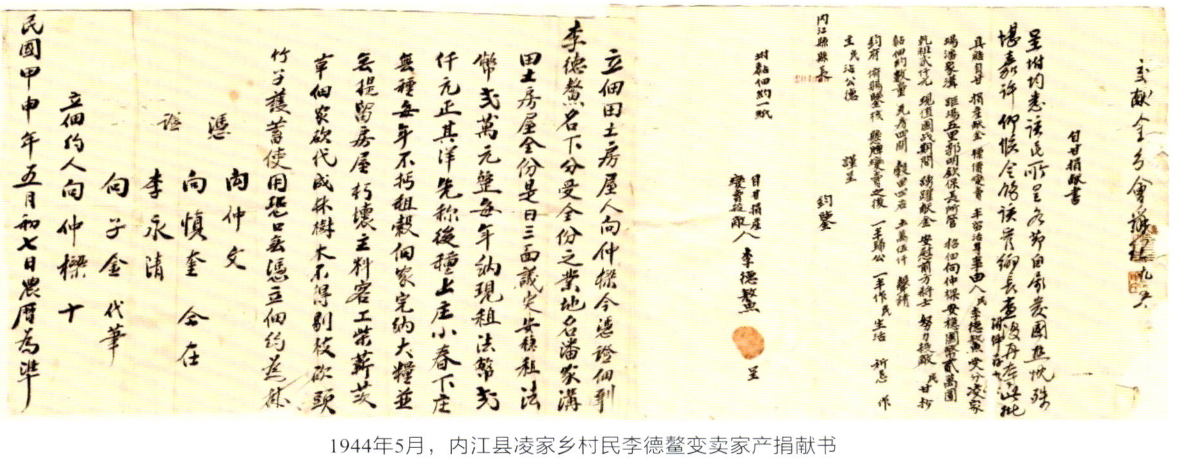
立佃田土房屋人向仲標今憑證佃到
李德鰲名下分受全份之業地名潘家溝
田土房屋全份是日三面議定安穩租法
幣弍萬元整每年納現租法幣叁
仟元正其洋先称後撞上庄小春下庄
無種每年不拐租穀佃家完納大糧並
無提留房屋朽壞主料客工柴薪茨
草佃家砍伐成林樹木不得剔枝砍頭
竹子護蓄使用恐口無憑立佃約為據
憑 向仲文
向慎奎 全在
證 李永清
向子全 代筆
立佃約人向仲標 十
民國甲申年五月初七日農曆為準

1944年5月，内江县凌家乡村民李德鳌变卖家产捐献书

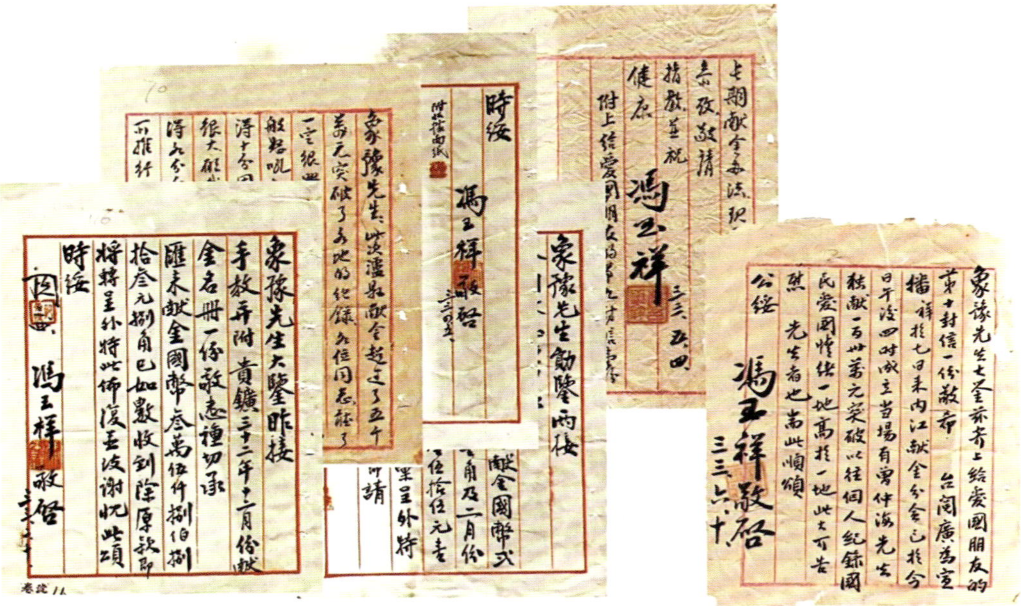

1944年，冯玉祥关于献金给内江威远煤矿矿长郭象豫亲笔信

1944年6月9日内江献金大会上，冯玉祥将军请梅鹤年先生在洁白的绸缎上描绘出梅树枝条，再把群众捐献的金戒指缝嵌其上，成就了“抗日梅树开金花”的动人佳话

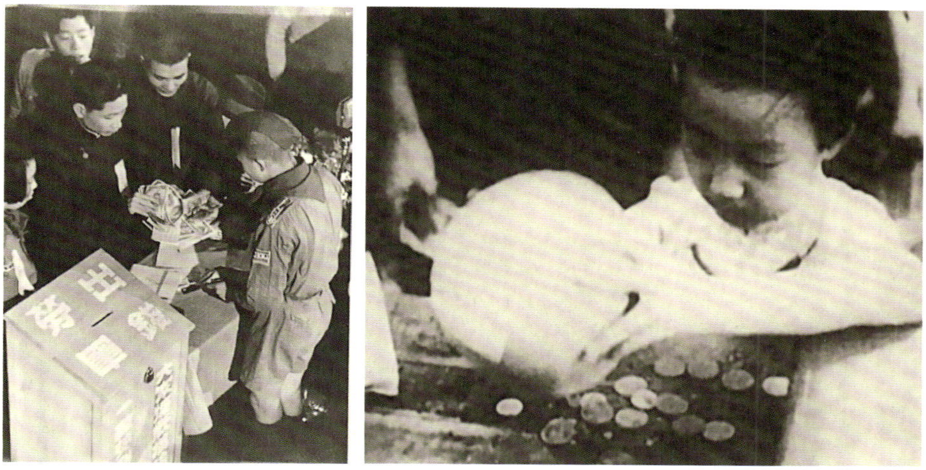

孩子们捐出自己的零花钱

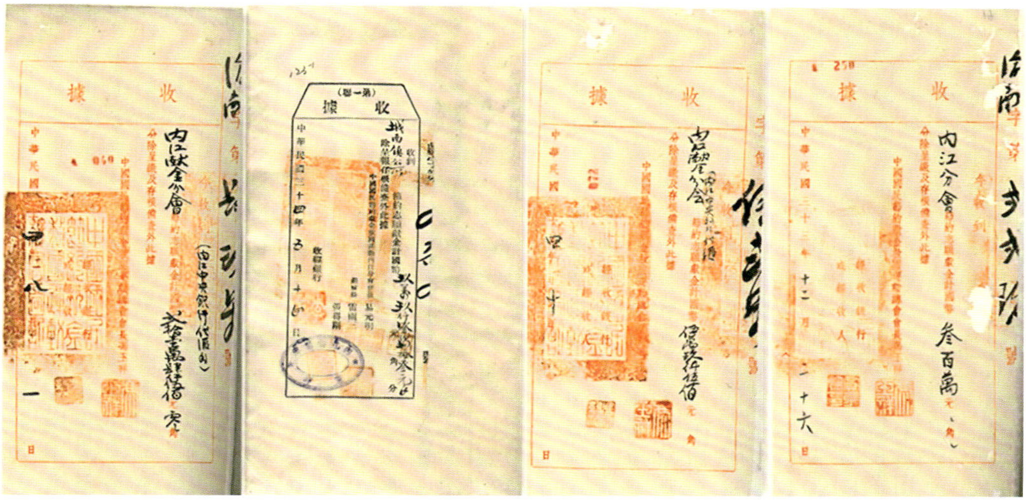

内江献金收据

在献金大会上，各界民众献金热情异常高涨，捐款金额达4 200多万元。幼稚园的小朋友排成队，把父母给的糖果钱投入献金箱，引来了经久不息的掌声和欢呼声；著名画家梅鹤年义卖四幅书画作品，所得款项全部捐献。

自贡：著名盐商余述怀捐献1 000万元，冯玉祥赠其“今之玄高，献金楷模”牌匾。首富王德谦献金1 100万元，并每年捐献黄谷854石，冯玉祥特赠其“见义乐为”牌匾。在蜀光中学运动广场，3万多民众冒着酷暑参加大会，妇女献金队捐献了用金戒指做成的爱国图和几千双青布鞋；救济院的全体贫儿没有钱捐献，就自发熬夜赶制草鞋

100余双，拿到市场变卖，所得全部捐献；商人李乃鼎、王素聪夫妇捐献了他们的12 000元结婚费和1对婚戒；年逾古稀的廖得福因日机轰炸，家产荡然无存，沦为乞丐，听完冯玉祥演说，将连年乞讨所存的297元全部捐献。到献金大会结束，自贡成为抗战以来献金数额最多的地方，达到1.3亿多元，自此有了“自贡献金甲天下”的说法。

1944年，冯玉祥将自己乘坐的别克轿车赠给自贡盐商余述怀，以示奖励

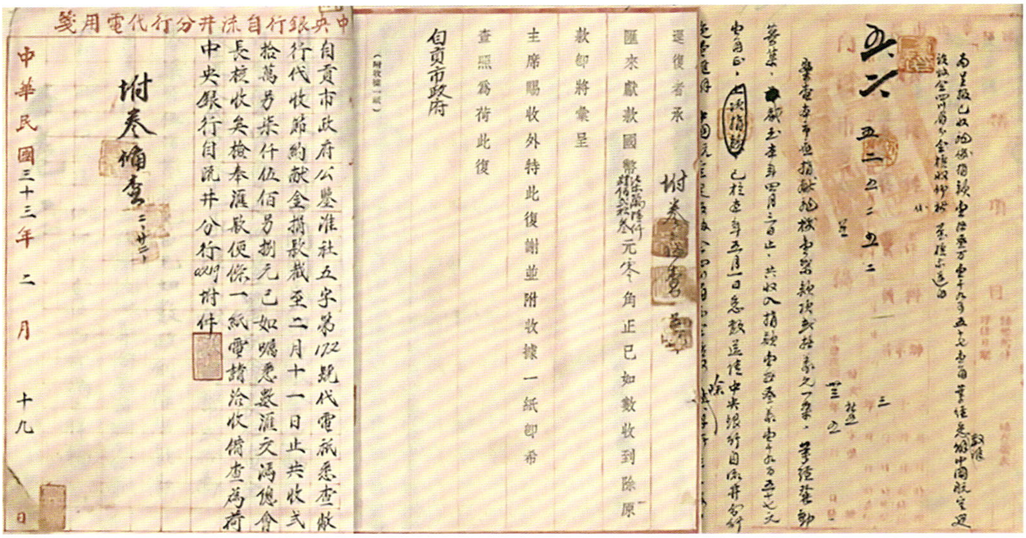

中央銀行自流井分行代電用箋

自貢市政府公鑒淮社五字第172號代電祇悉查敵行代收節約獻金捐款截至二月十一日止共收貳拾萬另柒仟伍佰另捌元已如囑悉數匯交馮總會長核收矣檢本匯款收據一紙電請洽收備查爲荷中央銀行自流井分行叩附件

中華民國三十三年二月十九日

逕復者承匯來獻款國幣……元〇角正已如數收到除原款即將彙呈主席賜收外特此復謝並附收據一紙即希查照爲荷此復

自貢市政府

1944年，自贡市政府为捐款献金与省政府、中央银行及冯玉祥往来文电

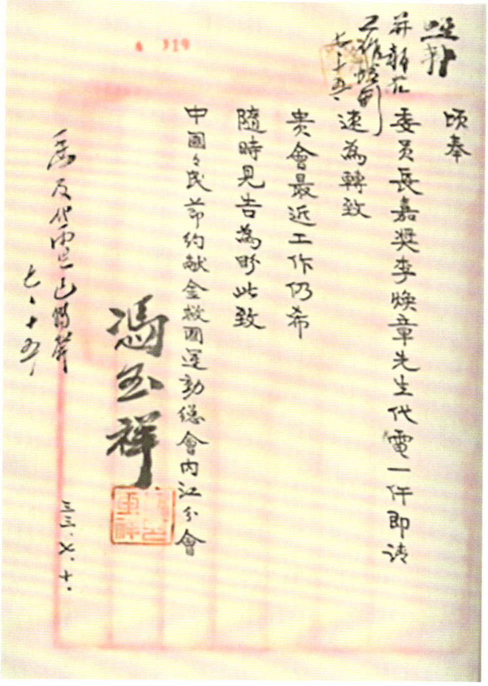

頃奉
委員長嘉獎李煥章先生代電一件即請
速為轉致
貴會最近工作仍希
隨時見告為盼此致
中國人民節約献金救國運動總會内江分會
馮玉祥
三三.七.十.

内江金台旅馆经理李焕章响应国民节约献金运动，每年捐献黄谷600市担，直至抗战胜利。国府军委会以委员长名义，致函嘉奖："忠诚慷慨，足为国民楷模，且使前方将士益增感奋，良深嘉慰。"图为1944年7月10日冯玉祥转致嘉奖代电

1944年，自贡市妇女将指环、项链等金器献出，组成飞机、坦克、战舰、城墙及一"爱"字图案，贡献国家

1944年7月4日，冯玉祥（前排正中者）与自贡市节约献金救国分会全体同仁合影

1944年，冯玉祥在自贡慧生公园主持献金时激昂演说情形

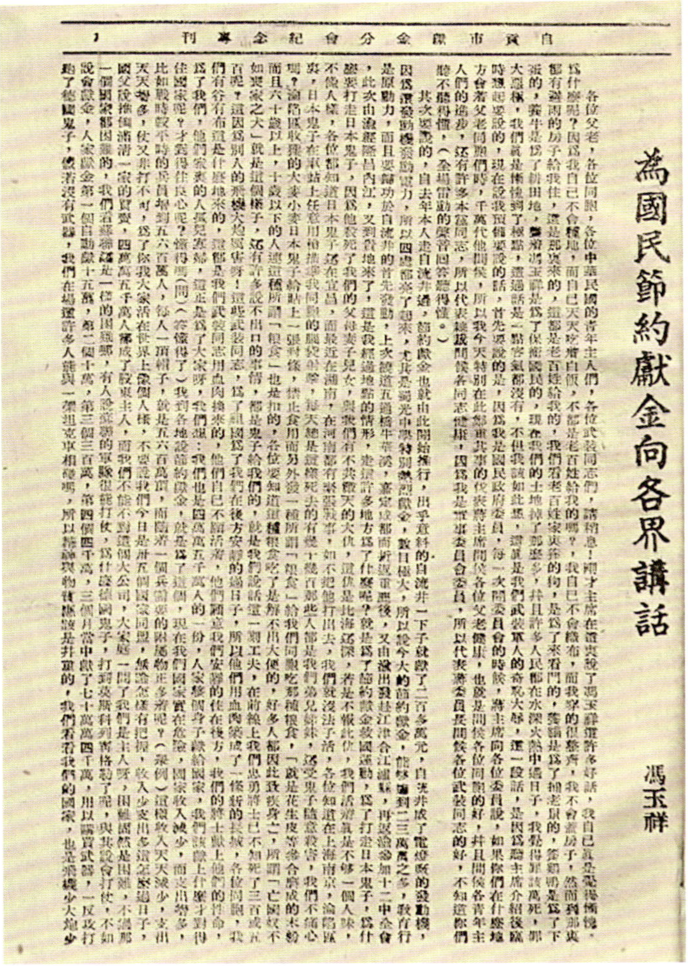

自貢市獻金分會紀念專刊 1

爲國民節約獻金向各界講話

馮玉祥

各位父老，各位同胞，各位中華民國的青年主人們，各位武裝同志們，請稍息！剛才主席在這裏說了馮玉祥許多好話，我自已真是覺得慚愧，爲什麼呢？因爲我自已不會種地，而自已天天吃着白飯，不都是老百姓給我的嗎？，我自已不會織布，而我穿的很整齊，我不會蓋房子，然而我到那裏都有避雨的房子給我住，這是那裏來的，這都是老百姓給我的，我們看老百姓家裏養的狗，是爲了來看門的，養貓是爲了捕老鼠的，養雞是爲了下蛋的，養牛是爲了耕田地，養着馮玉祥是爲了保衛國民的，現在我們的土地掉了那麼多，并且許多人民都在水深火熱中過日子，我覺得罪該萬死，那大罪樣，我們眞是慚愧到了極點，這過話是一點客氣都沒有，不但我該如此想，還眞是我們武裝軍人的奇恥大辱，這一段話，是因爲聽主席介紹後臨時想起要說的，現在說我預備要說的話，首先要說的是，因爲我是國民政府委員，每一次開委員會的時候，蔣主席向各位委員說，如果你們在什麼地方會着父老同胞們時，千萬代他問候，所以我今天特別在此鄭重其事的代表蔣主席問候各位父老健康，也就是問候各位同胞的好，并且問候各青年主人們的進步，還有許多本黨同志，所以代表總裁問候各同志健康，因爲我是軍事委員會委員，所以代表蔣委員長問候各位武裝同志的好，不知道你們聽不聽得懂，（全場雷動的聲音回答聽得懂。）

其次要說的，自去年本人走自流井過，節約獻金也就由此開始推行，出乎意料的自流井一下子就獻了二百多萬元，自流井成了電燈廠的發動機，因爲這發動機發動電力，所以四鄉都亮了起來，尤其是蜀光中學特別熱烈獻金，數目極大，所以說今天的節約獻金，能够達到二三萬萬之多，教育行是原動力，而且要歸功於自流井的首先發動，上次繞道五通橋牛華溪，嘉定成都而新津重慶後，又由渝出發赴江津合江瀘縣，再到敍永加十一中全會，此次由渝經隆昌內江，又到貴地來了，這是我經過地點的情形，走過許多地方爲了什麼呢？就是爲了節約獻金救國運動，爲了打走日本鬼子，爲什麼要打走日本鬼子，因爲他殺死了我們的父母妻子兒女，與我們有不共戴天的大仇，這仇是比海還深，若是不報此仇，我們活着眞是不够一個人味，不像人樣，各位都知道日本鬼子還在宜昌，而最近在湖南，在河南都有緊張戰事，如不把他打出去，我們就沒法子活，各位知道在上海南京，淪陷區裏，日本鬼子在車站上任意用刺刀挑我同胞的腦袋取樂，每天總是這樣死去的有幾十幾百，那些人都是我們弟兄姊妹，還受鬼子隨意殘害，我們不痛心嗎？淪陷區收穫的大麥小麥日本鬼子給貼上一張封條，禁止食用而另外發一種所謂「粗食」給我們同胞吃那種糧食，一就是花生皮等等合磨成的末粉，而且六十歲以上，十歲以下的人連這種所謂「糧食」也是扣的，各位要知道這種糧食吃了是拼不出大便的，好多人都因此致疾身亡，所謂「亡國奴不如喪家之犬」就是這個樣子，還有許多說不出口的事情，都是鬼子給我們的，就是我們說話這一刻工夫，在前線上我們忠勇將士已不知死了三百或五百呢？這因爲別人的飛機大炮厲害呀！這些武裝同志，爲了組國爲了我們在後方安靜的過日子，所以他們用血肉築成了一條新的長城，各位同胞，我們有谷有布這是什麼地來的，這都是我們武裝同志用血肉換來的，他們自已不顧活着，他們願意我們安靜的住在後方，我們的將士獻上他們的性命，爲了我們，他們家裏的人孤兒寡婦，這正是爲了大家呀，我們想：我們也是四萬萬五千萬人的一份，人家整個身子都獻給國家，我們該獻上什麼才對得住國家呢？才對得住良心呢？懂得嗎（問）（答懂得了）我到各地說節約獻金，就是爲了這個，現在我們國家實在危險，國家收入減少，而支出增多，比如戰時設平時的兵員增到五六百萬人，每人一頂帽子，就是五六百萬頂，而隨着一個兵當要的附屬物還多着呢？（舉例）這樣收入天天減少，支出天天增多，仗又非打不可，爲了你我大家活在世界上像個人樣，不要說我們今日是卅五個國家同盟，無論怎樣有把握，收入少支出多這家怎過日子，國父說推倒滿清一家的買賣，四萬萬五千萬人都成了股東主人，而我們不能不對這個大公司，大家庭一問了我們是主人呀，困難固然是困難，不過那一個國家都困難的，我們看蘇聯還是一樣的困難那，有人說蘇聯的軍隊很能打仗，爲什麼德國鬼子，打到莫斯科列寧格勒了呢，與其說會打仗，不如說會獻金，人家獻金第一個自動獻十五萬，第二個十萬，第三個三百萬，第四個四千萬，三個月當中獻了七十萬萬四千萬，用以購買武器，一反攻打跑了德國鬼子，假若沒有武器，我們在場還許多人能與一架坦克車相碰嗎，所以精神與物質應該是并重的，我們看看我們的國家，也是飛機少大炮少

1944年，冯玉祥主持献金时演说内容

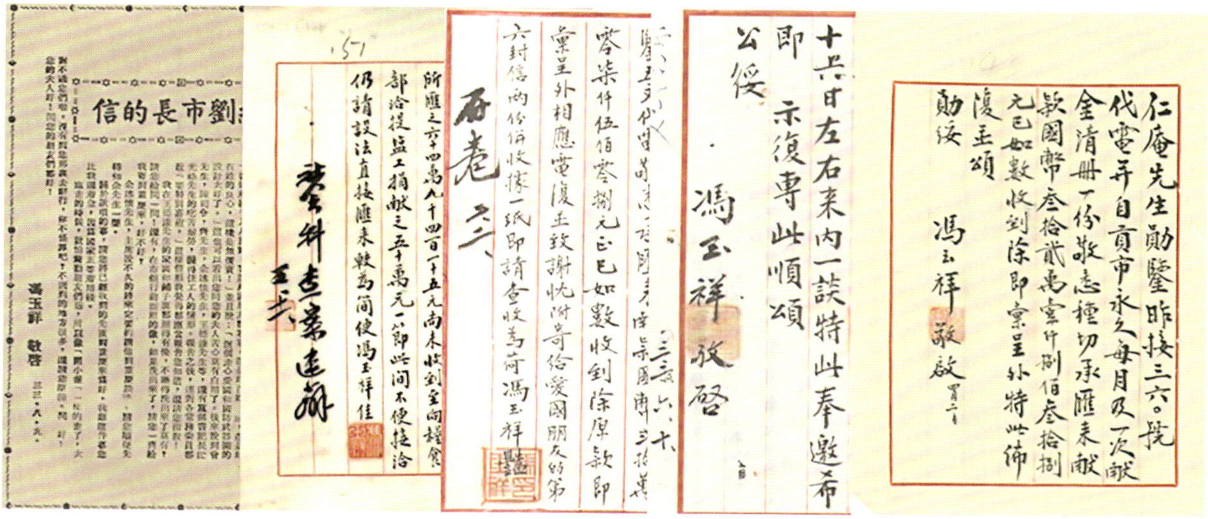

仁庵先生勛鑒：昨接三六。携代電并自貢市永久每月及一次獻金清冊一份，敬悉種切。承匯來獻款國幣叁拾貳萬壹仟捌佰叁拾捌元已如數收到，除即彙呈外，特此佈復，並頌勛綏。

馮玉祥敬啟

十六日左右來內一談，特此奉邀，希即示復，專此順頌公綏。

馮玉祥敬啟

1944年冯玉祥关于自贡市献金汇款致市长刘仁庵亲笔信

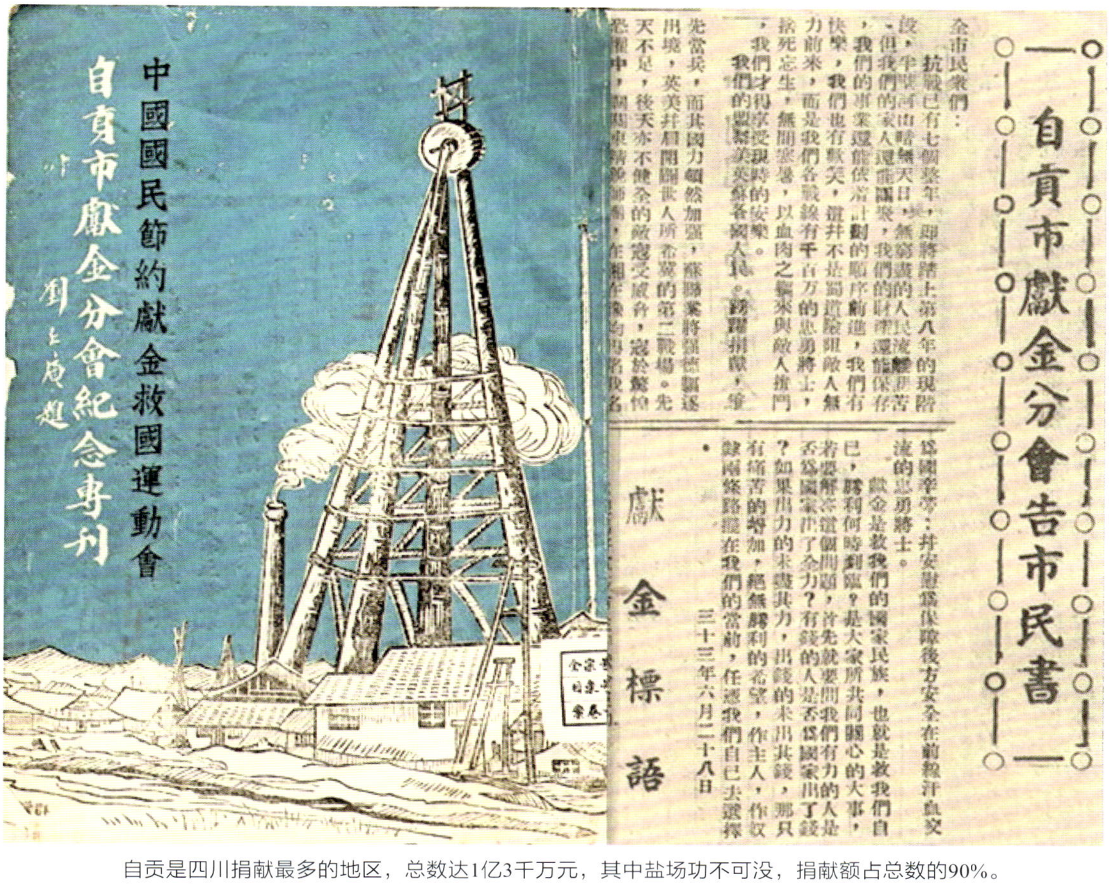

中國國民節約獻金救國運動會

自貢市獻金分會紀念專刊

劉仁庵題

自貢市獻金分會告市民書

全市民衆們：

獻金標語

三十三年六月二十八日

自贡是四川捐献最多的地区，总数达1亿3千万元，其中盐场功不可没，捐献额占总数的90%。图为1944年8月中国国民节约献金救国运动会自贡市献金分会纪念专刊富顺：冯玉祥组织献金大游行。游行队伍最前面是学生组成的鼓号队，他们边走边敲鼓，气氛十分热烈；队伍后面紧接着便是一面大红旗，由10余名青年用手撑开，专门接收街道两旁民众临时捐献的金钱、首饰等物资。游行过程中，民众不断将银圆、纸币、戒指等钱物从街道两旁楼房上投向撑开的红旗兜内，引来人们阵阵欢呼。最后献金总额仅次于自贡，成为当时富顺史上最浩大的一场爱国群众运动。

四川民众为前线抗战争相捐赠

威远：冯玉祥满怀激情宣传演讲，感动了许多原本不愿捐款的民众，大家纷纷上台自报捐献黄金、白银、现钞、实物数额，献金金额达到2 172万元、布鞋1万双。

1944年11月，冯玉祥从威远县返回重庆，四川第二次节约献金救国运动圆满结束，累计献金总额超过5亿元。

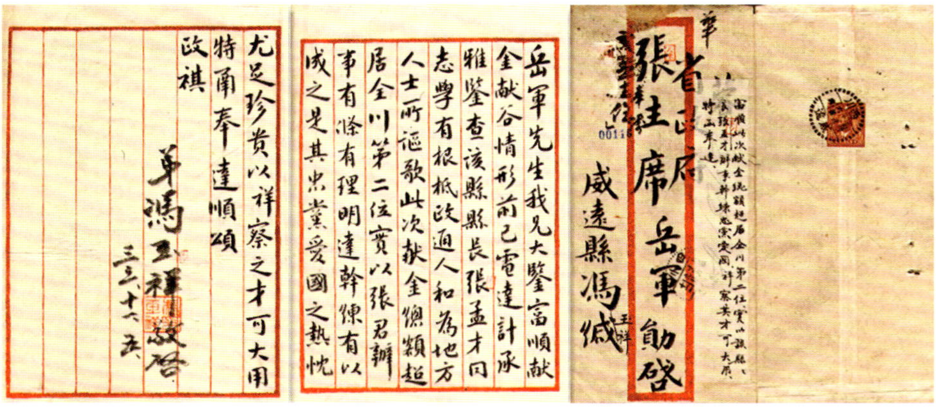

省政府
張主席岳軍 勛啓
威遠縣馮緘

岳軍先生我兄大鑒富順献金献谷情形前已電達計承雅鑒查該縣縣長張孟才同志學有根柢政通人和為地方人士所謳歌此次献金總額超居全川第二位實以張君辦事有條有理明達幹練有以成之是其忠黨愛國之熱忱尤足珍貴以祥察之才可大用特爾奉達順頌政祺

弟馮玉祥敬啓
三三、十一、五

1944年11月5日冯玉祥为开展节约献金致四川省政府主席张群亲笔信

运动贡献

冯玉祥在四川发起的两次节约献金救国运动所募集的捐款，主要用于购买飞机、坦克、大炮和慰劳前线战士、抚恤荣誉军人、安置后方难民，一定程度解了国家之难、民族之危。

两次节约献金救国运动得到了四川广大民众的积极响应和热烈拥护，那一幕幕感人的献金救国画面，是中华民族解放斗争史上大放异彩的伟大篇章，鼓舞了前方士气，宣传了全民抗战思想，凝聚了民心，突出表现了四川人民高度的爱国主义精神，值得我们永远铭记。

参考文献

[1] 四川省档案馆．川魂——四川抗战档案史料选编[M]．成都：西南交通大学出版社，2005．

[2] 四川省档案馆．打开——跟着档案去旅行[M]．成都：四川人民出版社，2014．

[3] 四川省档案馆．川人抗战档案文献图集[M]．成都：四川人民出版社，2015．

[4] 内江市档案馆．历史的记忆——档案见证内江[M]．内江：西南交通大学出版社，2018．

[5] 成都市新津区档案馆．水边城郭壮千秋——档案中的新津历史[M]．成都：四川民族出版社，2020．

[6] 冯慧珠．冯玉祥抗战时期发动爱国献金运动的特点[J]．成都师专学报（文科版），1991（1）．

[7] 杨修武，甘德明．冯玉祥将军与内江三县的节约献金救国运动[J]．四川档案，2005（3）．

[8] 陈翔．抗战后期四川节约献金救国运动评述[J]．四川档案，2005（5）．

[9] 王浩，金华．抗战末期冯玉祥发起的节约献金救国运动[J]．重庆第二师范学院学报，2016（5）．

[10] 郝小玮．抗战时期后方的献金运动[D]．重庆：西南大学，2012．

[11] 余桂琴．抗战时期四川民众节约献金运动研究[D]．成都：四川师范大学，2016．

6 永远的丰碑
——巴蜀著名抗日英烈名录

2023年是中国人民抗日战争胜利78周年。作为抗战大后方的四川为全国抗战尽了最大最重要的责任，出兵最多、出钱最多、出粮最多，支撑了中国半壁河山。无数英勇的巴蜀儿女，不畏艰难、不怕牺牲、坚持抗战，为国捐躯，他们的英名永远镌刻在历史的丰碑上。据统计，26名巴蜀英烈入选民政部2014年9月1日和2015年8月24日公布的第一批和第二批著名抗日英烈和英雄群体名录，5名入选退役军人事务部2020年9月2日公布的第三批著名抗日英烈和英雄群体名录，我们在此撷取反映31位英烈事迹的有关档案图片和资料，以兹纪念并继承和发扬抗战精神，为成渝地区双城经济圈建设提供强大精神动力。

第一批巴蜀著名抗日英烈

赵一曼

赵一曼（1905—1936），女，原名李坤泰，又名李一超，四川宜宾（今宜宾市翠屏区）人，东北人民革命军第3军1师2团政治委员。

1926年加入中国共产党，曾就读于莫斯科中山大学，毕业于中央军事政治学校武汉分校。九一八事变后，被派往东北地区开展抗日斗争。先后任满洲总工会秘书、组织部长，中共滨江省珠河中心县委特派员、铁北区委书记，领导工人罢工运动，组织青年农民反日游击队与敌人进行斗争。1935年秋，任东北人民革命军第3军1师2团政治委员，在与日伪军激战中身负重伤，昏迷被俘。日军对她施以酷刑，逼其招供。她宁死不屈，痛斥日军侵略罪行，1936年8月2日被杀害。2009年赵一曼入选“100位为新中国成立作出突出贡献的英雄模范人物”。

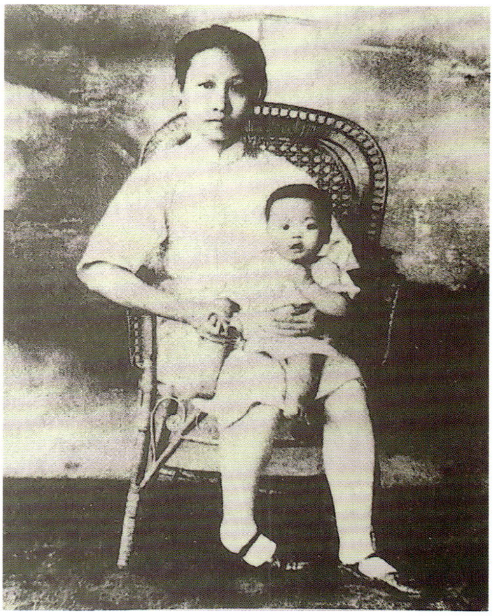

赵一曼与儿子

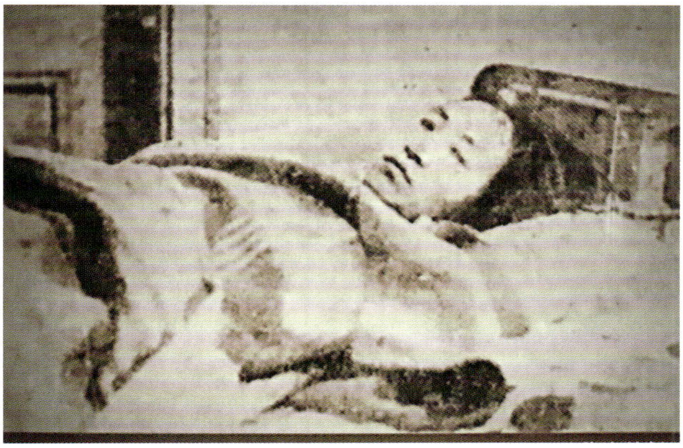

日伪档案中发现的赵一曼受刑后的照片

乐以琴

乐以琴（1914—1937），别号一忠，四川芦山人，空军第 4 航空大队 22 中队分队长。

1934年12月从杭州笕桥中央航空学校第3期毕业。1937年8月14日，在淞沪会战中驾机首次对日空战，击毁日机4架，后多次参加空战，共击毁日机8架，创造了中国空战史上的奇迹，是中国空军第一位王牌飞行员，有“空中赵子龙”“江南大地之钢盔”的美誉。1937年12月3日，在南京保卫战的最后一次空战中，他临危不惧，驾机迎敌，被多架日机围攻，不幸中弹起火，被迫跳伞，落地时头部受重伤，壮烈殉国。

乐以琴，图片选自浙江省档案馆馆藏中央航空学校同学录，含姓名、年龄、籍贯、通讯处等信息

站在飞机前的乐以琴

饶国华

饶国华（1895—1937），名厥卿，字弼臣，四川资阳（今资阳市雁江区）人，国民革命军陆军第21军145师师长。

饶国华

1911年辛亥革命中加入新军，1917年加入川军，历任连长、营长、团长。1927年任国民革命军陆军第21军第7师副师长，1935年任第145师师长。全面抗战爆发后，主动要求率部抗战，于11月中旬到达前线，受命在泗安、广德一带阻击日军，因兵力单薄，装备落后，致使阵地丢失，几乎全军覆没，本人身受重伤，在给第七战区司令长官刘湘写下绝命书后，于12月1日举枪自戕，以死殉国，后被国民政府追晋为陆军二级上将。

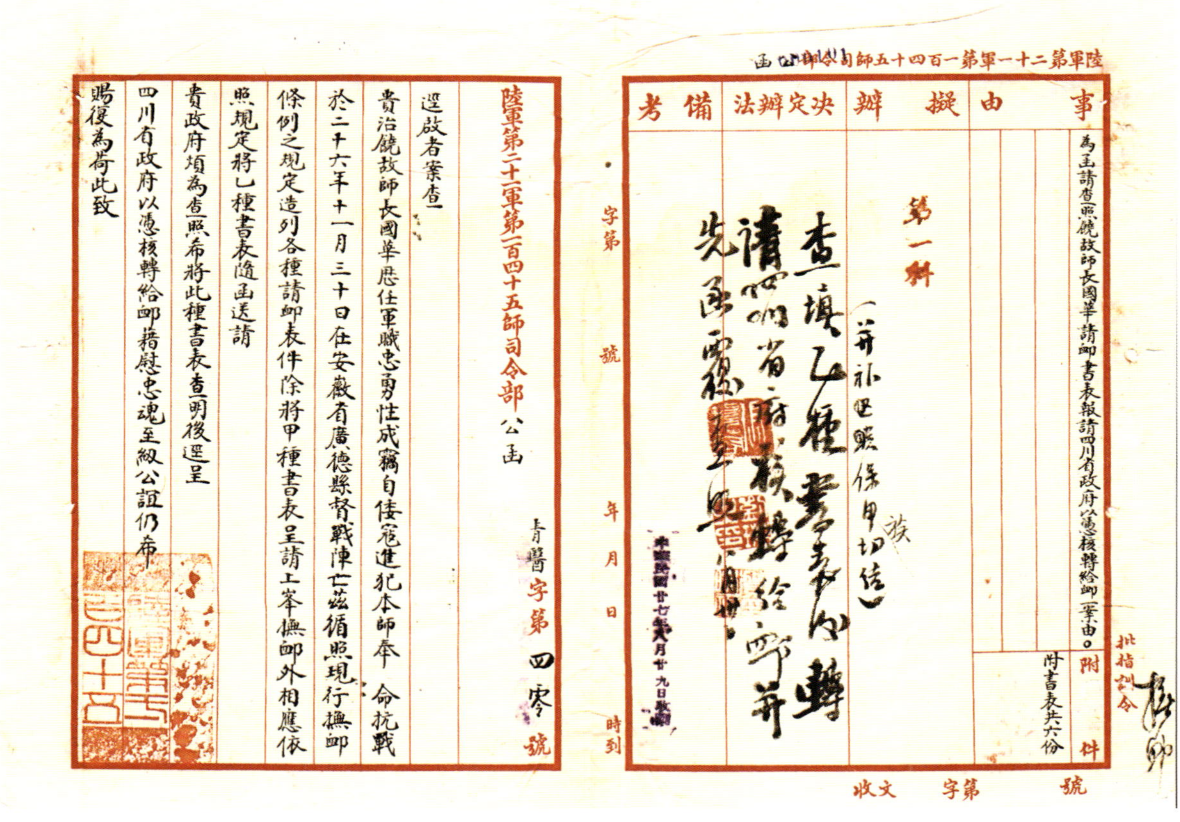

陸軍第二十一軍第一百四十五師司令部公函

事由：為呈請查照饒故師長國華請卹書表報請四川省政府以憑核轉給卹一案由。

附件：附書表共六份

擬辦　決定辦法　備考

收文　字第　號

陸軍第二十一軍第一百四十五師司令部 公函

字第四零號

逕啟者案查
貴治饒故師長國華歷任軍職忠勇性成竊自倭寇進犯本師奉 命抗戰
於二十六年十一月三十日在安徽省廣德縣督戰陣亡茲循照現行撫卹
條例之規定造列各種請卹表件除將甲種書表呈請上峯撫卹外相應依
照規定將乙種書表隨函送請
貴政府煩為查照希將此種書表查明後逕呈
四川省政府以憑核轉給卹藉慰忠魂至紉公誼仍希
賜復為荷此致

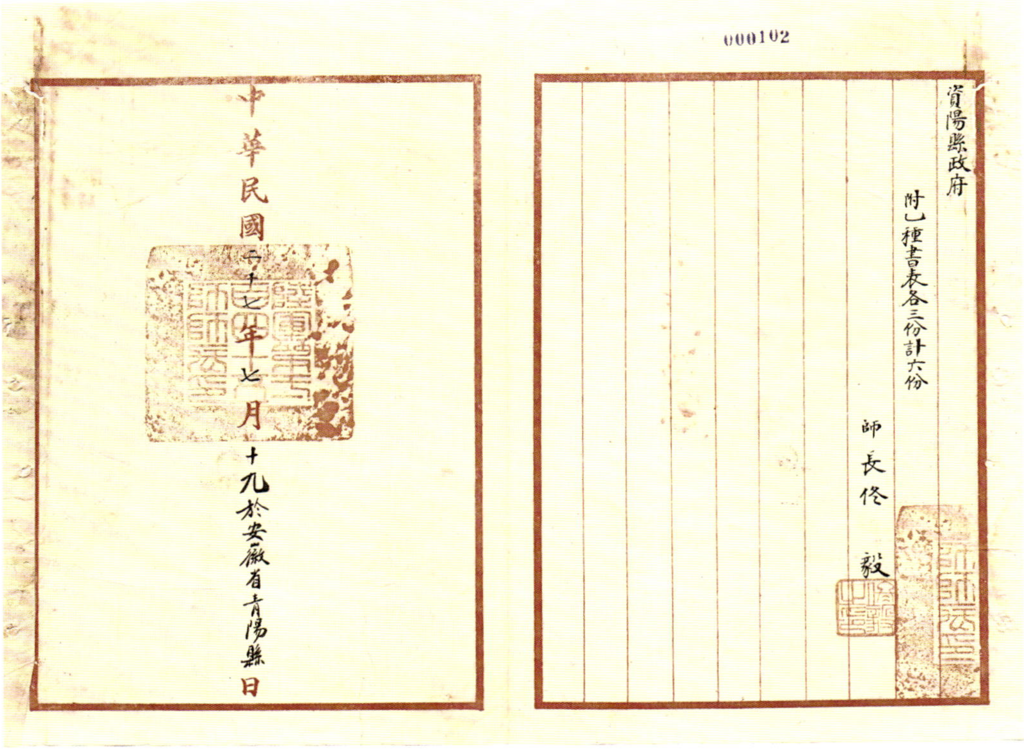

000102

資陽縣政府

附山種書表各三份計六份

師長佟毅

中華民國二十七年七月十九日於安徽省青陽縣

1938年7月19日陆军第21军第145师司令部为抚恤饶国华致资阳县政府公函

王铭章

王铭章（1893—1938），字之钟，四川新都（今成都市新都区）人，国民革命军陆军第41军122师师长。

王铭章

1914年从四川陆军军官学堂毕业加入川军，历任排长、连长、团长、旅长、师长。1926年任国民革命军陆军第29军第4师师长。1935年晋升陆军少将，任国民革命军陆军第41军122师师长，次年晋升陆军中将。全面抗战爆发后，率部出川奔赴山西前线。1938年初，参加徐州会战，在滕县保卫战中率部与日军浴血奋战3昼夜，终因寡不敌众，于3月17日壮烈殉国，后被国民政府追晋为陆军二级上将。王铭章在最后发给上级的电报中誓言：“决以死拼，以报国家。”

川军高级将领向王铭章遗像致哀

赵渭滨

赵渭滨（1894—1938），原名渭宾，字象贤，四川成都人，国民革命军陆军第41军122师参谋长。

赵渭滨

1912年进入四川陆军军官学堂学习。1924年任川军熊克武部第1师参谋长，后任国民革命军陆军第41军122师参谋长。全面抗战爆发后，随军出川抗战，参加平型关战役。后转战山西娘子关、芹泉、榆次等地。1938年年初，随师长王铭章奉调山东前线，3月随部固守滕县，与日军激战3昼夜，始终坚守县城，17日下午，遭攻入城内的日军机枪扫射，中弹牺牲，后被国民政府追晋为陆军中将。

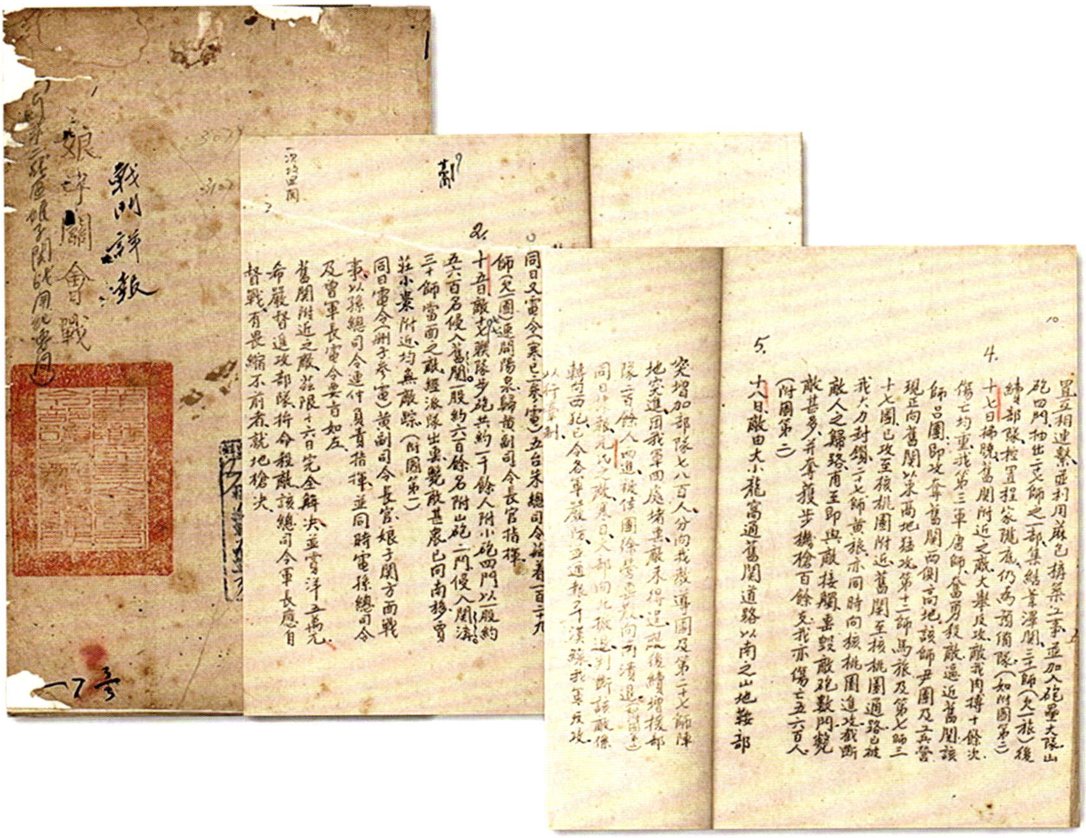

1937年10月24日，第41军122师奉命增援娘子关，在平定县东、西回镇和马山村一带与日军展开恶战。图为第22集团军邓锡侯部娘子关会战战斗详报

吴焜

吴焜（1910—1939），又名吴琨，曾用名吴克刚，四川万县（今重庆市万州区）人，新四军江南抗日义勇军副总指挥兼第2路司令员。

吴焜

1930年参加四川工农红军第一路游击队（后改称川东游击军），同年加入中国共产党，1935年参加长征。全面抗战爆发后，任新四军第3支队6团副团长。1938年10月，率部挺进苏南敌后，协同团长叶飞带领

部队进行了一系列对日伪军的战斗。1939年5月，任新四军江南抗日义勇军副总指挥兼第2路司令员，率部与日伪军激战，夜袭苏州浒墅关火车站、上海虹桥机场，在国内外产生重大影响，给日伪军以沉重打击；9月8日，率部作战时头部中弹牺牲。

吴焜烈士之墓（由战友叶飞上将题写碑名）

许国璋

许国璋（1898—1943），字宪廷，四川成都人，国民革命军陆军第67军150师师长。

许国璋

早年加入川军，全面抗战爆发后随第29集团军出川抗日，任第67军161师483旅旅长。1938年6月，率部参加黄（梅）广（济）战役，奉命在黄梅以南阻击日军，坚守阵地达一个月之久；10月，在鄂东上巴河战役中，重创日军；同年秋，率部扼守大洪山，多次击退日军进攻。1941年升任第67军150师副师长，次年升任师长。1943年率部参加鄂西会战，同年11月参加常德会战，奉命守卫津市、陬市及其外围，在第一线指挥将士浴血奋战，身受重伤，于11月21日自戕殉国，后被国民政府追晋为陆军中将。

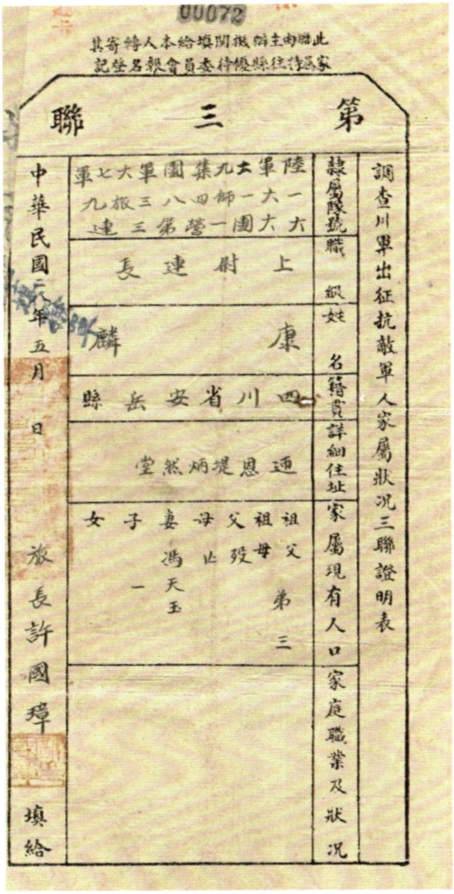
00072

此聯由主辦機關填給本人轉寄其家屬往住縣優待委員會報名登記

第三聯

調查川軍出征抗敵軍人家屬狀況三聯證明表

隸屬隊號：陸軍第廿九集團軍第六十七軍一六一師四八三旅九六六團一營第三連

級職：上尉連長

姓名：康麟

籍貫：四川省安岳縣

詳細住址：通恩堤炳然堂

家屬現有人口：祖父 第三；祖母 殷；父 正；母 馮天玉；妻；子 一；女

家庭職業及狀況：

中華民國二十八年五月 日

旅長許國璋填給

1939年5月第67军161师483旅旅长许国璋签发的调查川军出征抗敌军人家属状况三联证明表

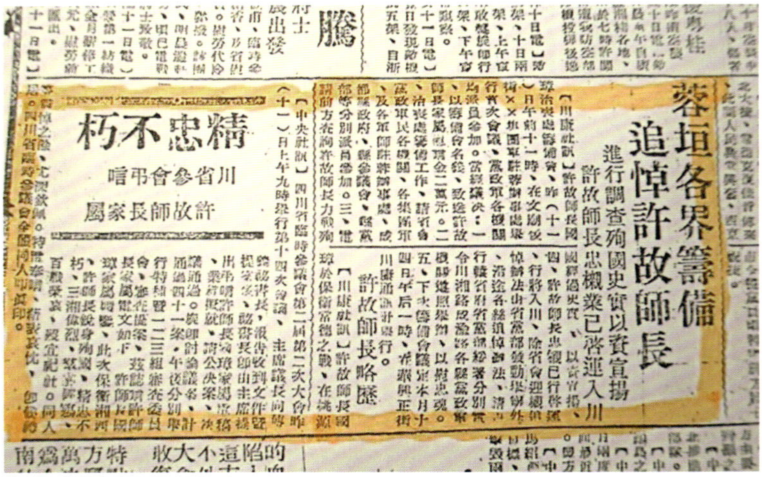
精忠不朽

川省參會弔唁許故師長家屬

蓉垣各界籌備追悼許故師長

進行調查殉國史實以資宣揚

許故師長忠櫬業已啓運入川

許故師長略歷

民国报纸关于许国璋牺牲的报道

柴意新

柴意新（1898—1943），原名柴永茂，字泽高，号若愚，四川南部人，国民革命军陆军第74军58师参谋长兼第169团团长。

柴意新

1925年考入黄埔军校，为表革新之志，改名“意新”，毕业后被分配到国民革命军陆军第9军，历任连长、营长、团长。全面抗战爆发后，先后参加淞沪、南京、武汉、鄂西等战役。1940年进入陆军大学深造，毕业后任第74军副参谋长。1943 年常德会战前，任国民革命军陆军第74军58师少将参谋长兼169团团长；同年11 月，率团防守常德东北门等处，与敌鏖战10余日；12月3日凌晨不幸中弹牺牲，后被国民政府追晋为陆军中将。

李家钰

李家钰（1890—1944），字其相，四川蒲江人，国民革命军陆军第36集团军总司令兼第47军军长。

李家钰

1909年考入四川陆军小学堂，后又入南京陆军军官预备学校、四川陆军军官学堂学习，在川军历任见习军官、团长、旅长、师长。1936年任国民革命军陆军第47军军长。全面抗战爆发后，率部从西昌步行出川抗日，转战山西、河南抗日前线。1939年任第36集团军总司令。李部与八路军关系融洽。1944年5月21日，在豫中会战撤退途中，于陕县以南秦家坡遭遇日军伏击，壮烈殉国，是抗战期间继张自忠之后牺牲的第二位集团军司令官，后被国民政府追晋为陆军二级上将。

肖孝泽

肖孝泽，图片选自晋察冀民族抗日研究会官网

肖孝泽（1902—1944），号海梁，四川富顺人，国民革命军陆军第36集团军总司令部高级参谋兼参谋处代理处长。

少年时就读于成都石室中学，九一八事变后从军，在川军邓锡侯部先后任排长、连长、副营长。卢沟桥事变后，任河南禹县自卫团司令。1939年，任豫西师管区第四补充兵团副团长、许昌国民兵团团长。1943年2月，任国民革命军陆军第36集团军总司令部高级参谋兼参谋处代理处长，在河南省灵宝、陕县、渑池、新安一带担任黄河防务。1944年春，在河南云梦山、陕县一带抗击日军，5月21日，于陕县以南秦家坡被日军截击包围，随李家钰等力战殉国。

自贡的抗日英烈

● 张国钢

上校师参谋长邹绍孟(1895—1938)

邹绍孟，字慕陶，荣县乐德镇人。生于贫民家庭，幼年在私塾读书。1916 年投军，在川军第一师任司书。1919 年考入川军陆军讲武堂，次年毕业，调川军第六师一旅任中尉排长。1923 年，调任川军第六师军士学校上尉分队长。1925 年任西北屯殖军独立第一旅少校参谋。1928 年，任国民革命军第二十九军一师一旅中校营长；1934 年任中校参谋主任。1935 年，任国民革命军第四十一军一二四师上校参谋长，驻防绵阳。

1937 年 9 月，邹绍孟同川军四十一军一二四师官兵出川抗日，奉命驰援晋东娘子关阻击日军。12 月，第二集团军总司令韩复渠在济南一带不战而退，战略要地徐州失去屏障，四十一军奉命调鲁南抗击日军。1938 年 1 月，四十一军进驻滕县。3 月 14 日至 17 日，邹绍孟同守城川军 2500 余人在师长王铭章指挥下，与日军矶谷师团进行激烈的争夺战，多次击退日军飞机、大炮、坦克配合下 3 万余人的进攻，守城 4 日，孤城无援。17 日，日军用 50 门大炮向城内发射炮弹 2 万余发；日机 30 架全天分批扫射、投弹；步兵在 10 余辆坦克掩护下向县城多次发起猛攻，亦被川军击退。下午 3 时，王铭章同邹绍孟在滕县街头指挥巷战中牺牲。傍晚，滕县沦陷。

在武汉举行烈士公祭时，第五战区司令长官李宗仁说：“若无滕县之苦守，焉有台儿庄之大捷！台儿庄之结果，实滕县先烈造成也。”中共中央主席毛泽东送挽联“奋战守孤城，视死如归是革命军人本色；决心歼强敌，以身殉国为中华民族争光”致奠。

1984 年 11 月 2 日，四川省人民政府批准邹绍孟为革命烈士。

营长张曼伯(1897—1937)

张曼伯，学名昌裕，富顺县大城乡人。1918 年考入熊克武主办的成都讲武学堂步兵科，毕业后任但懋辛部刘伯承团排长、连长。1926 年，任袁品文旅皮光泽团一营营长。驻防泸州时，参加了刘伯承领导的泸州起义，调任刘伯承部警卫营营长。泸州起义失败后，编入二十四军五旅，驻防富顺县。1937 年，任一二七师三八一旅营长。

抗战爆发后，张曼伯在军长陈离率领下出川抗日，转战于山西各地。11 月 5 日，三八一旅奉命驰援晋东，黄昏抵榆次县明谦村，与日军骑兵遭遇，展开激战。张曼伯指挥全营官兵拼死杀敌，次日下午，旅长杨宗礼及七六一团团长陈麟、七六二团团长周迪生均先后负伤撤出。张曼伯代理团长，率全旅残部继续与敌血战，给敌以重创，所占阵地工事被敌炮摧平，仍顽强坚守，寸土不让。在伤亡惨重粮弹殆尽突围时，张曼伯中弹牺牲。灵柩运回四川，沿途城市民众皆举行公祭。

第三十六集团军总司令部少将高参兼参谋长萧孝泽(1912—1944)

萧孝泽，字海梁，富顺县琵杜乡人。少年时就读于成都石室中学。“九·一八”事变，国土沦丧，萧孝泽立志救国，毅然辍学从军，赴宜宾考入第三十九军军事学校。毕业后调任川军二十九军邓锡侯部先后任排长、连长、副营长。1935 年，调江西星子县中央军校特别训练班受训，后派往河南安阳县任军训教官。1937 年初，调河南省保安司令部高中学生军训团任中队长、大队长。“七·七”卢沟桥事变后，调任河南禹县自卫团司令。1939 年，任豫西师管区第四补充团副团长、许昌国民兵团团长。1942 年，调成都中央军校高教班学习。1943 年 2 月，派任第三十六集团军总司令部任少将高参兼参谋长，在河南省灵宝、陕县、渑池、新安一带担任黄河防务。1944 年春，日军调集 14 万大军向豫西进攻，国民党第一战区司令长官蒋鼎文放弃洛阳西退，致使原定在洛阳与敌决战的李家钰、高树勋等 6 个集团军的防线崩溃。日军乘虚追击，李家钰指挥第三十六集团军的 4 个步兵团，在云梦山抗击日军，掩护友军西撤。李部退至陕县秦家坡，再与敌人遭遇，萧孝泽与总司令李家钰、上校副官周鼎铭等力战殉国。

1985 年，四川省人民政府追认萧孝泽为革命烈士，向其遗孀王藻如颁发了革命烈士证书。

寺峰　杨远华 摄

自贡市档案馆撰写的《自贡的抗日英雄》刊登在《自贡日报》上，右边为肖孝泽事迹

陈绍堂

陈绍堂（1897—1944），四川邻水人，国民革命军陆军第47军104师步兵指挥官。

省级文物保护单位邻水县灵宝山石刻“还我山河”题刻。该题刻右边有小字题款：“中华民国二十八年二月，欢迎抗战军人陈绍堂先生便道游此志感。”

早年投靠李家钰部，历任排长、连长、营长、团长。1937年，任国民革命军陆军第47军104师310旅旅长。全面抗战爆发后，随第47军出川抗战，参加太原会战、同蒲路战役、中条山战役等重要战役，后升任第47军104师步兵指挥官。1939年2月，在重庆养伤期间回到故乡邻水，留下“还我山河”石刻。1944年5月21日，在掩护友军撤退时于陕县以南秦家坡遭遇日军伏击，与李家钰、肖孝泽等同日牺牲。

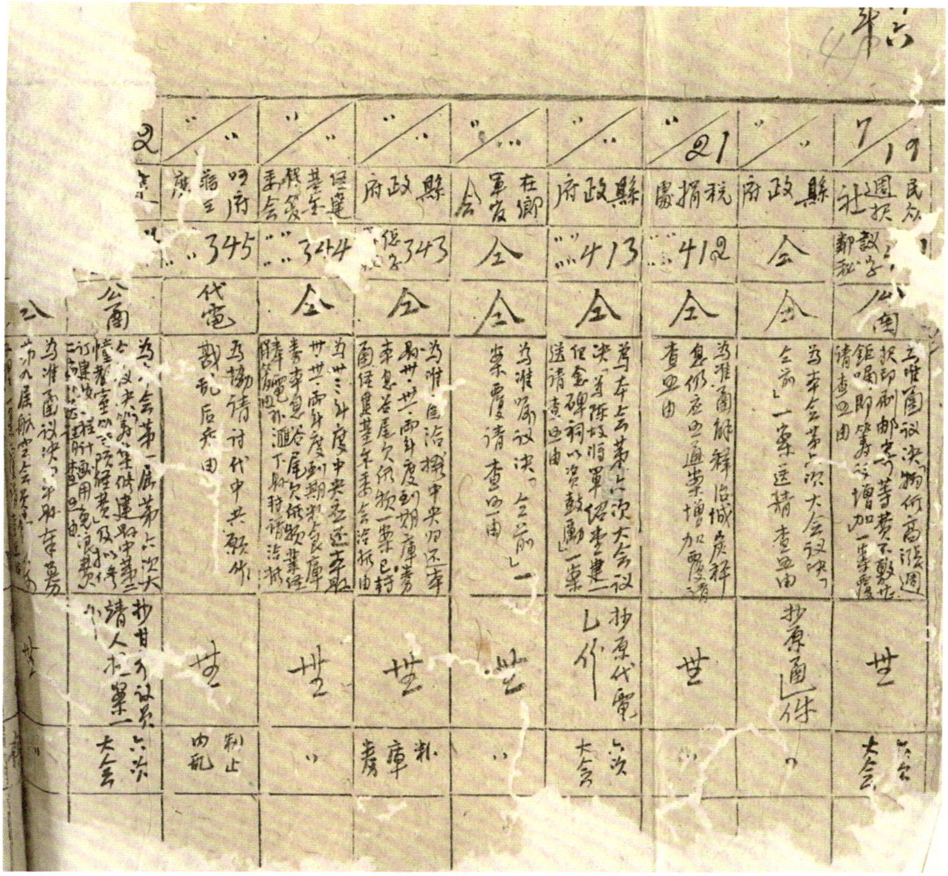

邻水县档案馆馆藏为陈绍堂将军建立纪念祠的档案（右起第四列）

黄永淮

黄永淮（1902—1944），别名黄石夫，四川安岳人，国民革命军陆军第31集团军高级参谋兼新编第29师副师长。

1928年从黄埔军校第5期步兵科毕业，历任国民政府警卫团见习排长、连长。1932年，参加“一·二八”淞沪抗战，战功卓著，递升为营长、团长。1937年8月，在淞沪会战中率部奋力抗敌，身负重伤，伤愈后奉命赴河南许昌、郑州、新乡一线抗击日军。1942年，任国民革命军陆军第31集团军高级参谋兼新编第29师副师长。1943年冬，日军大举进攻中原，在许昌会战中，身陷重围，下肢被敌弹打断，壮烈牺牲，后被国民政府追晋为陆军少将。

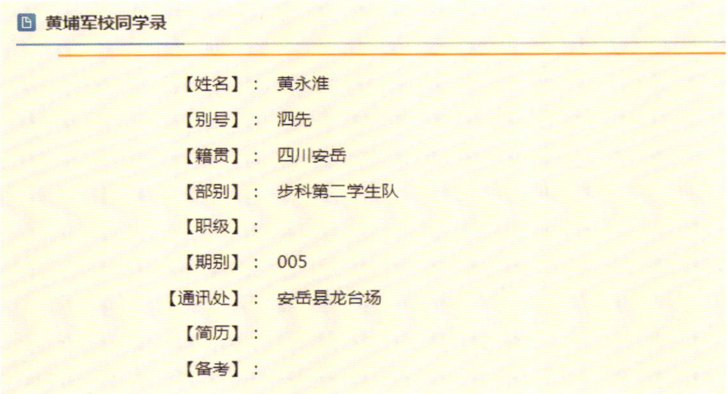

黄埔军校同学录

【姓名】：黄永淮
【别号】：泗先
【籍贯】：四川安岳
【部别】：步科第二学生队
【职级】：
【期别】：005
【通讯处】：安岳县龙台场
【简历】：
【备考】：

浙江档案网《黄埔军校同学录》中黄永淮的信息

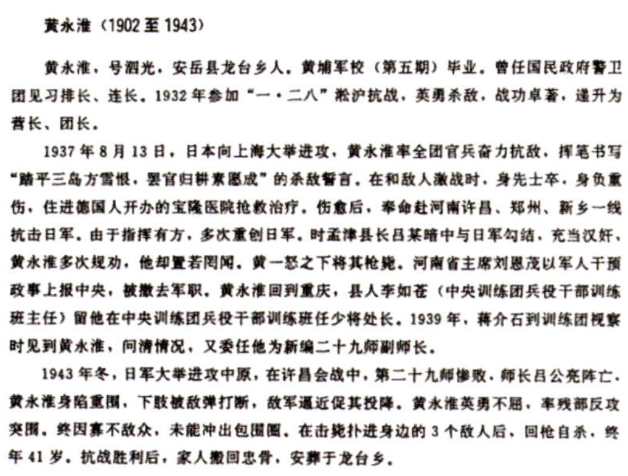

黄永淮（1902至1943）

黄永淮，号泗光，安岳县龙台乡人。黄埔军校（第五期）毕业。曾任国民政府警卫团见习排长、连长。1932年参加“一·二八”淞沪抗战，英勇杀敌，战功卓著，递升为营长、团长。

1937年8月13日，日本向上海大举进攻，黄永淮率全团官兵奋力抗敌，挥笔书写“踏平三岛方雪恨，罢官归耕素愿成”的杀敌誓言。在和敌人激战时，身先士卒，身负重伤，住进德国人开办的宝隆医院抢救治疗。伤愈后，奉命赴河南许昌、郑州、新乡一线抗击日军。由于指挥有方，多次重创日军。时孟津县长吕某暗中与日军勾结，充当汉奸，黄永淮多次规劝，他却置若罔闻。黄一怒之下将其枪毙。河南省主席刘恩茂以军人干预政事上报中央，被撤去军职。黄永淮回到重庆，县人李如苍（中央训练团兵役干部训练班主任）留他在中央训练团兵役干部训练班任少将处长。1939年，蒋介石到训练团视察时见到黄永淮，问清情况，又委任他为新编二十九师副师长。

1943年冬，日军大举进攻中原，在许昌会战中，第二十九师惨败，师长吕公亮阵亡，黄永淮身陷重围，下肢被敌弹打断，敌军逼近促其投降。黄永淮英勇不屈，率残部反攻突围。终因寡不敌众，未能冲出包围圈。在击毙扑进身边的3个敌人后，回枪自杀，终年41岁。抗战胜利后，家人搬回忠骨，安葬于龙台乡。

《安岳县志》（四川人民出版社1993年第1版）关于黄永淮的传记

第二批巴蜀著名抗日英烈

王润波

王润波（1905—1933），字启大，四川开县（今重庆市开州区）人，国民革命军陆军第 17 军 25 师 149 团团长。

1926年从黄埔军校第3期步兵科毕业，留校担任第4、5、6期教官，后受校命赴重庆刘湘部军官训练团任大队长，参加过北伐战争。1930年，调任驻徐州中央军部队。1932年冬，任国民革命军陆军第17军25师75旅149团上校团长。1933年1月，日军增兵热河，逼近长城，妄图向北平、天津进犯，25师奉命由徐州星夜兼程驰援古北口；3月11日拂晓，古北口战役打响，敌我双方反复冲击，战斗异常激烈，他亲率战士们冲锋，被日军炮弹击中，壮烈牺牲，后被国民政府追晋为陆军少将。

坐落于重庆市开州区盛山公园的王润波烈士纪念碑

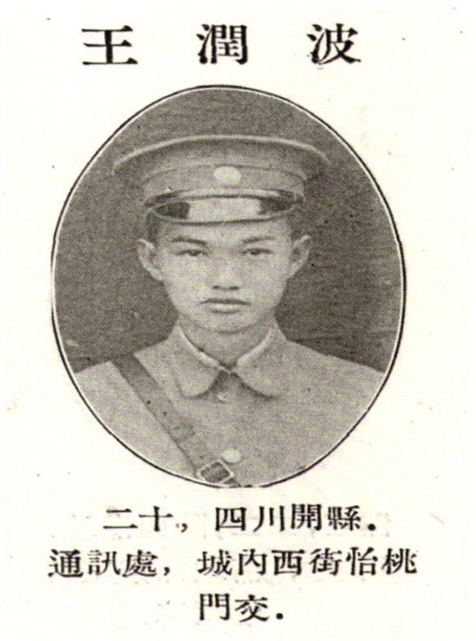

王润波（图片选自浙江省档案馆馆藏《黄埔军校同学录》，含年龄、籍贯、通讯处等信息）

华品章

华品章（1902—1937），四川西昌人，国民革命军陆军第 72 军 88 师补充旅 1 团团长。

华品章（图片选自四川省档案馆藏《黄埔军校同学录》）

1927年从黄埔军校第5期炮兵科毕业，历任国民革命军陆军连长、营长、团长、副旅长等职，曾参加北伐战争。全面抗战爆发后，任国民革命军陆军第72军88师262旅副旅长兼野战补充旅1团团长，率部参加淞沪会战，后奉调参加南京保卫战，镇守中华门、雨花台。1937年12月9日，在日军飞机、坦克、重炮的猛攻下，指挥部队坚守阵地，与日军激战3昼夜，多次击退日军进攻，12日，终因弹尽援绝，在与敌拼杀中壮烈殉国，后被国民政府追晋为陆军少将。

雷震

雷震（1902—1937），原名汝勤，四川蒲江人，中央陆军军官学校教导总队第 3 旅副旅长。

雷震（图片选自晋察冀民族抗日研究会官网）

1925年从黄埔军校第2期炮兵科毕业，留校任军械处党代表。1926年随国民革命军第四军蔡廷锴部参加北伐战争。1932年任第十九路军蔡廷锴部上校团长，参加“一·二八”淞沪抗战。1936 年任中央陆军军官学校教导总队第2团第1营营长。全面抗战爆发后，率部参加淞沪会战，11月，调南京任中央陆军军官学校教导总队第3旅副旅长；12月，参加南京保卫战，坚守紫金山阵地；12月13日，掩护军民于下关火车站突围，指挥官兵抗击日寇，力战阵亡，后被国民政府追晋为陆军少将。

解固基

解固基（1897—1937），字体泉，四川崇宁（今成都市郫都区）人，国民革命军陆军第43军26师152团团长。

解固基

1919年考入四川宪兵兵弁学校，后历任排长、连长、营长。1928年冬，任川军郭汝栋部2团营长。1933年，从南京中央陆军军官学校高教班第4期毕业。1937年升任国民革命军陆军第43军26师152团团长。同年10月到达淞沪前线，在浏河至大场一带阵地与日军血战7昼夜，多次击退日军进攻；23日，率部插入日军阵地，左臂被打断，仍忍痛指挥战斗，终因流血过多，战死沙场。

王麟

王麟（？—1938），四川荣昌（今重庆市荣昌区）人，国民革命军陆军第41军124师740团团长。

重庆历史名人馆内的王麟像

1918年加入川军，历任排长、连长、营长、团长、军官训练总队总队长。1931年春任北川县长，致力于减轻赋税，倡导官员廉洁奉公，关心民间疾苦。1932年3月，赴庐山军官训练团、南京中央陆军军官学校高教班受训。1937年10月，随部赴山西前线抗战。1938年年初，调山东滕县界河一线阻击日军；3月16日午后，奉命火速驰援滕县县城，固守县城东关防务；3月17日，在城破后的巷战中中弹牺牲，后被国民政府追晋为陆军少将。

川军滕县界河前线防御阵地

杨怀

杨怀（1897—1938），字绍卿，四川綦江（今重庆市綦江区）人，国民革命军陆军第18军60师180旅359团团长。

杨怀遗像（图片选自晋察冀民族抗日研究会官网）

1925年接受川军改编，任大队长、团长。全面抗战爆发后，出川抗战，参加淞沪会战，后任国民革命军陆军第18军60师180旅359团团长，在江苏溧阳、樟树等地深入敌后打游击，牵制日军进攻，随后参加了金鸡岭战役，又奉命开往江苏戴埠休整待命，遇日军猛攻丢失阵地。1938年4月5日夜，为了夺回戴埠，率领特务排夜袭敌营，为掩护战友，胸部、头部连中数弹，壮烈牺牲。

邹绍孟

邹绍孟（1895—1938），字慕陶，四川荣县人，国民革命军陆军第41军124师参谋长。

1916年加入川军，历任少尉见习官、排长、上尉分队长、营长、参谋主任等职。1935年任国民革命军陆军第41军124师参谋长。1937年9月，随部出川抗日，奉命驰援晋东娘子关阻击日军，后随部奉调鲁南抗击日军，防守津浦线北段。1938年1月，随部驻守滕县；3月14日至17日，在第41军代理军长王铭章指挥下，与日军矶谷师团进行激烈争夺战；17日下午，日军由城墙缺口攻入城内，在巷战中壮烈牺牲。1938年3月11日，邹绍孟写下最后一份家书，教导儿子要立志向上，学好本领，担当捍卫国家与复兴中华民族的重任，牺牲后家书方到家人手中，后被广为传颂，激励国人抗战到底。

邹绍孟（图片选自晋察冀民族抗日研究会官网）

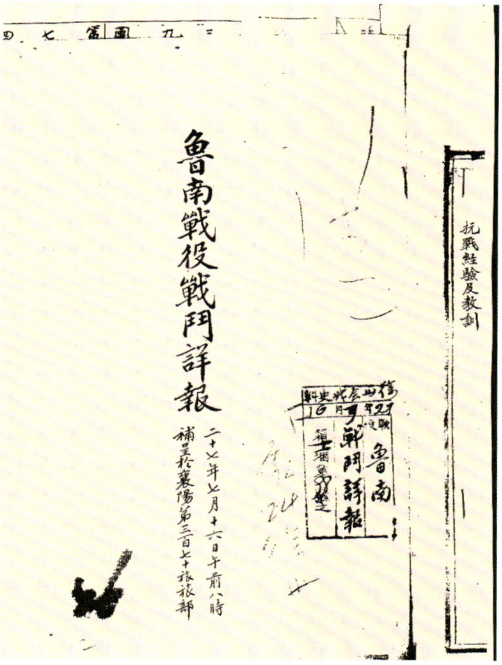

魯南戰役戰鬥詳報

二十七年七月十六日午前八時
補呈於襄陽第三百七十旅旅部

抗戰經驗及教訓

魯南戰鬥詳報

第41军124师370旅鲁南战役战斗详报

陈一华

陈一华（1911—1939），原名陈凯，四川宣汉人，八路军第120师雁北第6支队参谋长。

陈一华（图片选自晋察冀民族抗日研究会官网）

1932年参加红军，不久加入中国共产党，随后参加长征。1936年到达陕北后，在中央党校第2班学习。七七事变后，随八路军120师东渡黄河，挺进雁北，创建抗日根据地。1938年，奉上级指示重建左右凉抗日根据地，任中共左右凉县委书记，左右凉县地方武装得到发展壮大，多次深入敌据点打击敌人，为巩固扩大敌后根据地做了大量工作。1939年6月17日，左右凉县委在凉城西双树村召开县委扩大会议，第二天凌晨遭到日军袭击被围，在组织游击队掩护干部群众突围时不幸牺牲。

陈一华长眠之地——内蒙古革命烈士陵园

周文富

周文富（1902—1940），字绍尊，四川双流（今成都市双流区）人，国民革命军陆军第 7 军 171 师 1021 团团长。

曾任双流县立第一小学校长。全面抗战爆发后，因感于民族危机深重，毅然投笔从戎，历任排长、连长、营长、团长。1940年4月，日军由湖北黄安（今红安）、河口、宋埠分路北犯，占领七里坪，周文富奉命率部阻击日军，在龙王山南麓与敌展开血战，不幸被日军包围，战况十分不利，迅即组织部队成功突围，但因伤亡重大，深感自责，于12日凌晨自杀殉国。

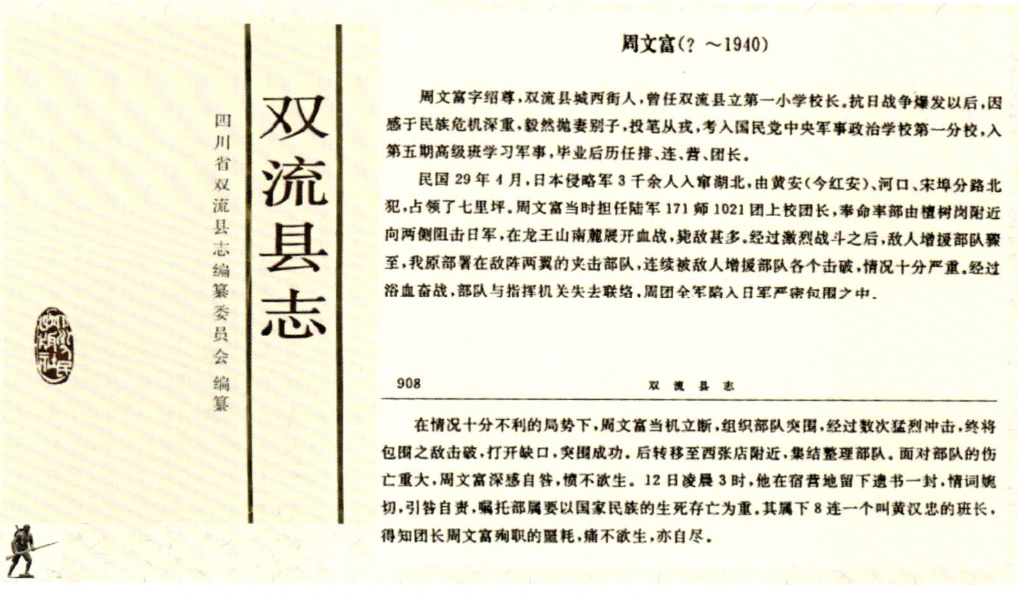
双流县志

四川省双流县志编纂委员会 编纂

周文富（？～1940）

周文富字绍尊，双流县城西街人，曾任双流县立第一小学校长。抗日战争爆发以后，因感于民族危机深重，毅然抛妻别子，投笔从戎，考入国民党中央军事政治学校第一分校，入第五期高级班学习军事，毕业后历任排、连、营、团长。

民国 29 年 4 月，日本侵略军 3 千余人入窜湖北，由黄安（今红安）、河口、宋埠分路北犯，占领了七里坪。周文富当时担任陆军 171 师 1021 团上校团长，奉命率部由檀树岗附近向两侧阻击日军，在龙王山南麓展开血战，毙敌甚多。经过激烈战斗之后，敌人增援部队骤至，我原部署在敌阵两翼的夹击部队，连续被敌人增援部队各个击破，情况十分严重。经过浴血奋战，部队与指挥机关失去联络，周团全军陷入日军严密包围之中。

908　双流县志

在情况十分不利的局势下，周文富当机立断，组织部队突围，经过数次猛烈冲击，终将包围之敌击破，打开缺口，突围成功。后转移至西张店附近，集结整理部队。面对部队的伤亡重大，周文富深感自咎，愤不欲生。12 日凌晨 3 时，他在宿营地留下遗书一封，情词婉切，引咎自责，嘱托部属要以国家民族的生死存亡为重。其属下 8 连一个叫黄汉忠的班长，得知团长周文富殉职的噩耗，痛不欲生，亦自尽。

《双流县志》（四川人民出版社1992年8月第1版）中关于周文富的传略

凌则之

凌则之（1911—1940），原名凌家增，字季瑜，四川屏山人，八路军第129师决死1纵队25团政治委员。

凌则之（图片选自宜宾市档案信息网）

1934年考入清华大学物理系，后转读社会系，被选入学生自治会工作。1935年“一二九”学生运动中，是清华大学的积极参加者和领导者之一。1936年5月加入中国共产党。全面抗战爆发前夕，奉党的指示，率领一批平津青年到山西参加抗日救亡工作，改名凌则之。1939年年底，任八路军第129师决死1纵队25团政治委员。1940年8月，率部参加百团大战，在正太路战斗中，攻克寿阳车站，破坏铁路数十里，并多次配合友军粉碎敌人“扫荡”；10月，在第二次反“扫荡”中担任阻击任务，不幸殉国。

舒汉璧

舒汉璧（1907—1940），又名正均，四川泸州（今泸州市江阳区）人，国民革命军陆军新编13师工兵营营长。

舒汉璧（图片选自晋察冀民族抗日研究会官网）

早年毕业于重庆军官学校，后在南京工兵专科学校深造。毕业后，任川军21军少校营长。全面抗战爆发后，随国民革命军陆军第30集团军出川抗战，率部转战于湖北、江西等地，多有战功，是抗战时期少见的成绩卓著的特种工兵人才。因率部多次奔袭日军据点，日军恨之入骨，派人四处侦查。1940年12月，被日军重兵围困于湖北阳新百叠山一带，与敌奋战3昼夜，终因弹尽粮绝被俘，被日军百般折磨，宁死不屈，英勇牺牲。

张雅韵

张雅韵（1898—1941），四川简阳（今属成都市龙泉驿区）人，国民革命军陆军第 72 军新编 15 师 44 团团长。

早年在家乡私塾教书，后投笔从戎，加入川军，并进入军校学习军事，由录事（文书）累迁至炮兵营长。1939年，任国民革命军陆军第72军新编15师44团团长，出川抗战。因作战英勇，多次受到嘉奖。1941年春，日军集结重兵进犯江西上高，率部坚守水口圩，多次打退日军进攻；3月24日，日军出动大量飞机，轮番轰炸前沿阵地，44团团部被炸毁，张雅韵不幸壮烈牺牲，后被国民政府追晋为陆军少将。

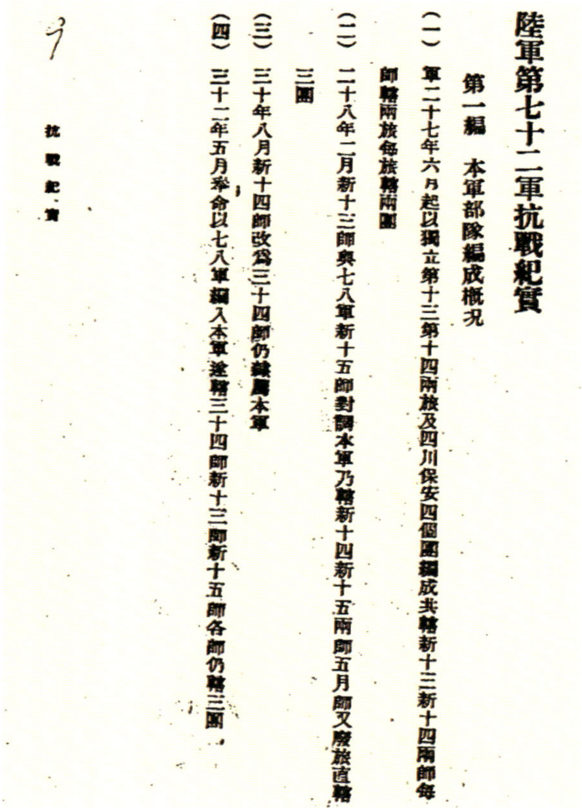
陸軍第七十二軍抗戰紀實

第一編　本軍部隊編成概況

(一) 軍二十七年六月起以獨立第十三第十四兩旅及四川保安四個團編成共轄新十三新十四兩師每師轄兩旅每旅轄兩團

(二) 二十八年二月新十三師與七八軍新十五師對調本軍乃轄新十四新十五兩師五月師又廢旅直轄三團

(三) 三十年八月新十四師改爲三十四師仍隸屬本軍

(四) 三十二年五月奉命以七八軍編入本軍遂轄三十四師新十三師新十五師各師仍轄三團

抗戰紀實

国民革命军陆军第72军抗战纪实

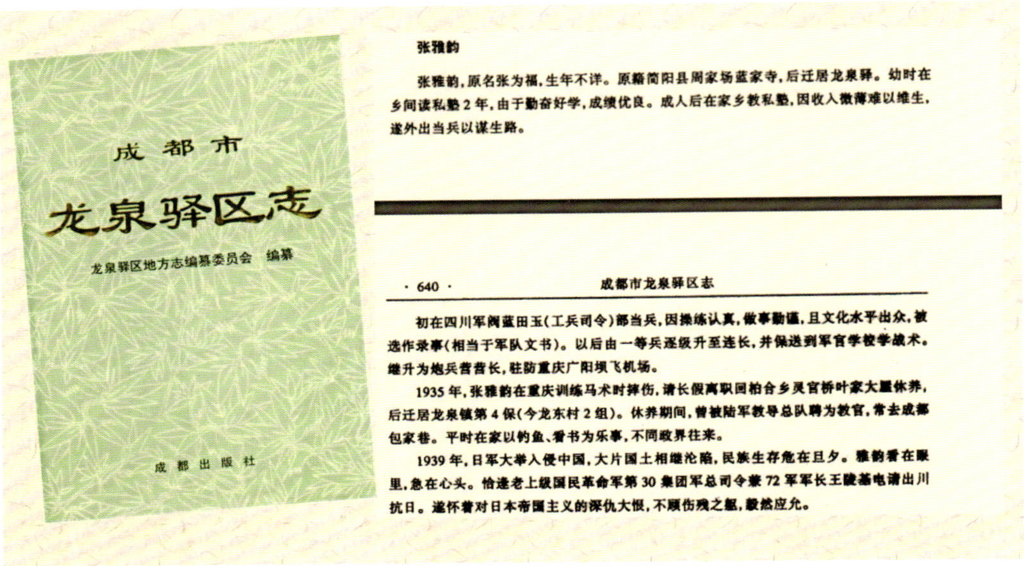

张雅韵

张雅韵，原名张为福，生年不详。原籍简阳县周家场蓝家寺，后迁居龙泉驿。幼时在乡间读私塾2年，由于勤奋好学，成绩优良。成人后在家乡教私塾，因收入微薄难以维生，遂外出当兵以谋生路。

· 640 · 成都市龙泉驿区志

初在四川军阀蓝田玉（工兵司令）部当兵，因操练认真，做事勤谨，且文化水平出众，被选作录事（相当于军队文书）。以后由一等兵逐级升至连长，并保送到军官学校学战术。继升为炮兵营营长，驻防重庆广阳坝飞机场。

1935年，张雅韵在重庆训练马术时摔伤，请长假离职回柏合乡灵官桥叶家大星休养，后迁居龙泉镇第4保（今龙东村2组）。休养期间，曾被陆军教导总队聘为教官，常去成都包家巷。平时在家以钓鱼、看书为乐事，不同政界往来。

1939年，日军大举入侵中国，大片国土相继沦陷，民族生存危在旦夕。雅韵看在眼里，急在心头。恰逢老上级国民革命军第30集团军总司令兼72军军长王陵基电请出川抗日。遂怀着对日本帝国主义的深仇大恨，不顾伤残之躯，毅然应允。

《龙泉驿区志》（成都出版社1995年12月第1版）中关于张雅韵的传记

曹介

曹介（1919—1943），四川宜宾（今宜宾市翠屏区）人，中共萧宿铜中心县委书记。

曹介

曾就读于武汉大学，在校期间加入中国共产党。1935年参加红军，后参加长征。1938年从抗日军政大学毕业，分配到新四军任营长。1939年赴皖东北开辟抗日根据地。1940年年初，任宿东县股北区委书记、区大队长兼教导员。1941年6月，任宿东县委书记。1942年11月，任萧宿铜中心县委书记。1943年3月中旬，在萧宿铜县闵贤集召开全县区乡干部会议，布置反“扫荡”工作，3月20日，被日本警备队抓获。敌人对他施以酷刑并百般利诱，他始终坚贞不屈。同年7月，在押解途中跳车逃跑，被日本宪兵枪杀，壮烈牺牲。

王家让

王家让（1912—1944），四川渠县人，国民革命军陆军第 13 军辎重兵团团长。

青年时代就读于上海浦东中学。1932年考入日本陆军士官学校学习，1935年毕业回国，在中央陆军军官学校成都分校任教官。1938年考入陆军大学第16期学习，1940年毕业后被分配至国民革命军陆军第13军，历任第13军4师少将参谋长、少将课长和辎重兵团少将团长。1944年5月，参加豫中会战，于河南省临汝县风穴寺附近指挥作战时，在马背上中弹牺牲。

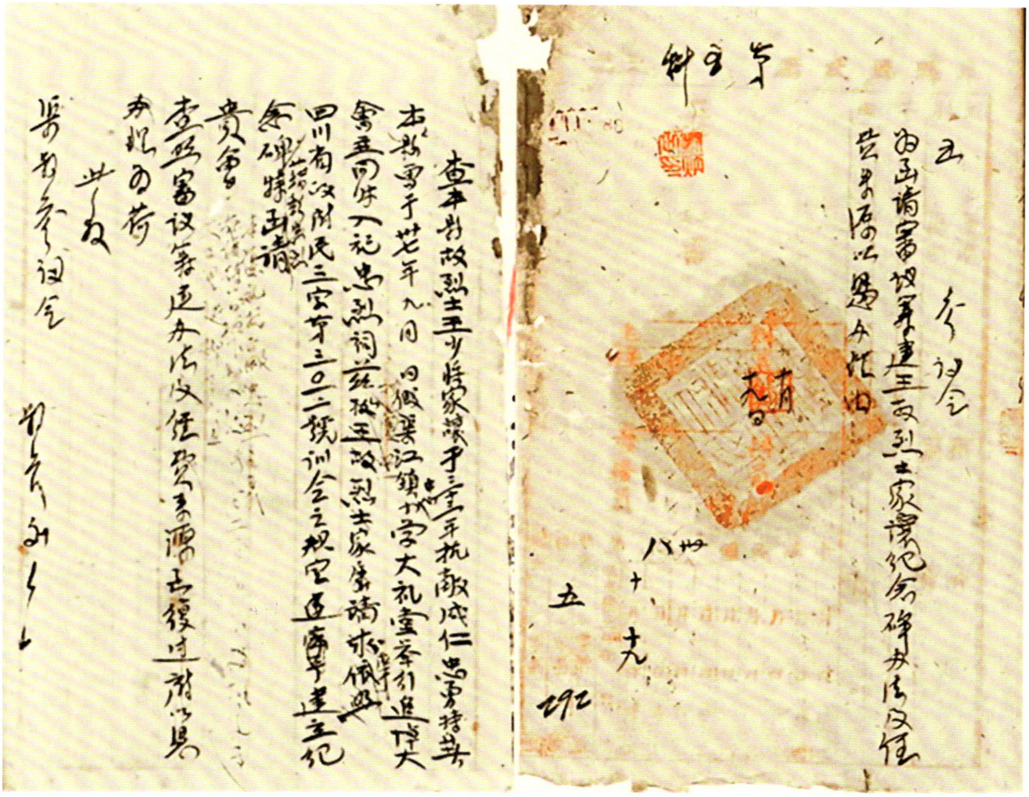

1949年10月19日渠县政府为审议筹建王家让烈士纪念碑办法等致县参议会函（原件藏渠县档案馆）

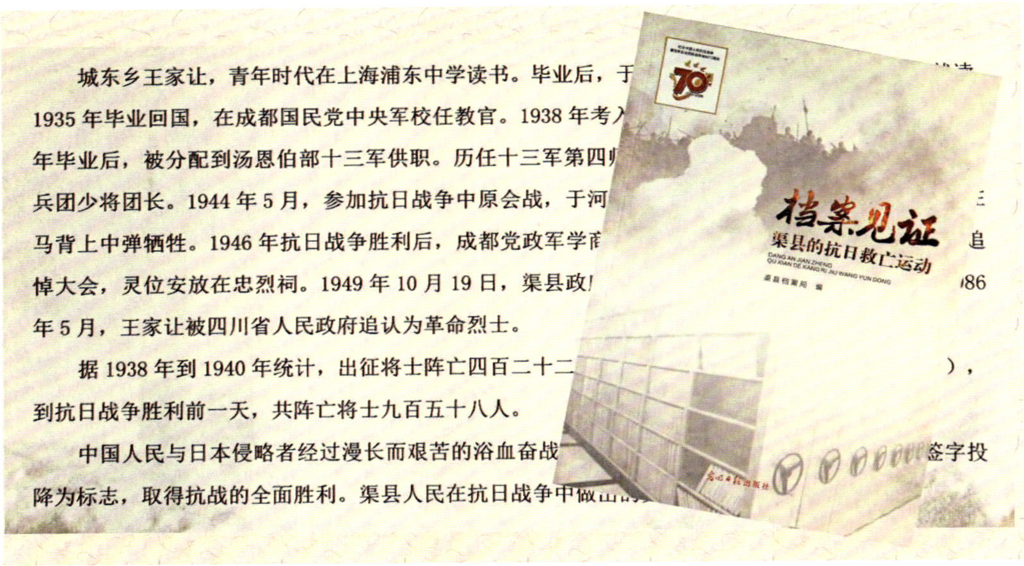
城东乡王家让，青年时代在上海浦东中学读书。毕业后，于
1935 年毕业回国，在成都国民党中央军校任教官。1938 年考入
年毕业后，被分配到汤恩伯部十三军供职。历任十三军第四师
兵团少将团长。1944 年 5 月，参加抗日战争中原会战，于河
马背上中弹牺牲。1946 年抗日战争胜利后，成都党政军学商
悼大会，灵位安放在忠烈祠。1949 年 10 月 19 日，渠县政
年 5 月，王家让被四川省人民政府追认为革命烈士。
据 1938 年到 1940 年统计，出征将士阵亡四百二十二 … ），
到抗日战争胜利前一天，共阵亡将士九百五十八人。
中国人民与日本侵略者经过漫长而艰苦的浴血奋战 … 签字投
降为标志，取得抗战的全面胜利。渠县人民在抗日战争中做出的

渠县档案馆编著的《档案见证——渠县的抗日救亡运动》中有关王家让烈士的内容

袁治

袁治（1892—1938），字海清，四川泸县人，国民革命军陆军第 23 集团军第 144 师第 442 旅旅长。

袁治（图片由其家人提供）

1937年率部出川抗战，驰援南京，后奉命移师皖南留溪、南陵守卫江防。1938年11月21日，2艘日舰数千兵力强攻留溪，袁治在战斗中壮烈牺牲，后被国民政府追晋为陆军中将。

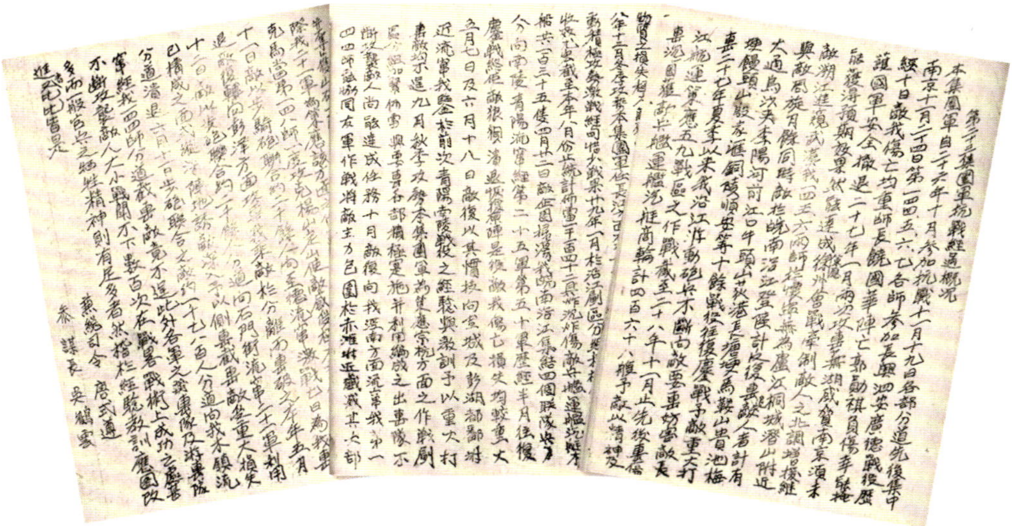

第23集团军144师等抗战经过概况

王超奎

王超奎（1907—1941），四川涪陵（今重庆市武隆区）人，国民革命军陆军第20军第133师第398团2营营长。

王超奎（图片选自中国网，由武隆区档案馆提供）

1930年加入川军，全面抗战爆发后，随部出川参加淞沪会战，后相继参与安庆、桐城、武围战斗。1939年9月，参加第一次长沙会战，战绩卓著，由连长升任营长。1941年9月，参加第二次长沙会战；12月参加第三次长沙会战，25日，与500余官兵陷入日军包围，拼死搏杀，壮烈牺牲。国共两党军政要人曾称赞他为抗日英雄、“断头将军”。

杨万兴

杨万兴（1912—1942），四川巴县（今重庆市巴南区）人，八路军第115师教导第1旅第1团团长。

1932年参加中国工农红军，1933年加入中国共产党，后参加长征。1937年10月，参加晋北夜袭阳明堡战斗。1942年11月，奉命率部攻打蒙阴垛庄日伪据点，激战中壮烈牺牲。

夜袭阳明堡（油画），周武发作

彭为工

彭为工（1923—1942），四川成都人，八路军总部电台队长。

1937年，参加中国共产党直接领导的革命青年秘密核心组织——中华民族解放先锋队成都分队。同年12月，与张露萍等赴延安学习，被分配到抗日军政大学3大队，后到中央军委通讯学校学习无线电通讯技术。1939年年初，到华北八路军总部任电台队长。1942年5月3日下午，随左权将军在山西对日寇的反“扫荡”战斗中光荣牺牲。

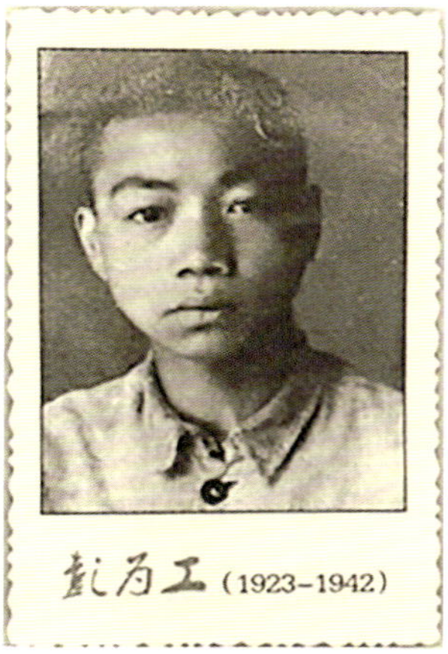

彭为工（图片选自成都英烈网）

彭仕复

彭仕复（图片由其家人提供）

彭仕复（1901—1944），四川蒲江人，国民革命军陆军第36集团军第47军第178师第532团团长。

1937年率部北上抗日，驻防山西长治，先后在松塔、平陆、夏县、张良村等地开展游击战，袭扰、打击日军，屡获战果。1944年5月奉命掩护友军撤退，13日转战到河南新安县河上沟村，遇日军袭击，激战中被榴霰弹击中殉国。

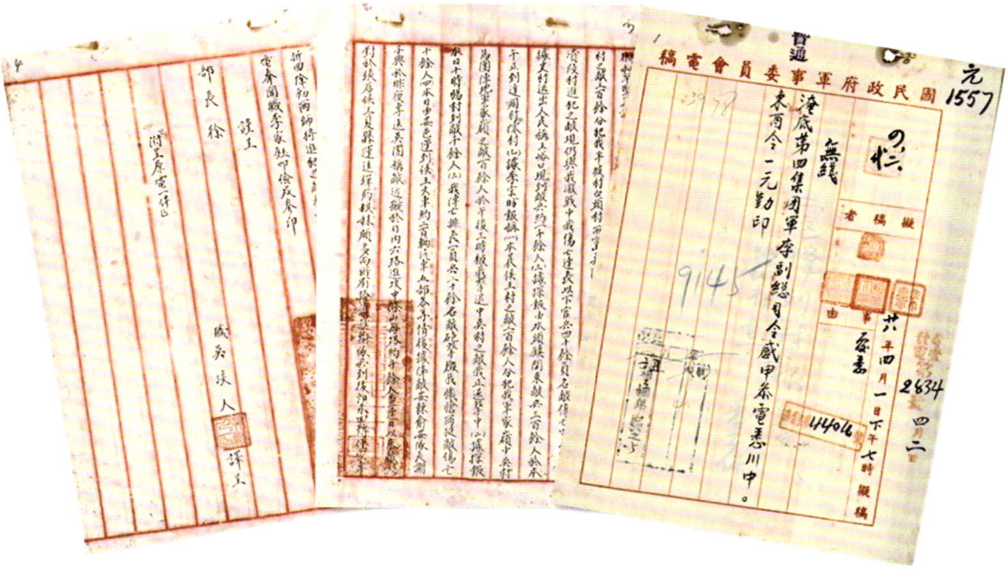
國民政府軍事委員會電稿
元1557

第36集团军总司令李家钰在渑底等地所发关于178师等作战情况的军事文电

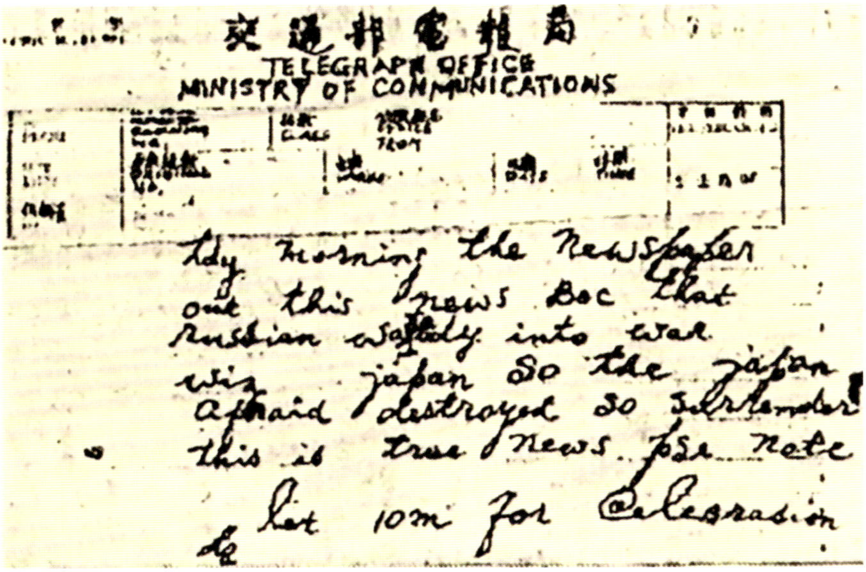
交通部電報局
TELEGRAPH OFFICE
MINISTRY OF COMMUNICATIONS

tdy morning the newspaper
out this news Boc that
Russian wafedly into war
wiz japan so the japan
afraid destroyed so surrender
this is true news pse note
let 10m for Celebrasion

1945年8月由西安发往成都告知抗战胜利消息的电报。内容为：“今晨从报纸上得知，苏军对日作战获胜。日军害怕覆灭所以投降，此消息千真万确。让我们停止工作十分钟来庆祝胜利！”

川军战士欢庆胜利

1944年7月，在成都东城门落成的“川军抗日阵亡将士纪念碑”

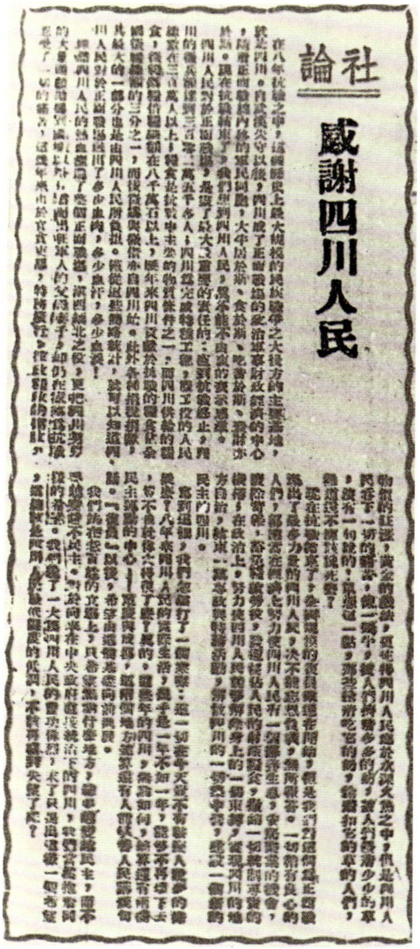

社論

感謝四川人民

《新华日报》1945年10月8日社论《感谢四川人民》

四川作为抗战后方基地，为中国人民抗日战争的最后胜利作出了伟大贡献。我们缅怀抗日英烈的生平事迹，追忆他们的英雄壮举，铭记他们的丰功伟绩，牢记历史、勿忘国耻，珍视和平、警示未来，具有深远的历史意义和重大的现实意义。伟大的抗战精神将永远激励巴蜀儿女为实现中华民族的伟大复兴而努力奋斗！

注：

文中未标注出处的档案图片全部选自《川人抗战档案文献图集》（四川省档案馆编著，四川人民出版社2015年8月第1版）。

7 致敬最可爱的人
——记四川抗美援朝运动

1950年10月，中国人民志愿军跨过鸭绿江，揭开了抗美援朝、保家卫国的光辉篇章。获得解放不足一年的巴蜀儿女，发扬艰苦奋斗、勇于奉献、不怕牺牲、不屈不挠的斗争精神，踊跃开展抗美援朝运动，积极出钱出力出人，为抗美援朝战争的最后胜利作出了巨大牺牲和贡献，3万多烈士长眠他乡，涌现出黄继光、邱少云、伍先华、胡修道、柴云振、黄家富、谭炳云等众多战斗英雄。在此辑选有关档案资料，致敬最可爱的人，以铭记历史、缅怀先烈、留存记忆，激励新时代的巴蜀儿女团结一心、牢记使命、砥砺前行，共同创造更加美好的新生活。

开展运动　澄清思想

1950年6月25日朝鲜战争爆发，为保卫新生的人民共和国，为新中国赢得发展环境和机遇，经过艰难抉择，中共中央于10月8日作出“抗美援朝、保家卫国”的战略决策，毛泽东发出《给中国人民志愿军入朝作战的命令》，19日中国人民志愿军在彭德怀司令员的率领下进入朝鲜，25日发起入朝后的第一次战役，抗美援朝战争正式打响。26日中共中央发出关于在全国进行时事宣传的指示，负责领导全国抗美援朝运动的中国人民保卫世界和平反对美国侵略委员会（简称抗美援朝总会）在北京成立，11月至12月，川东、川南、川西、川北行署区各级分会、支会相继成立，通过报纸、书刊、广播、板报、大字报、漫画和组织学习、时事报告、座谈、集会游行等多种形式的宣传，有组织、有领导、有计划地开展抗美援朝、保家卫国运动，纠正了机关干部、民主党派、知识分子、工人、学生、农民群众中媚美、崇美、恐美的错误认识，澄清了混乱思想，增强了民族自信心和自尊心，掀起了抗美援朝保家卫国的热潮。

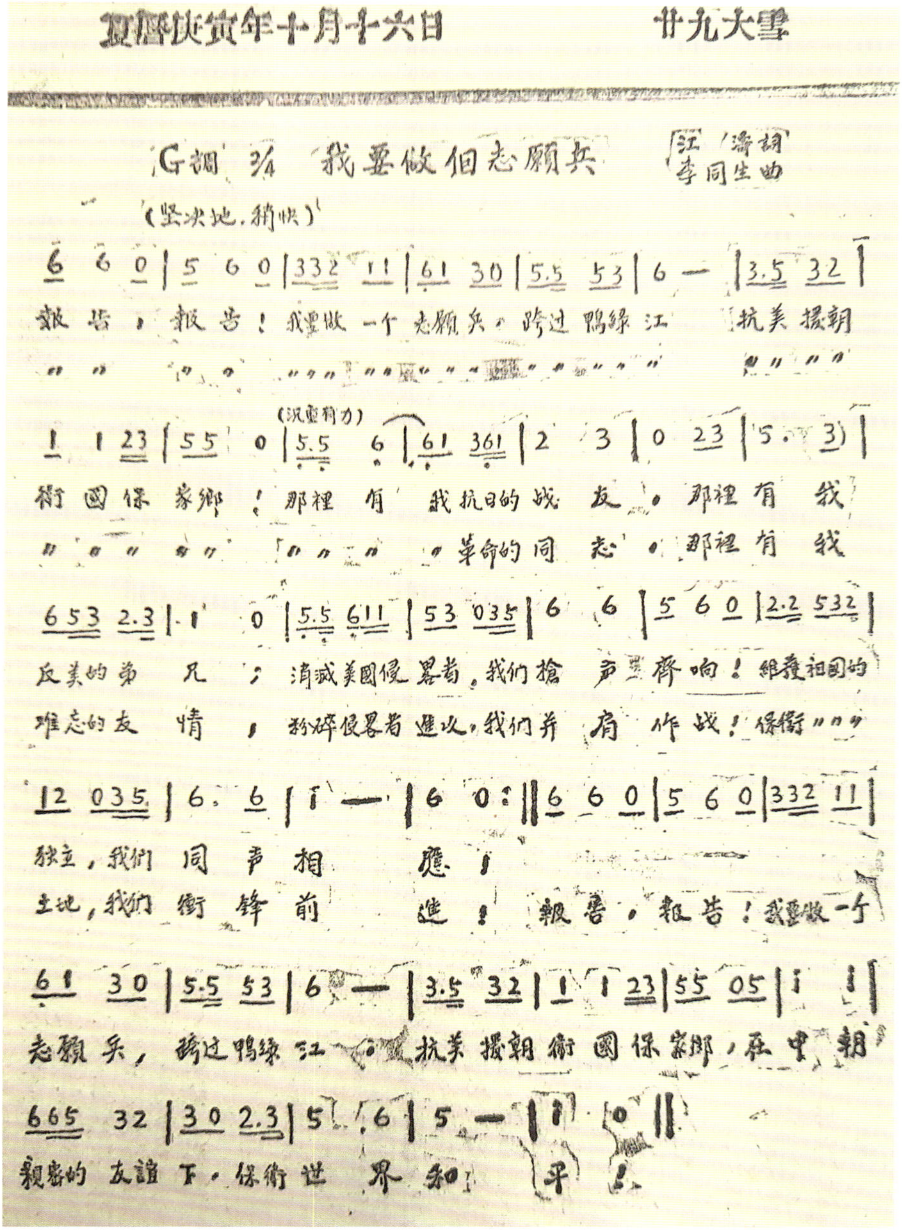

《新华日报》登载的抗美援朝歌曲《我要做个志愿兵》

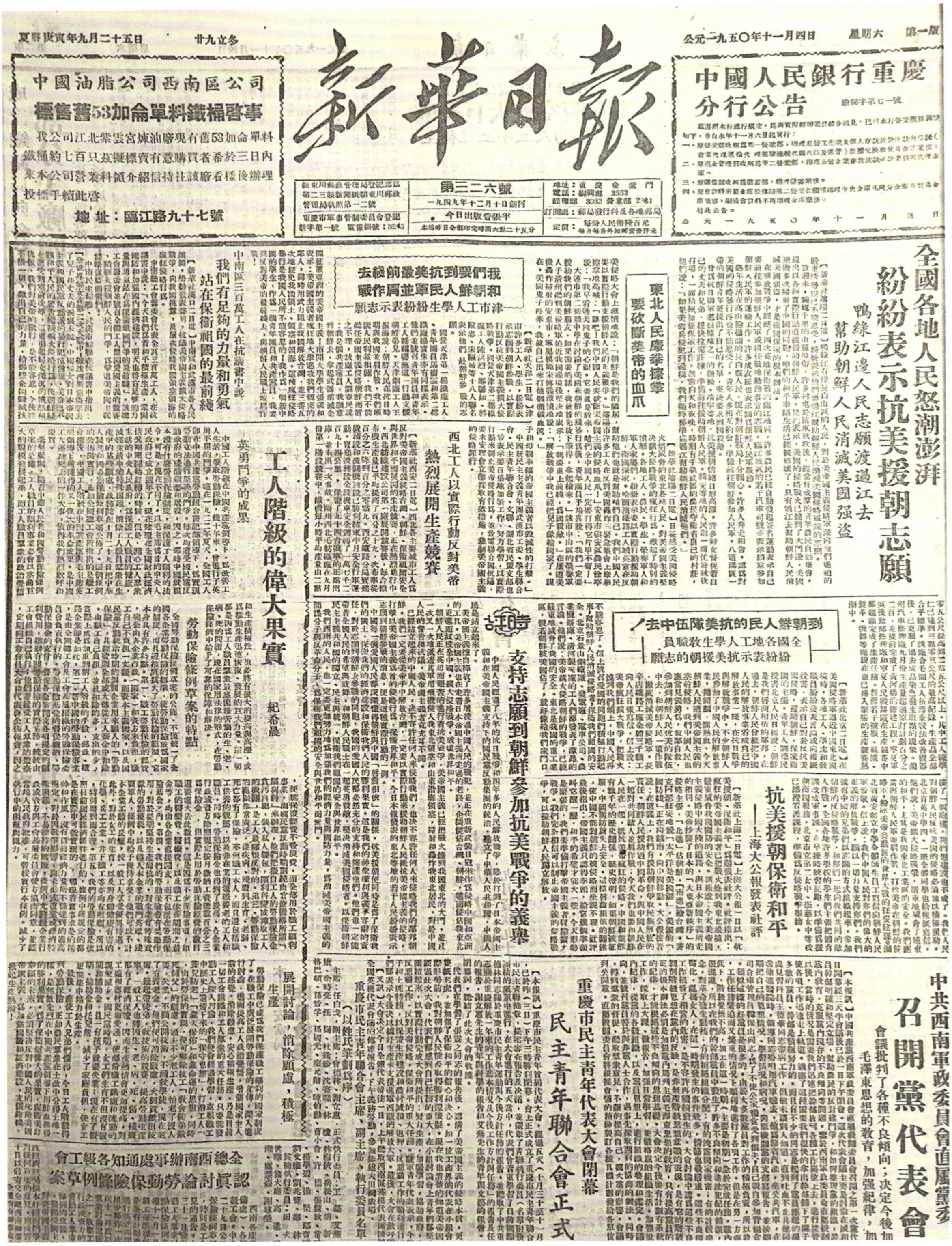
新華日報

公元一九五〇年十一月四日 星期六 第一版

第三二六號

中國人民銀行重慶分行公告

中國油脂公司西南區公司
標售舊53加侖單料鐵桶啓事

全國各地人民怒潮澎湃
紛紛表示抗美援朝志願
鴨綠江邊人民志願渡過江去
幫助朝鮮人民消滅美國強盜

東北人民摩拳擦掌
要砍斷美帝的血爪

我們要到抗美最前線去
和朝鮮人民軍並肩作戰
——津市工人學生紛紛表示志願

中南區三百萬工人在抗議書中說
我們有足夠的力量和勇氣
站在保衛祖國的最前綫

西北工人以實際行動反對美帝
熱烈展開生産競賽

工人階級的偉大果實
——英勇鬥爭的成果
紀希晨

勞動保險條例草案的特點

支持志願到朝鮮參加抗美戰爭的義舉

到朝鮮人民的抗美隊伍中去
全國各地工人學生教職員
紛紛表示抗美援朝的志願

抗美援朝保衛和平
——上海大公報發表社評

中共西南軍政委員會直屬黨委
召開黨代表會

重慶市民主青年代表大會閉幕
民主青年聯合會正式

全總西南辦事處通知各級工會
認真討論勞動保險條例草案

《新华日报》关于拥护和支持抗美援朝的报道

征兵扩军　开赴前线

1950年11月2日，邓小平在西南人民革命大学第二期开学典礼上，针对社会上存在的问题，作关于反对恐美、崇美、亲美的报告。9日，《新华日报》公布志愿军入朝参战消息，广大四川青壮年热烈响应祖国召唤，踊跃报名参加志愿军。随后，四川开展了大规模志愿兵征集工作，主要补充入朝作战部队。扩军以“抗美援朝，保家卫国”为主题，在人民群众中产生广泛影响，各地出现“参军热”，父母送子参军、妻送夫参军、兄弟争先参军的现象十分普遍。据不完全统计，四个行署区在抗美援朝期间共扩军60余万人。

同时，中共中央西南局及西南军区决定抽调中国人民解放军第10、11、12、15、16、60等6个军参加抗美援朝作战。12月，川东军区炮兵2师两个团，12军31、34、35师及炮兵6团约5.4万人，60军179、180师和61军181、独1师及18兵团炮兵约4万人出川抗美援朝。1951年1月，15军29、44、45师及炮兵9团乘船东下，出川抗美援朝；2月，四个行署区陆续输送16万新兵补入部队；3月20日，11军32、33、182师由万县调往华北，待命参战；4月11日，10军28、30、184师由泸州出发参加抗美援朝；5月，川北军区补训1、2师，川东军区补训3、4、5师约5万人出川作战；6月5日，川西军区补训7师出川作战。截至1951年9月，驻川部队和防化兵学校以及各军区组建的后勤分部、兵站、医院、汽车团、辎重团等保障部队共53万余人，骡马6 378匹，陆续出川参加抗美援朝作战和服务。

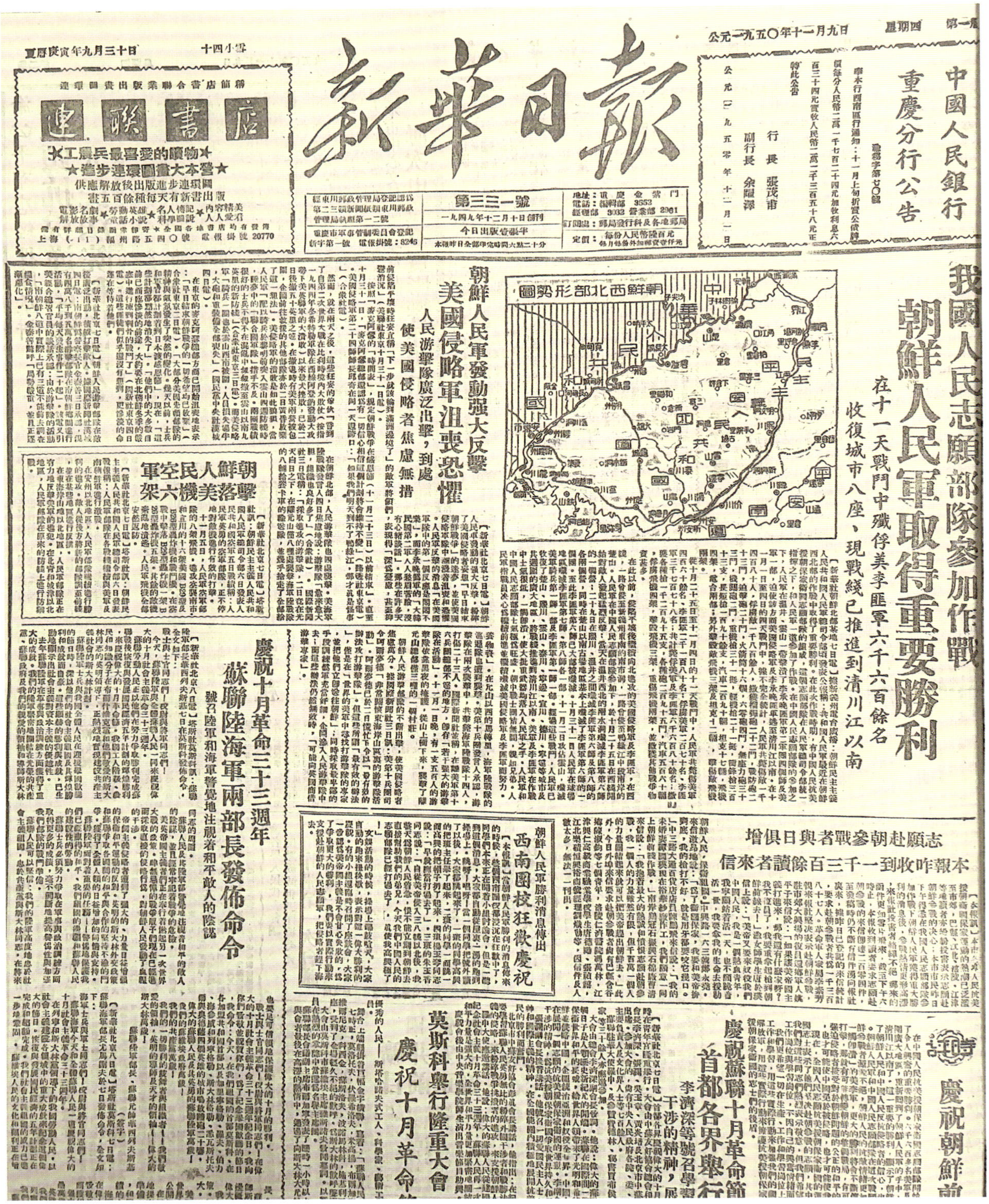
新華日報

公元一九五〇年十一月九日 星期四

中國人民銀行重慶分行公告

聯書店

我國人民志願部隊參加作戰
朝鮮人民軍取得重要勝利
在十一天戰鬥中殲俘美李匪軍六千六百餘名
收復城市八座、現戰線已推進到清川江以南

朝鮮人民軍發動強大反擊
美國侵略軍沮喪恐懼
人民游擊隊廣泛出擊，到處使美國侵略者焦慮無措

朝鮮西北部形勢圖

朝鮮人民空軍擊落美機六架

慶祝十月革命三十三週年
蘇聯陸海軍兩部長發佈命令

志願赴朝參戰者與日俱增
本報昨收到一千三百餘讀者來信

朝鮮人民軍勝利消息傳出
西南團校狂歡慶祝

慶祝蘇聯十月革命節
首都各界舉行

莫斯科舉行隆重大會
慶祝十月革命

慶祝朝鮮

1950年11月9日《新华日报》关于志愿军参加作战的报道

保障后勤　志愿服务

1950年，四个行署区各级后勤机关积极为出川部队补充经费、物资，配齐各类后勤人员，保证部队齐装满员开赴前线。1951年又拨出经费402万元，临时补助377.7万元，配发被服、装具82种6 879吨，调出病床1.36万张，卫生人员1.22万名，补发常用医疗器械169种2 000件和一个季度的药材、经费。同时，后勤部门在重庆、广元、宝鸡、宜昌、汉口、金城江、长沙等地设置粮站，协同地方政府为部队补给大米2 057万公斤、马料2 313万公斤。与当地政府联合组成运输指挥部，在各登船、登车地点设置指挥所，采取军地结合，水陆并进，由川江东运、川陕公路北运、黔桂公路运至金城江、湘黔公路运至长沙上火车等多路运输模式，累计使用火车68列9 224个车皮、汽车8 687台、轮船525艘、木船367只，保证了参战部队和作战物资及时到达作战集结地域。

抗美援朝期间，四川各地人民群众积极组织志愿服务队，赴抗美援朝前线开展志

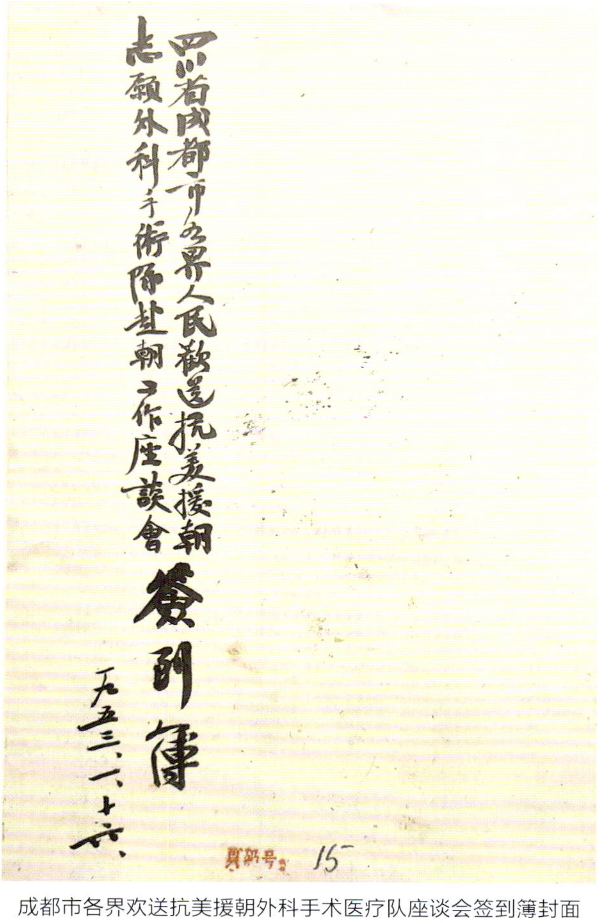

成都市各界欢送抗美援朝外科手术医疗队座谈会签到簿封面

愿服务。1950年，225名医师、护士、药剂、行政和勤杂人员等组成医疗服务队。1951年，宋儒耀等11人组成外科手术服务队。1952年，川西军区、川西行署交通厅约1 357名汽车驾驶员组成运输服务队。1953年，成都第二汽车修理厂许智意等30人组成汽车服务队，谢锡等7人组成手术服务队。

签名游行　保卫和平

1951年2月2日，中共中央发出《关于进一步开展抗美援朝爱国运动的指示》，将“反对美国重新武装日本，争取全面的公正的对日和约”作为开展抗美援朝的中心任务。四个行署区各级抗美援朝分会、支会积极响应，组织召开座谈会或大会，在中心城市和有组织的群众中发起签名活动。同时，成立宣传队，结合秧歌、腰鼓、街头剧、金钱板、漫画、黑板报等形式，从闹市延伸到僻巷，从单调的街头宣讲演进到挨门挨户的家庭访问，广泛宣传动员，群众认识普遍提高，签名要求缔结五大国和平公约人数达3 191.27万。

1950年11月至12月，四个行署区、重庆市及西康省相继成立“中国人民保卫世界和平、反对美国侵略委员会”各级分会，组织大规模群众集会及示威游行，抗议美国出兵干涉朝鲜，威胁我国安全。全年参加抗美援朝、反对美国重新武装日本、保卫世界和平示威游行人数共计2 774.05万。

订立公约　捐献武器

1951年6月1日，中国人民抗美援朝总会发出“关于推行爱国公约、捐献飞机大炮、优待烈军属”的号召。6月至12月，四个行署区各级抗美援朝分会、支会先后召开各级各界人民抗美援朝代表会议，布置开展订立爱国公约、完成爱国捐献任务和优待军烈属三大爱国运动，结合志愿军归国代表和赴朝慰问团来川传达报告工作，进一步深入群众进行宣传讲解，引导广大人民群众从个人、家庭到单位、团体，普遍订立爱国公约和完成捐献武器任务。全省大中城市约90%的人口和乡村约70%的人口订立了爱国公约。

同时，大力开展爱国增产节约运动，积极捐款购买武器，以实际行动支持抗美援朝战争。截至1952年5月底，全省共上缴飞机大炮捐款2 893.27亿余元，可以买战斗机192架有余。

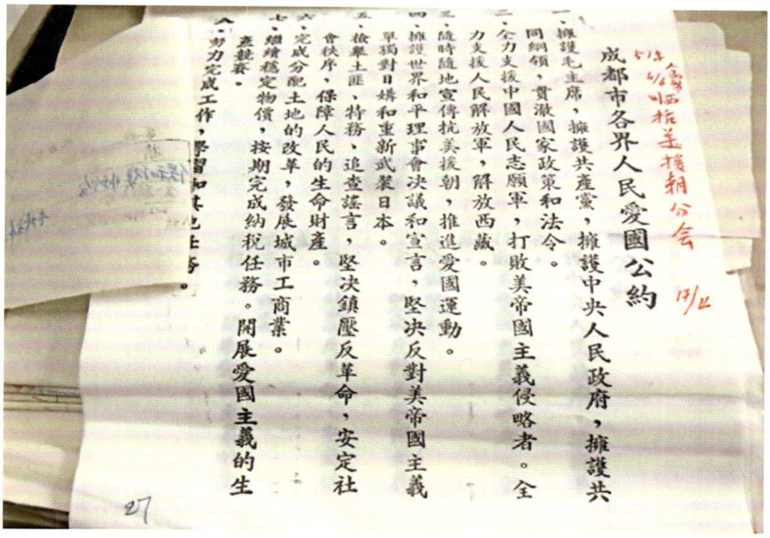

成都市各界人民愛國公約

一、擁護毛主席，擁護共產黨，擁護中央人民政府，擁護共同綱領，貫澈國家政策和法令。

二、全力支援中國人民志願軍，打敗美帝國主義侵略者。全力支援人民解放軍，解放西藏。

三、隨時隨地宣傳抗美援朝，推進愛國運動。

四、擁護世界和平理事會決議和宣言，堅決反對美帝國主義單獨對日媾和重新武裝日本。

五、檢舉土匪、特務、追查謠言，堅決鎮壓反革命，安定社會秩序，保障人民的生命財產。

六、完成分配土地的改革，發展城市工商業。

七、繼續穩定物價，按期完成納稅任務。開展愛國主義的生產競賽。

八、努力完成工作，學習和

成都市各界人民爱国公约

拥军慰问　优待军烈

1951年7月和1953年1月，中国人民第一、二届赴朝慰问团先后在川内各地作报告648次，听众达282万余人；1953年9月，由128名代表组成中国人民第三届赴朝慰问团四川组，前往朝鲜开展慰问活动；1954年2月四川代表回川后，在全省12个专区和两个省辖市作报告392次，座谈853次，直接听众达140万余人；举办各类图片资料实物展览活动117次，橱窗展览16个，观众2 850万余人；出版有关刊物413种，186万余册，用志愿军英勇战斗、艰苦奋斗的事迹，鼓舞全川人民拥护志愿军战士和抗美援朝战争。

朝鲜民主主义人民共和国一级国旗勋章和金星奖章（中江县档案馆提供）

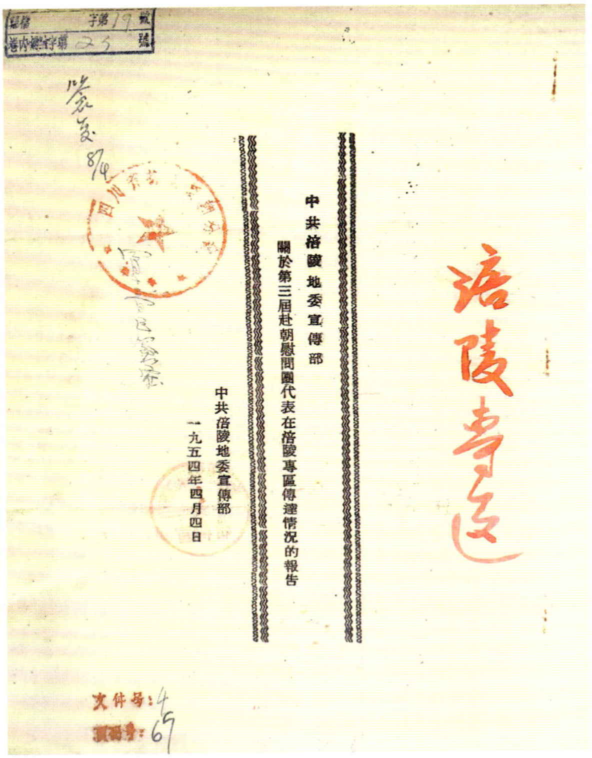

中共涪陵地委宣傳部

關於第三屆赴朝慰問團代表在涪陵專區傳達情況的報告

中共涪陵地委宣傳部

一九五四年四月四日

文件号：4

顺序号：67

1954年4月4日，中共涪陵地委宣传部《关于第三届赴朝慰问团代表在涪陵专区传达情况的报告》

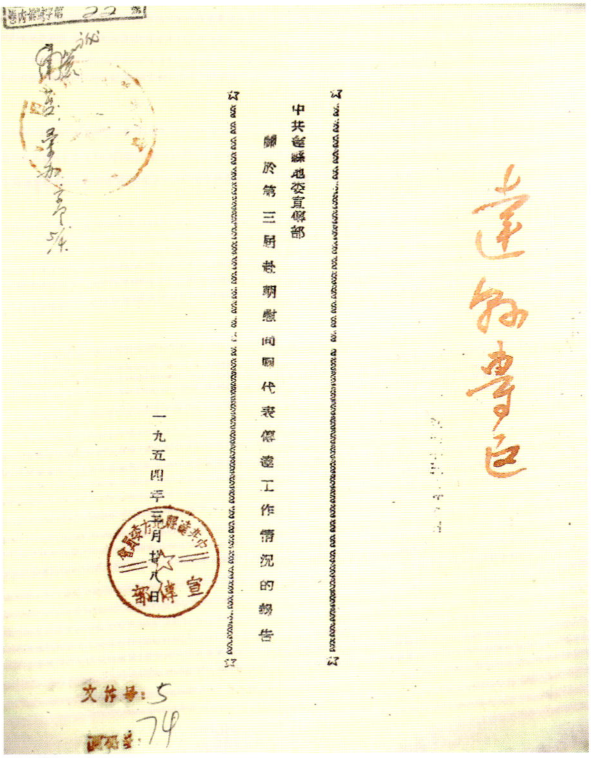

中共達縣地委宣傳部

關於第三屆赴朝慰問團代表傳達工作情況的報告

一九五四年三月廿八日

文件号：5

顺序号：74

1954年3月28日中共达县地委宣传部《关于第三届赴朝慰问团代表传达工作情况的报告》

——中國人民的馬特洛索夫式的偉大战士——

黄継光捨身摧毁敵人火力點

（新华社朝鮮前綫二十日電）本社前綫通訊員報道：在战火紛飛的上甘嶺附近的山嶺上，出現了一位馬特洛索夫式的战斗英雄——中國人民志願軍某部通訊員黄継光。他是中國人民值得驕傲的偉大的战士。

在一次反击战中，我軍的衝鋒道路上突然出現了一個敵人的火力点，三挺机关槍瘋狂地掃射着，擋住了我軍前進的道路。指揮員對突击隊員们說：「誰去干掉它？」一個年青的通訊員黄継光答道：「我去！」黄継光知道祖國人民慰問团到了朝鮮前綫，他滿懷信心地向战友们說：「告訴祖國人民慰問团，听我的勝利消息吧！」接着他又說了一声：「同志们準備衝！」便提着手雷向前衝去。敵人的机关槍掃射得十分猛烈，他剛衝过去不多远，身上就中了几顆子彈；后面的战友们只見他搖幌了一下，又向着敵人地堡爬去。当敵人的子彈再次射中了黄継光的身体的時候，他已經爬到敵人的工事上，並用身体堵住了一個正在發射的槍眼。接着，他的战友们便發起了衝鋒。这時敵人的火力点上另外兩挺机槍又叫起來，正在这個緊急的時候，黄継光伸出了一隻手臂，把一顆手雷塞進敵人的火力点裡，轟然一声，敵人的火力点被完全炸毁了。

战斗結束以后，战友们在黄継光的身上找到九個机槍子彈射透的洞口。一個指揮員怀着激動的感情連声地說道：「馬特洛索夫，中國的馬特洛索夫！」在追悼會裡，黄継光的战友们把他的英雄事蹟告訴了來到这一綫陣地上的祖國人民慰問团的代表们，他们說：「請你们轉告毛主席，是他的好战士；請你们轉告祖國人民，是他们的好子弟——中國人民志願軍的普通一兵黄継光同志，在光榮犧牲前，叫我们告訴你们，他為祖國與和平盡到了責任。」

（轉載十一月二十二日四川日報）

学習黄継光同志的偉大精神

朝中人民軍隊最近在上甘嶺前綫的勝利战斗，是一次振奮世界人心的意義重大的战斗。这次战斗完全打垮了美軍所自吹的「一年來最猛烈的攻勢」，取得殲敵兩万五千多人的光輝勝利。在这次战斗中，我軍士氣旺盛，表現了高度英勇無畏的革命精神，出現了許多可歌可泣的英雄故事和英雄人物。馬特洛索夫式的英雄青年团員黄継光就是其中的一個。

黄継光同志是一個普通的战士，但他同我軍千万普通英雄战士一樣，具有高的愛國主義和革命英雄主義精神。正是这樣，他才能不顧敵人猛烈火力的射击，自动要求担任爆破我軍前進道路上的阻礙——敵人地堡的任務，在自己負傷重仍四肢無力時，仍然掙扎着扔出手榴彈，炸塌了敵人的地堡，最后將自己的身軀堵住了敵人尚在射击的槍眼，使我反击部隊得以順利地衝上山头，取得了全殲守敵一千二百多人的勝利。黄継光同志这种為了祖國、為了战斗任务勇敢無畏自我犧牲的精神，是令人万分敬佩的。他表現了在共產党和毛主席教導下新中國青年的極端高尚的思想品質。黄継光是我们時代的英雄，我们國家有了这樣的英雄兒女是值得驕傲的。我们中國青年有了这樣的英雄兄弟是非常光榮的。

我们要永遠記住这個使人無限敬仰的英雄，学習他勇敢無畏自我犧牲的革命精神。為了國家利益能够勇敢地犧牲自己，这是我軍致勝力量的源泉，也是使黄継光同志能够成為高尚的英雄人物的根本因素。我们学習他，就是要学習他这种高尚精神和思想品質。作為一個战士，有了这种精神和品質，就能够勇敢無畏地去和敵人搏斗；作為一個劳动者，有了这种精神和品質，就能以高度負責的精神做好自己的工作和進行坚苦的学習。我们紀念他学習他，不僅要記住他的偉大感人的形象，更重要的是要常々顧照自己关心國家和人民的利益，能够犧牲個人的利益來保護和發展國家的利益。一切口头上学習他、而在行动上只处表現工作不負責任、只关心個人利益，而不关心集体利益的人，都不是真心在向他学習的。我们希望每個青年团員和青年要以黄継光同志作榜樣，來檢查自己的思　誠意　想）去掉自己思想上一切骯髒的部份，發揚和提高自己的优良的思想品質，為鞏固和保衛我们的國家，來作無私的積極的努力。

（轉載中國青年報十二月十九日社論）

中共中江縣委宣傳部翻印

学习黄继光的宣传资料（中江县档案馆提供）

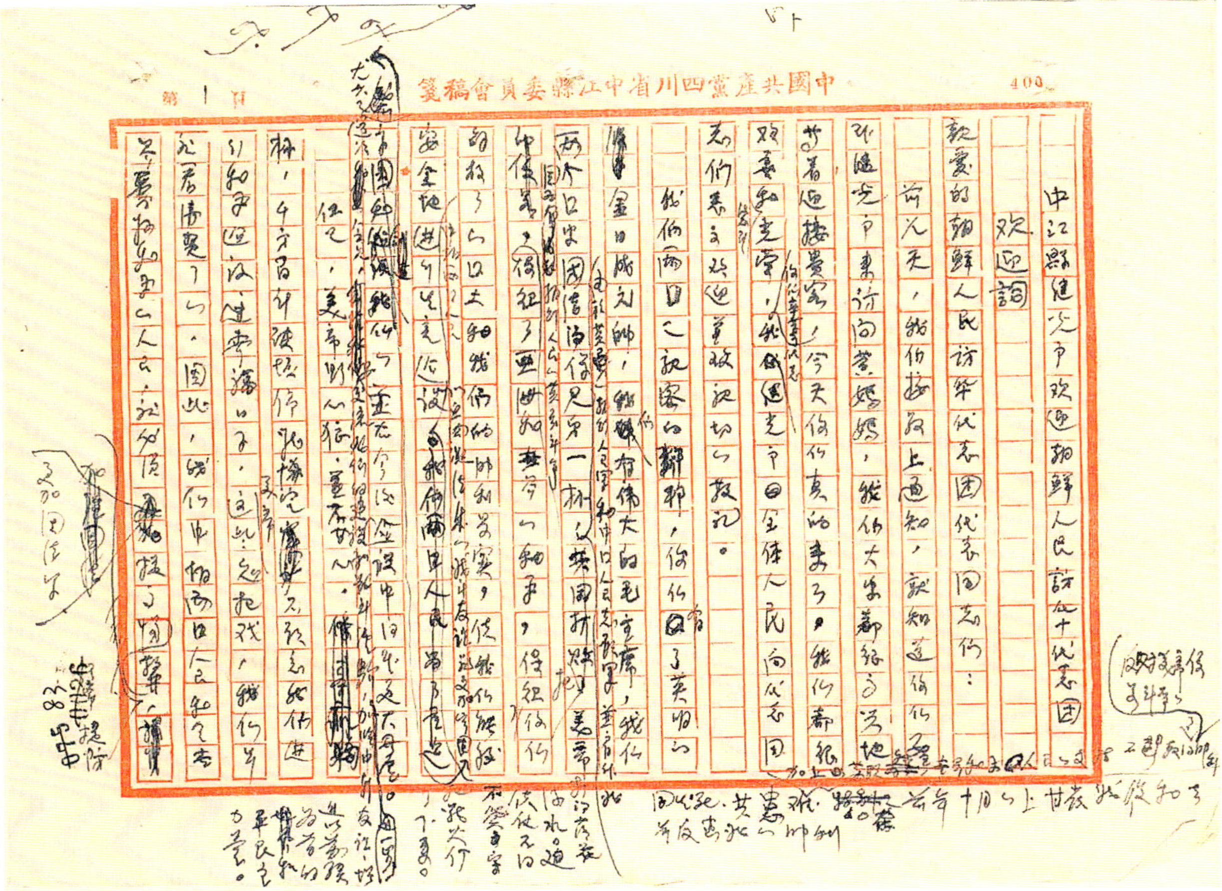
中國共產黨四川省中江縣委員會稿箋

中江县继光乡欢迎朝鲜人民访华代表团
欢迎词

中江县继光乡欢迎朝鲜访华团的欢迎词草稿（中江县档案馆提供）

各界人民群众通过写信的方式慰问志愿军、朝鲜人民军和朝鲜人民，累计寄发信件79万余封，深刻表达了对志愿军和朝鲜人民的热爱和尊敬，也表达了继续支援、争取停战协定彻底实现、朝鲜问题和平解决的决心。抗美援朝期间，全省人民踊跃捐款捐物，以实际行动表达对志愿军和朝鲜人民的慰问。截至1952年9月，全省各抗美援朝分会共收到慰问品601 482件120 557斤，慰问金89.05亿元。

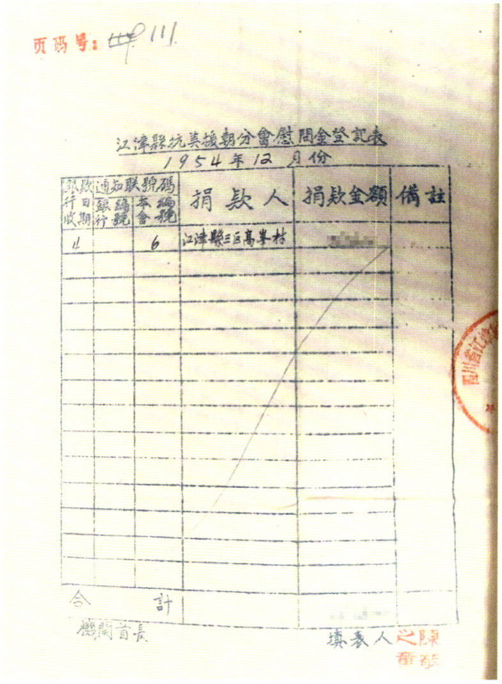
页码号：111

江津縣抗美援朝分會慰問金登記表

1954年12月份

收款日期	通知聯行編號	本會號碼編號	捐款人	捐款金額	備註
11		6	江津縣三區高峯村	[illegible]	

合計

機關首長　　填表人

江津县抗美援朝分会慰问金登记表

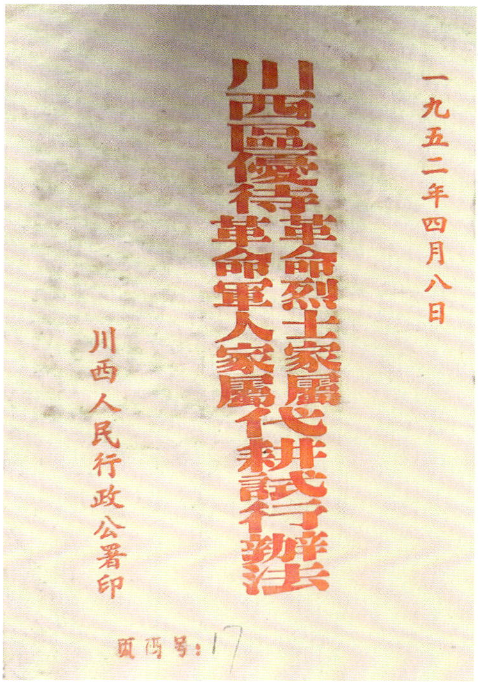
川西區優待革命烈士家屬革命軍人家屬代耕試行辦法

一九五二年四月八日

川西人民行政公署印

页码号：17

川西区优待革命烈士和革命军人家属代耕试行办法封面

各地组建慰问团，分赴川内各地及川东、川北革命根据地慰问军烈属，检查优抚工作开展情况。不少地区还为志愿军烈士、英雄、功臣、模范等举行追悼大会和贺功大会。如中江、铜梁等县为特级战斗英雄黄继光和一级战斗英雄邱少云等举行追悼大会，璧山、金堂等县为一级战斗英雄黄家富、胡修道等举行了贺功大会。为了慰问志愿军在四川的伤病员、荣誉军人，各地组建川剧演出队和曲艺杂技队，分赴广元、新都、自贡等地演出385场，观众8.5万余人次。

中国人民志愿军经过五次大的战役、三年多英勇奋战，迫使美军于1953年7月27日在停战协定上签字，抗美援朝战争取得伟大胜利，四川人民对此作出了不可磨灭的贡献。全国入朝作战的志愿军中四川籍战士最多，牺牲人数也是最多的，达30 789名，他们用鲜血和生命捍卫了世界和平事业，创造出了惊天地、泣鬼神的英雄业绩，永远值得后人铭记。

金堂人民給志願軍英雄胡修道慶功

四川省各界人民組織了慶賀志願軍一級戰鬥英雄胡修道慶功代表團，到金堂參加慶功大會。團長楊倚崙、副團長馬壽齡代表四川省各界人民給英雄的媽媽獻旗祝賀。

金堂人民给志愿军英雄胡修道庆功的报道

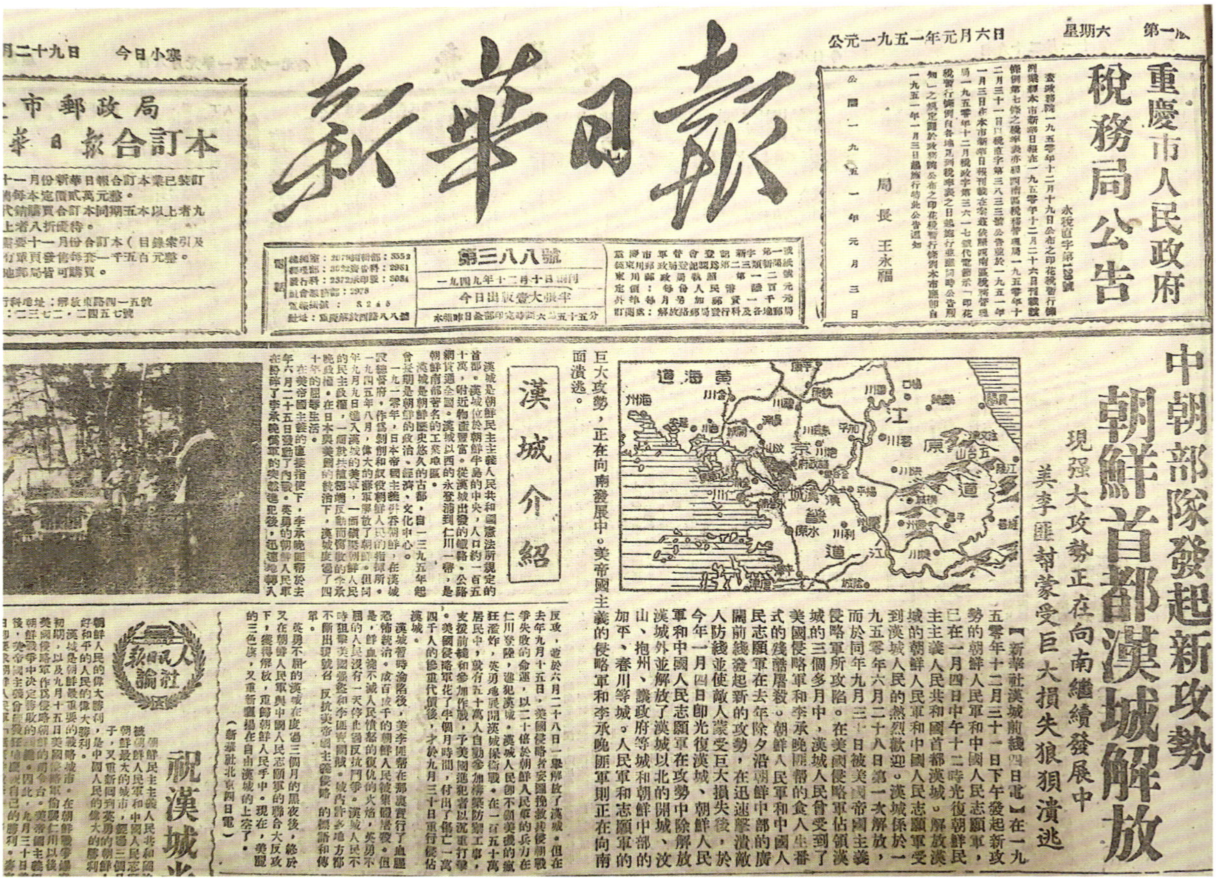
新華日報

公元一九五一年元月六日 星期六

重慶市人民政府稅務局公告

中朝部隊發起新攻勢 朝鮮首都漢城解放

現强大攻勢正在向南繼續發展中 美李匪幫蒙受巨大損失狼狽潰逃

【新華社漢城前綫四日電】在一九五零年十二月三十一日下午發起新攻勢的朝鮮人民軍和中國人民志願軍，已在一月四日中午十二時光復朝鮮民主主義人民共和國首都漢城。解放漢城的朝鮮人民軍和中國人民志願軍受到漢城人民的熱烈歡迎。漢城係於一九五零年六月二十八日第一次解放，而於同年九月二十八日被美國帝國主義侵略軍所攻陷。在美國侵略軍佔領漢城的三個多月中，漢城人民曾受到了美國侵略軍和李承晚匪幫的食人生番式的殘酷屠殺。朝鮮人民軍和中國人民志願軍在去年除夕沿三八綫中部的廣闊前綫發起新的攻勢，在迅速擊潰敵人防綫並使敵人蒙受巨大損失後，於今年一月四日即光復漢城。朝鮮人民軍和中國人民志願軍在攻勢中除解放漢城外並解放了漢城以北的開城、汶山、抱川、議政府等城和朝鮮中部的加平、春川等城。人民軍和志願軍的巨大攻勢，正在向南發展中。美帝國主義的侵略軍和李承晚匪軍則正在向南面潰逃。

漢城介紹

祝漢城光復

《新华日报》关于中朝部队解放汉城（今首尔）的报道

部分川籍抗美援朝英雄、模范、功臣名录

在抗美援朝战争中，四川人民子弟兵涌现出一大批英雄、模范和功臣，他们的姓名和英雄事迹，值得我们永远铭记。其中，由中国人民志愿军总部授予的特级英雄1人、一级英雄6人、二级英雄43人、二级模范8人和反战车英雄、二级爆破英雄、反坦克英雄、二级爱护物资模范、战斗英雄、孤胆英雄、青年班长各1人。

特级英雄

黄继光

黄继光（1931—1952），四川中江人，中共党员（追认），中国人民志愿军第15军第45师第135团第2营通信员。

黄继光

1951年3月参加抗美援朝战争。1952年10月19日，上甘岭战役中，他所在的营奉命夺取西侧597.9高地。担任主攻的第6连连续发起5次冲锋，均被敌人一个中心火力点所阻。第6连又组织3个小组爆破，但均未成功。随2营副参谋长到达该连的黄继光此时挺身而出，请求炸掉这个火力点。他带领第6连通信员吴三羊、肖登良向这个火力点匍匐前进。当前进到距离火力点三四十米时，吴三羊牺牲，肖登良身负重伤，他也多处负伤，但仍然忍受着剧烈疼痛，冒着敌人机枪的疯狂射击，拖着受伤的身体继续前进，在抵近敌人火力点后，连投几枚手雷，未能将敌人火力点全部炸毁，部队再次发起冲锋时，美军火力点内残存的机枪又吼叫起来，向志愿军冲锋部队疯狂扫射，部队攻击再次受阻。这时他身边已无弹药，为了保证任务完成，他艰难地爬到地堡射孔，毅然跃身而起，用自己的胸膛堵住美军正在喷射的枪口，以自己年轻的生命，为部队冲锋扫清障碍，壮烈牺牲。被志愿军总部授予“特级英雄”称号，并获“朝鲜民主主义人民共和国英雄”称号和朝鲜民主主义人民共和国一级国旗勋章、金星奖章。当选“100位新中国成立以来感动中国人物”。

1954年3月2日 遂宁专区妇联欢迎黄妈妈和军属代表机关妇女干部合影（遂宁市档案馆提供）

頁碼号：3

中國人民志願軍戰鬪英雄黃繼光孫占元邱少雲三烈士傳略

中國人民志願軍戰鬪英雄黃繼光孫占元邱少雲三烈士瀋陽市治安委員會編印

黄继光、邱少云等烈士传略

一级英雄

伍先华

伍先华（1927—1952），四川遂宁人，中共党员，中国人民志愿军第12军第34师第100团第2连班长。

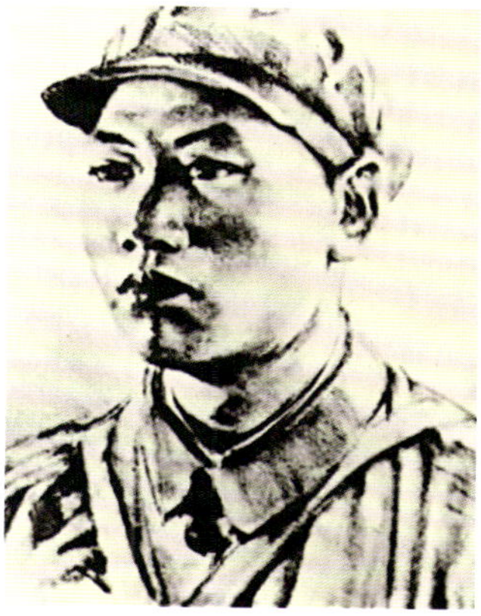

伍先华

1949年12月参加中国人民解放军。1951年参加中国人民志愿军，同年3月入朝参战，8月加入中国共产党。1952年9月29日，官岱里反击战打响，他所在班负责爆破任务。伍先华带着班里的战士连续实施爆破，炸掉敌人多个地堡。志愿军正面攻击部队发起冲锋时，却

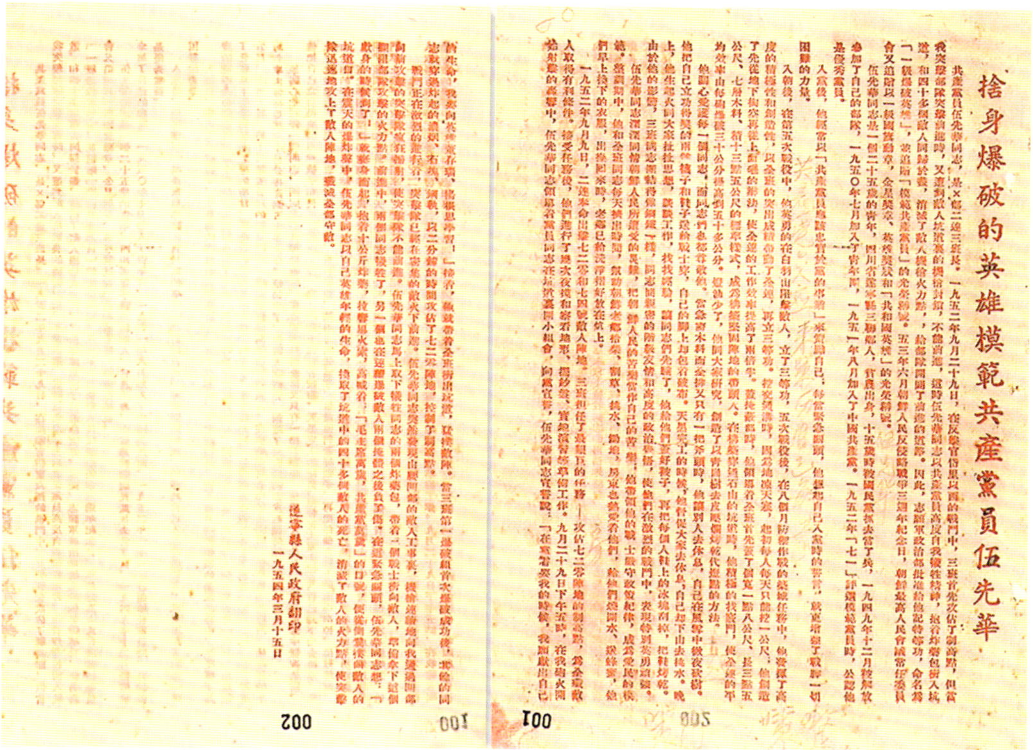

捨身爆破的英雄模範共產黨員伍先華

遂寧縣人民政府翻印
一九五四年三月十五日

一级英雄伍先华事迹材料（遂宁市档案馆提供）

被半截坑道里的敌人重机枪压在半山腰不能前进，前去爆破的两名战士相继倒下，紧要关头，伍先华抱起10公斤重的炸药包，翻身冲向火网，冒着敌人的炮火爬到敌人火力点附近，拉燃导火线，毅然跳进敌人坑道内，在震天的爆炸声中，伍先华与坑道里40多个敌人同归于尽，他用25岁的年轻生命，为主攻部队开辟了前进道路。被志愿军总部授予“一级英雄”称号，并获“朝鲜民主主义人民共和国英雄”称号和朝鲜民主主义人民共和国一级国旗勋章、金星奖章。

邱少云

邱少云（1926—1952），四川铜梁（今重庆市铜梁区）人，中共党员（追认），中国人民志愿军第15军第29师第87团第9连战士。

邱少云

1949年12月参加中国人民解放军。1951年3月参加抗美援朝战争。1952年10月，在平康前线反击391高地的战斗中，他所在的连队担任突击任务。为缩短进攻距离，便于突然发起攻击，11日夜，部队组织500余人在敌阵地前沿的草丛中潜伏，邱少云正是其中一员。他所在的区域是一小片洼地，前面是一个小土包，侧后有条小水沟，是一处天然隐蔽所。12日12时左右，美军发射燃烧弹，一发落在邱少云潜伏点附近，草丛立即燃烧起来，火势迅速蔓延到他身上。只要他就地打几个滚，或者后退几步就势一翻，就可在泥水里将火苗扑灭。但为了不暴露目标，确保全体潜伏人员的安全和攻击任务的完成，他一动不动，任凭烈火烧焦头发和皮肉，坚持30多分钟，直至壮烈牺牲。傍晚反击战打响，战友们在邱少云伟大精神鼓舞下，仅用23分钟就胜利攻下391高地，全歼敌1个加强连。被志愿军总部授予“一级英雄”称号，并获“朝鲜民主主义人民共和国英雄”称号和朝鲜民主主义人民共和国一级国旗勋章、金星奖章。当选“100位新中国成立以来感动中国人物”。

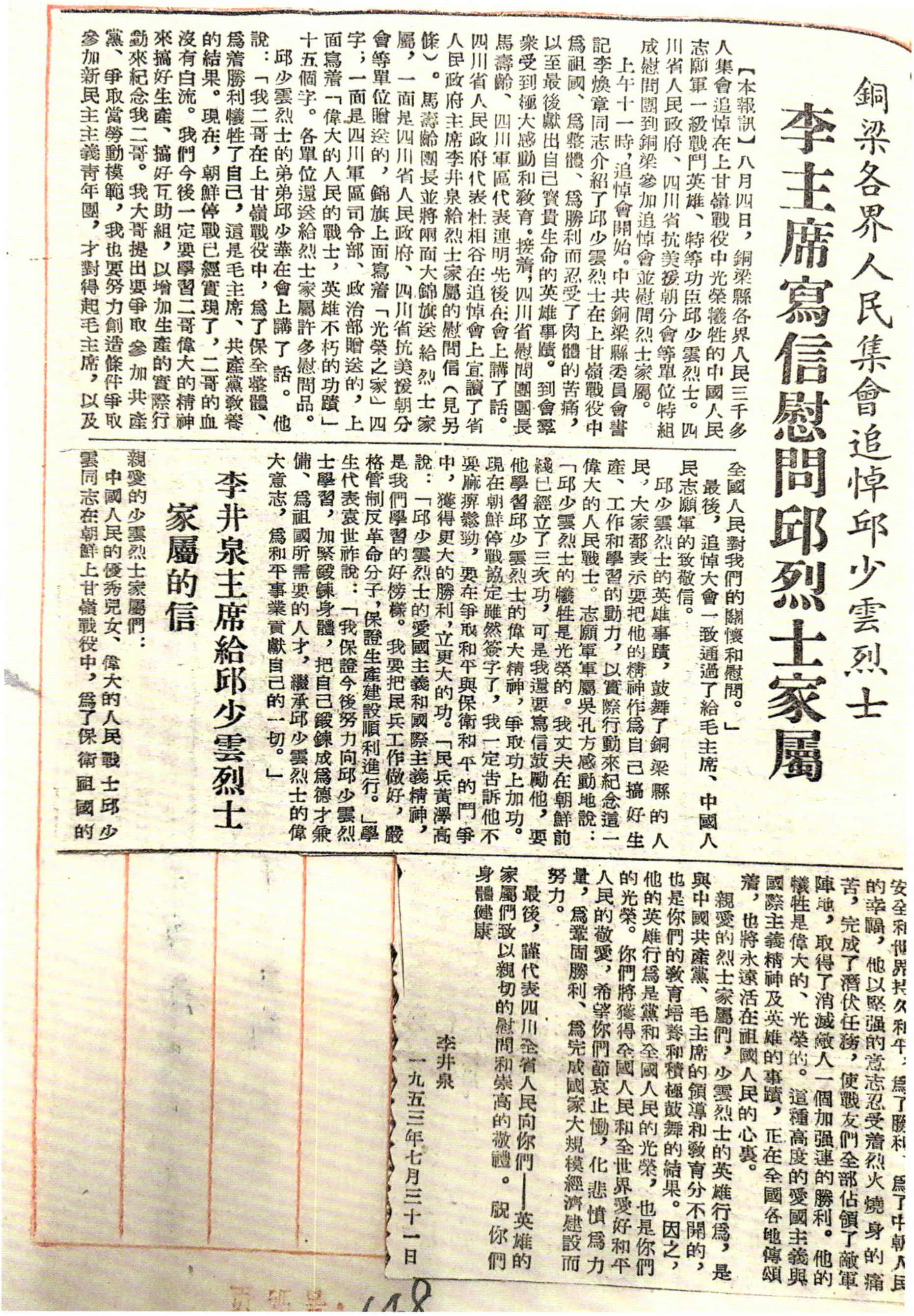

銅梁各界人民集會追悼邱少雲烈士

李主席寫信慰問邱烈士家屬

【本報訊】八月四日，銅梁縣各界人民三千多人集會追悼在上甘嶺戰役中光榮犧牲的中國人民志願軍一級戰鬥英雄、特等功臣邱少雲烈士。四川省人民政府、四川省抗美援朝分會等單位特組成慰問團到銅梁參加追悼會並慰問烈士家屬。

上午十一時，追悼會開始。中共銅梁縣委員會書記李煥章同志介紹了邱少雲烈士在上甘嶺戰役中爲祖國、爲整體、爲勝利而忍受了肉體的苦痛，以至最後獻出自己寶貴生命的英雄事蹟。到會羣衆受到極大感動和敎育。接着，四川省慰問團團長馬壽齡、四川軍區代表連明先後在會上講了話。四川省人民政府代表杜相谷在追悼會上宣讀了省人民政府主席李井泉給烈士家屬的慰問信（見另條）。馬壽齡團長並將兩面大錦旗送給烈士家屬，一面是四川省人民政府、四川省抗美援朝分會等單位贈送的，錦旗上面寫着「光榮之家」四字；一面是四川軍區司令部、政治部贈送的，上面寫着「偉大的人民的戰士，英雄不朽的功蹟」十五個字。各單位還送給烈士家屬許多慰問品。

邱少雲烈士的弟弟邱少華在會上講了話。他說：「我二哥在上甘嶺戰役中，爲了保全整體、爲着勝利犧牲了自己，這是毛主席、共產黨敎養的結果。現在，朝鮮停戰已經實現了，二哥的血沒有白流。我們今後一定要學習二哥偉大的精神來搞好生產，搞好互助組，以增加生產的實際行動來紀念我二哥。我大哥提出要爭取參加共產黨，爭取當勞動模範，我也要努力創造條件爭取參加新民主主義青年團，才對得起毛主席，以及全國人民對我們的關懷和慰問。」

最後，追悼大會一致通過了給毛主席、中國人民志願軍的致敬信。

邱少雲烈士的英雄事蹟，鼓舞了銅梁縣的人民，大家都表示要把他的精神作爲自己搞好生產、工作和學習的動力，以實際行動來紀念這一偉大的人民戰士。志願軍軍屬吳孔方感動地說：「邱少雲烈士的犧牲是光榮的。我丈夫在朝鮮前綫已經立了三次功，可是我還要寫信鼓勵他，要他學習邱少雲烈士的偉大精神，爭取功上加功。現在朝鮮停戰協定雖然簽字了，我一定告訴他不要麻痹鬆勁，要在爭取和平與保衛和平的鬥爭中，獲得更大的勝利，立更大的功。」民兵黃澤高說：「邱少雲烈士的愛國主義和國際主義精神，是我們學習的好榜樣。我要把民兵工作做好，嚴格管制反革命分子，保證生產建設順利進行。」學生代表袁世祚說：「我保證今後努力向邱少雲烈士學習，加緊鍛鍊身體，把自己鍛鍊成爲德才兼備、爲祖國所需要的人才，繼承邱少雲烈士的偉大意志，爲和平事業貢獻自己的一切。」

李井泉主席給邱少雲烈士家屬的信

親愛的少雲烈士家屬們：

中國人民的優秀兒女、偉大的人民戰士邱少雲同志在朝鮮上甘嶺戰役中，爲了保衛祖國的安全和世界持久和平，爲了勝利、爲了中朝人民的幸福，他以堅强的意志忍受着烈火燒身的痛苦，完成了潛伏任務，使戰友們全部佔領了敵軍陣地，取得了消滅敵人一個加强連的勝利。他的犧牲是偉大的、光榮的。這種高度的愛國主義與國際主義精神及英雄的事蹟，正在全國各地傳頌着，也將永遠活在祖國人民的心裏。

親愛的烈士家屬們，少雲烈士的英雄行爲，是與中國共產黨、毛主席的領導和敎育分不開的，也是你們的敎育培養和積極鼓舞的結果。因之，他的英雄行爲是黨和全國人民的光榮，也是你們的光榮。你們將獲得全國人民和全世界愛好和平人民的敬愛，希望你們節哀止慟，化悲憤爲力量，爲鞏固勝利、爲完成國家大規模經濟建設而努力。

最後，謹代表四川全省人民向你們——英雄的家屬們致以親切的慰問和崇高的敬禮。祝你們身體健康

李井泉

一九五三年七月三十一日

铜梁各界追悼邱少云烈士的报道

胡修道

胡修道

胡修道（1931—2002），四川金堂人，中共党员，中国人民志愿军第12军第31师第91团第5连战士。

1951年6月参加中国人民志愿军赴朝参战。1953年12月加入中国共产党。作战英勇顽强，不怕牺牲。1952年11月，在上甘岭战役中，他和班长及另一名新战士负责坚守597.9高地3号阵地。5日拂晓，敌军在飞机、火炮掩护下向阵地发起猛攻。胡修道等英勇还击，连续打退敌人数十次进攻。当发现10号阵地危急时，胡修道奋不顾身，抱起爆破筒冲向敌人。经一天激战，他们共打退敌军40余次进攻，歼敌280余人，创造了战争史上的奇迹。被志愿军总部授予“一级英雄”称号，并获“朝鲜民主主义人民共和国英雄”称号和朝鲜民主主义人民共和国一级国旗勋章、金星奖章。

胡修道回乡探亲时与朋友合影（金堂县档案馆提供）

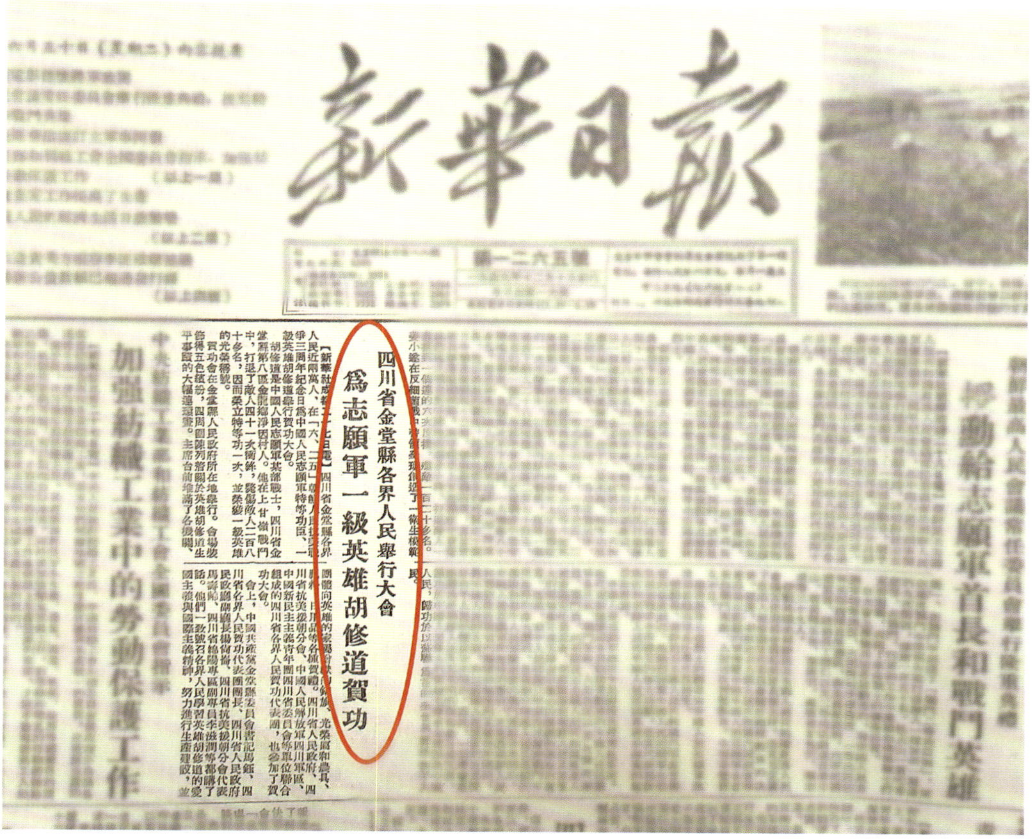

新華日報

第一二六五號

加強紡織工業中的勞動保護工作

四川省金堂縣各界人民舉行大會
為志願軍一級英雄胡修道賀功

【新華社成都二十七日電】四川省金堂縣各界人民近兩萬人，在「六、二五」韓國人民抗美戰爭三周年紀念日為中國人民志願軍特等功臣、一級英雄胡修道舉行賀功大會。

胡修道是中國人民志願軍某部戰士，四川省金堂縣第八區金龍鄉淨因村人。他在上甘嶺戰鬥中，打退了敵人四十一次衝鋒，斃傷敵人二百八十多名，因而榮立特等功一次，並榮獲一級英雄的光榮稱號。

賀功會在金堂縣人民政府所在地舉行。會場裝飾得五色繽紛，四周圍陳列着關於英雄胡修道生平事蹟的大幅連環畫。主席台前堆滿了各機關、團體向英雄的家屬[illegible]錦旗、光榮匾和農具、用品等各種賀禮。四川省人民政府、四川省抗美援朝分會、中國人民解放軍四川軍區、中國新民主主義青年團四川省委員會等單位聯合組成的四川省各界人民賀功代表團，也參加了賀功大會。

會上，中國共產黨金堂縣委員會書記馬鈺、四川省各界人民賀功代表團團長、四川省人民政府民政廳副廳長[illegible]、四川省綿陽專區副專員李滋潤等都講了話。他們一致號召各界人民學習英雄胡修道的愛國主義與國際主義精神，努力進行生產建設，並[illegible]

《新华日报》关于一级战斗英雄胡修道的有关报道

柴云振

柴云振（1925—2018），四川岳池人，中共党员，中国人民志愿军第 15 军第 45 师第 134 团第 8 连班长。

柴云振

1948年参加革命。1950年10月参加中国人民志愿军。1951年5月，在第五次战役朴达峰阻击战中，他带领4名战士对敌人进行反击，接连攻占3个山头，缴获机枪5挺、电台1部，毙伤敌200余人。当敌人反扑时，他在子弹打光后，与敌人徒手搏斗，被敌人咬断1根手指，全身20余处受伤，失去知觉昏迷，被后续部队发现并转移至包头市部队医院。伤愈后他右手残疾扣不了扳机，不愿成为部队负担，隐姓埋名回到家乡，过着贫苦的农耕生活。部队和柴云振失去联系，后经过多次寻找没有结果，只好认定他为烈士，志愿军总部授予他“一级英雄”称号。部队经过33年艰苦寻找，1984年终于在岳池县找到柴云振。1985年，柴云振受金日成邀请，访问朝鲜并被授勋。

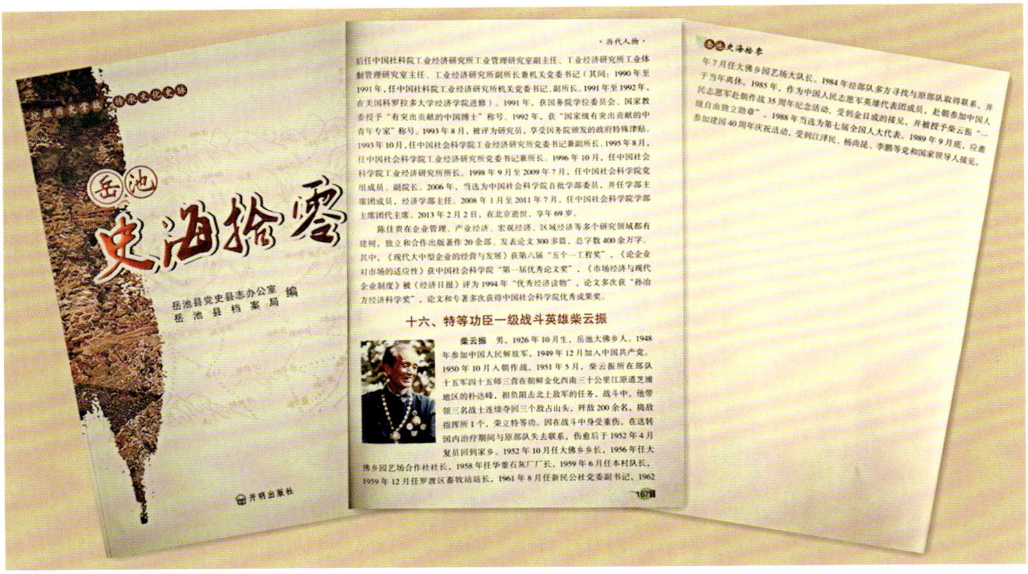

·历代人物·

后任中国社科院工业经济研究所工业管理研究室副主任、工业经济研究所工业体制管理研究室主任、工业经济研究所副所长兼机关党委书记（其间：1990年至1991年，任中国社科院工业经济研究所机关党委书记、副所长。1991年至1992年，在美国科罗拉多大学经济学院进修）。1991年，获国务院学位委员会、国家教委授予“有突出贡献的中国博士”称号。1992年，获“国家级有突出贡献的中青年专家”称号。1993年8月，被评为研究员，享受国务院颁发的政府特殊津贴。1993年10月，任中国社会科学院工业经济研究所党委书记兼副所长。1995年8月，任中国社会科学院工业经济研究所党委书记兼所长。1996年10月，任中国社会科学院工业经济研究所所长。1998年9月至2009年7月，任中国社会科学院党组成员、副院长。2006年，当选为中国社会科学院首批学部委员，并任学部主席团成员，经济学部主任。2008年1月至2011年7月，任中国社会科学院学部主席团代主席。2013年2月2日，在北京逝世，享年69岁。

陈佳贵在企业管理、产业经济、宏观经济、区域经济等多个研究领域都有建树，独立和合作出版著作20余部、发表论文300多篇，总字数400余万字。其中，《现代大中型企业的经营与发展》获第六届“五个一工程奖”，《论企业对市场的适应性》获中国社会科学院“第一届优秀论文奖”，《市场经济与现代企业制度》被《经济日报》评为1994年“优秀经济读物”，论文多次获“孙冶方经济科学奖”，论文和专著多次获得中国社会科学院优秀成果奖。

十六、特等功臣一级战斗英雄柴云振

柴云振　男，1926年10月生，岳池大佛乡人。1948年参加中国人民解放军，1949年12月加入中国共产党。1950年10月入朝作战。1951年5月，柴云振所在部队十五军四十五师三营在朝鲜金化西南三十公里江原道芝浦地区的朴达峰，担负阻击北上敌军的任务。战斗中，他带领三名战士连续夺回三个敌占山头，歼敌200余名，捣敌指挥所1个，荣立特等功。因在战斗中身受重伤，在送转国内治疗期间与原部队失去联系。伤愈后于1952年4月复员回到家乡。1952年10月任大佛乡乡长，1956年任大佛乡园艺场合作社社长，1958年任华蓥石灰厂厂长，1959年6月任本村队长，1959年12月任罗渡区畜牧站站长，1961年8月任新民公社党委副书记，1962

167

史海拾零

年7月任大佛乡园艺场大队长。1984年经部队多方寻找与原部队取得联系，并于当年离休。1985年，作为中国人民志愿军英雄代表团成员，赴朝参加中国人民志愿军赴朝作战35周年纪念活动，受到金日成的接见，并被授予柴云振“一级自由独立勋章”。1988年当选为第七届全国人大代表。1989年9月底，应邀参加建国40周年庆祝活动，受到江泽民、杨尚昆、李鹏等党和国家领导人接见。

《岳池史海拾零》中关于柴云振的记载

黄家富

黄家富（1930—2011），四川璧山（今重庆市璧山区）人，中共党员，中国人民志愿军第12军第34师第100团第2连副排长。

黄家富

1949年12月参加中国人民解放军。1951年3月入朝参战。1952年9月29日夜，在反击金城东南官岱里战斗中，他参加连队爆破组，负责摧毁敌红山包阵地后740、720两个高地的明暗火力点。战斗打响后不久，全班五位爆破手只剩下黄家富一人。为了给战友们报仇，为了给连队打开通道，黄家富搜集好战友们的爆破器材，飞速跳跃奔跑，冒着敌人的炮弹翻滚躲闪，冲上740高地。他在敌暗堡群中左闪右避，寻找目标一个个摧毁，炸完740高地又炸720高地，趁着黑夜掩护，不一会儿就炸掉敌人两个制高点上15个明暗火力点，歼敌200余人，并打退敌人7次反扑，自己三处负伤，仍坚持不下火线，为取得战斗胜利发挥了重要作用，被志愿军总部授予“一级英雄”称号。

谭炳云

谭炳云（1923—2003），四川江津（今重庆市江津区）人，中共党员，中国人民志愿军第27军第80师第239团第7连副排长。

谭炳云

1949年1月参加中国人民解放军，1950年8月加入中国共产党，同年10月入朝参战。1951年5月24日，第五次战役运动防御期间，他所在连奉命赴朝鲜金化东南390高地阻击敌人，掩护大部队转移。谭炳云带领一个班，先用手雷炸烂美军先头部队的两辆坦克，后又将爆破筒、反坦克手雷、集束手榴弹，准确地投放到随后冲过来的敌坦克要害部位，一阵弹火狂爆之后，敌前面几辆坦克全被炸毁，敌军大批部队被卡在狭窄的深谷中进退不得，很快被我军歼灭。这次阻击战中，他一人连续炸毁敌坦克3辆、汽车1辆，毙敌多人，带兵阻敌8小时，为保证部队安全转移发挥了重要作用。被志愿军总部授予“一级英雄”称号，并获朝鲜民主主义人民共和国一级战士荣誉勋章。

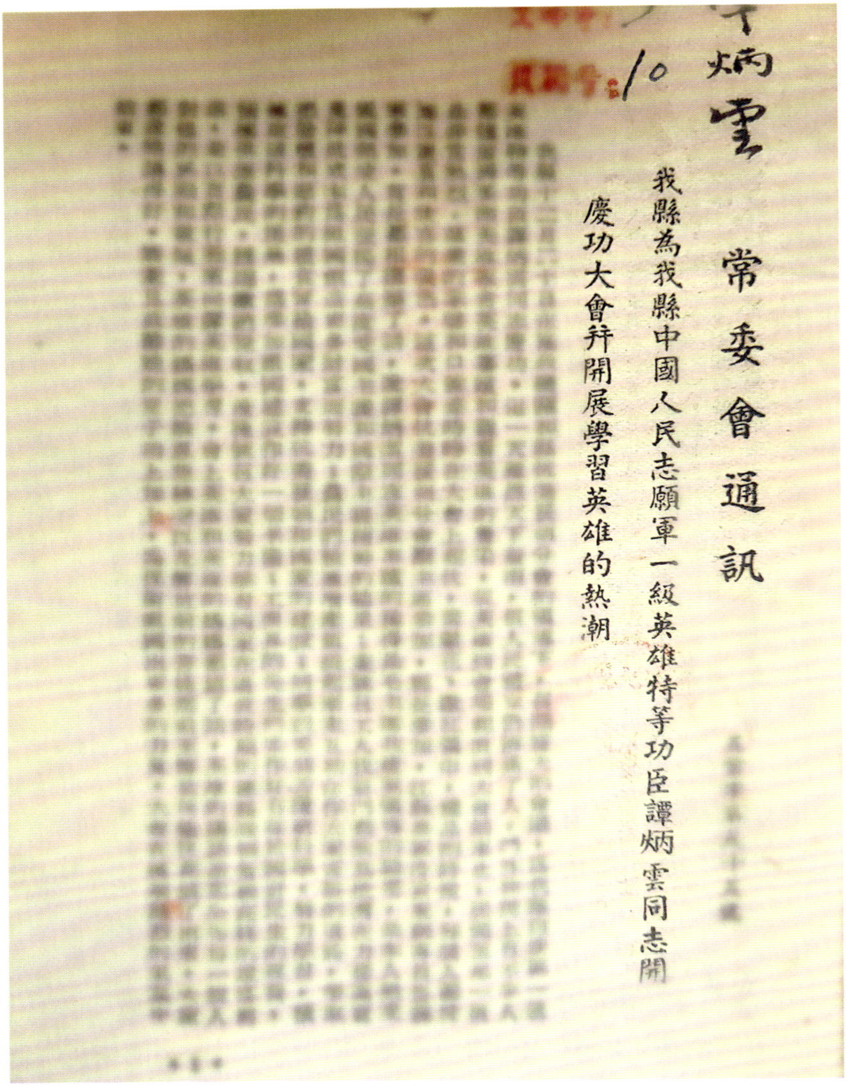
炳雲

常委會通訊

我縣為我縣中國人民志願軍一級英雄特等功臣譚炳雲同志開慶功大會并開展學習英雄的熱潮

江津县为谭炳云举行庆功大会并学习宣传的通讯

二级英雄（43 人）

姓 名	荣誉称号	授予机关	授予时间
王　志	二级英雄	中国人民志愿军	1951年
周德高	二级英雄	中国人民志愿军	1951年
唐　云	二级英雄	中国人民志愿军	1951年
徐天良	二级英雄	中国人民志愿军	1951年
梅怀青	二级英雄	中国人民志愿军	1951年
王合良	二级英雄	中国人民志愿军	1952年
邓章德	二级英雄	中国人民志愿军	1952年
李元兴	二级英雄	中国人民志愿军	1952年12月
杨国良	二级英雄	中国人民志愿军	1952年12月
周信仁	二级英雄	中国人民志愿军	1952年
欧文辉	二级英雄	中国人民志愿军	1952年
高良伦	二级英雄	中国人民志愿军	1952年12月
郭隆楷	二级英雄	中国人民志愿军	1952年1月
唐治平	二级英雄	中国人民志愿军	1952年11月
程述忠	二级英雄	中国人民志愿军	1952年9月
薛志高	二级英雄	中国人民志愿军	1952年
陈少清	二级英雄	中国人民志愿军	1952年
蒋元伦	二级英雄	中国人民志愿军	1952年
李华云	二级英雄	中国人民志愿军	1953年1月
杨仁富	二级英雄	中国人民志愿军	1953年6月
陈开茂	二级英雄	中国人民志愿军	1953年2月
陈治国	二级英雄	中国人民志愿军	1953年4月
苟光辉	二级英雄	中国人民志愿军	1953年
林贵远	二级英雄	中国人民志愿军	1953年6月
林炳远	二级英雄	中国人民志愿军	1953年
郑定富	二级英雄	中国人民志愿军	1953年
郑朝元	二级英雄	中国人民志愿军	1953年

续表

姓名	荣誉称号	授予机关	授予时间
胡文江	二级英雄	中国人民志愿军	1953年
栗学福	二级英雄	中国人民志愿军	1953年11月
黄道明	二级英雄	中国人民志愿军	1953年10月
彭焕新	二级英雄	中国人民志愿军	1953年10月
蒋永德	二级英雄	中国人民志愿军	1953年1月
赖发均	二级英雄	中国人民志愿军	1953年4月
蔡朝兴	二级英雄	中国人民志愿军	1953年2月
潘昌义	二级英雄	中国人民志愿军	1953年1月
杨太忠	二级英雄	中国人民志愿军	1953年6月
杨佰钊	二级英雄	中国人民志愿军	1953年1月
宋祥华	二级英雄	中国人民志愿军	1953年6月
曾平章	二级英雄	中国人民志愿军	1953年6月
毛国臣	二级英雄	中国人民志愿军	1954年
平太信	二级英雄	中国人民志愿军	1954年
陈　志	二级英雄	中国人民志愿军	1954年2月
饶一世	二级英雄	中国人民志愿军	1954年

二级模范（8人）

姓名	荣誉称号	授予机关	授予时间
王紫龙	二级模范	中国人民志愿军	1952年
王永维	二级模范	中国人民志愿军	1953年3月
熊克恒	二级模范	中国人民志愿军	1953年8月
任廷昌	二级模范	中国人民志愿军	1953年3月
曾义宽	二级模范	中国人民志愿军	1953年10月
吕玉久	二级模范	中国人民志愿军	1954年
杨明忠	二级模范	中国人民志愿军	1954年
陈汉文	二级模范	中国人民志愿军	1954年

其他英雄、模范、功臣（7人）

姓 名	荣誉称号	授予机关	授予时间
潘泽明	反战车英雄	中国人民志愿军	1951年
冉隆发	二级爆破英雄	中国人民志愿军	1953年1月
李光禄	反坦克英雄	中国人民志愿军	1953年
吴文书	二级爱护物资模范	中国人民志愿军	1953年9月
赖文录	战斗英雄	中国人民志愿军	1953年1月
赖永泽	孤胆英雄	中国人民志愿军	1953年7月
罗发德	青年班长	中国人民志愿军	1956年

参考文献

[1] 四川省档案馆馆藏档案资料。

[2] 四川省地方志编纂委员会．四川省志·军事志[M]．成都：四川人民出版社，1999．

[3] 庞家陵．强烈的爱国主义 巨大的奉献精神——记四川抗美援朝运动[J]．四川档案，2013（3）．

川渝大地换新天

新中国成立万象更新，四川人民在党的带领下，积极投身美好家园建设，在经济发展、社会进步、文化复兴等方面书写光辉篇章，昂首进入全面建设社会主义现代化四川新征程。让我们坐上新中国的时光机，一起见证四川的发展变迁。

8 1950年前后的四川

我们以档案文献为依据，追溯1950年前后四川发生的主要大事，“让历史说话，用史实发言”，传承红色基因，激发爱国情感，弘扬民族精神，激励巴蜀儿女建设美好新家园。

四川解放

1949年10月1日新中国成立后，中国人民解放军第一、第二、第四野战军奉命进军西南。11月1日，刘伯承、邓小平指挥第二野战军主力和第四野战军一部发起川黔战役，击溃国民党军川东防线，于11月30日解放重庆，并乘胜进击，迅速控制了从简阳到邛崃的大片城镇，截断了国民党军南逃路线。12月5日，贺龙指挥的第十八兵团和第一野战军一部，从秦岭入川，攻占广元、绵阳等川北、川西城市。各路解放大军直指川西，成都处于人民军队包围之中，国民党军胡宗南部第五兵团企图突围，在邛崃一线被歼灭。12月9日，西康省主席刘文辉和西南军政长官公署副长官邓锡侯、潘文华在彭县（今彭州市）联名通电全国，宣布起义，西康和平解放。12月27日，成都解放。1950年2月6日，化装潜逃的原四川省政府主席王陵基在江安县一艘轮船上被生擒。3月，逃到西昌负隅顽抗的胡宗南残部也被解放军聚歼。至此，国民党政权在大陆的最后一个据点被拔除，四川、西康大部分地区宣告解放，历史翻开了崭新一页。

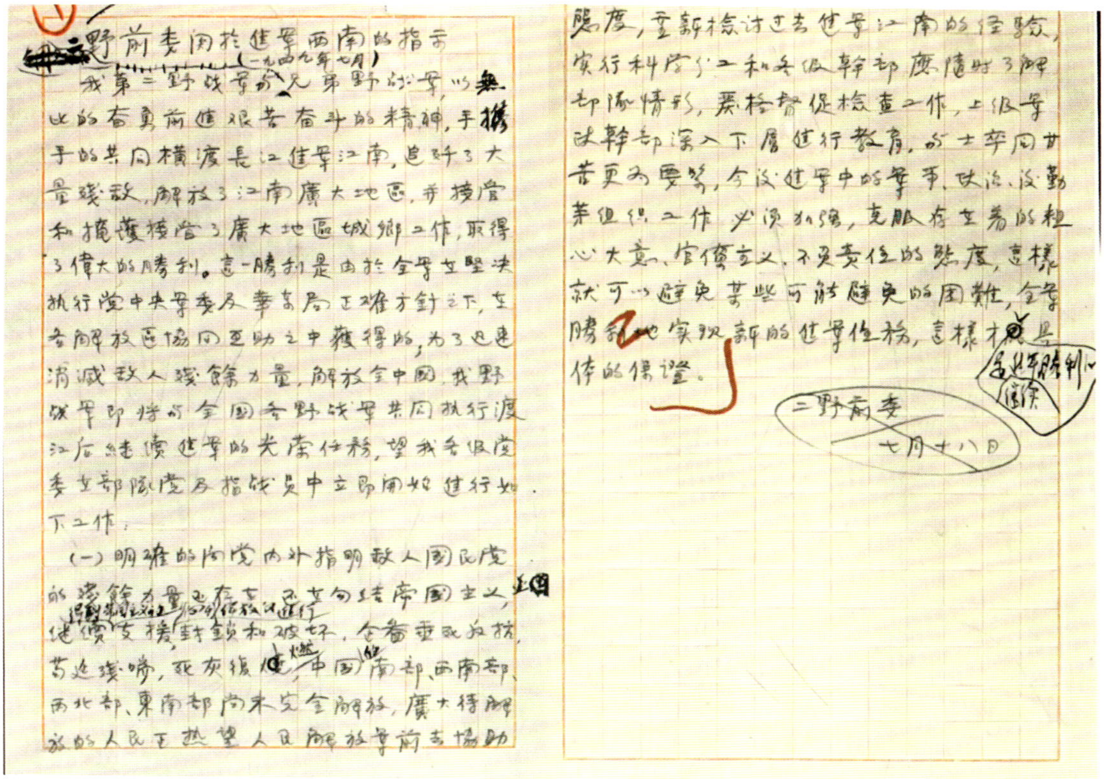

二野前委关于进军西南的指示

（一九四九年七月）

我第二野战军和兄弟野战军以无比的奋勇前进艰苦奋斗的精神，手携手的共同横渡长江进军江南，歼灭了大量残敌，解放了江南广大地区，并接管和掩护接管了广大地区城乡工作，取得了伟大的胜利。这一胜利是由于全军在坚决执行党中央军委及华东局正确方针之下，在各解放区协同互助之中获得的，为了迅速消灭敌人残余力量，解放全中国，我野战军即将和全国各野战军共同执行渡江后继续进军的光荣任务，望我各级党委及部队党员指战员中立即开始进行如下工作：

（一）明确的向党内外指明敌人国民党的残余力量还存在，且在美帝国主义继续支援封锁和破坏，全面垂死反抗，苟延残喘，死灰复燃，中国南部、西南部、西北部、东南部尚未完全解放，广大待解放的人民正热望人民解放军前去协助

……

思度，并重新检讨过去进军江南的经验，实行科学的工作和各级干部应随时了解部队情形，要经常督促检查工作，上级军政干部深入下层进行教育，以士卒同甘苦更为要紧，今后进军中的军事、政治、后勤等组织工作必须加强，克服存在着的粗心大意、官僚主义、不负责任的态度，这样就可以避免某些可能避免的困难，全军胜利地实现新的进军任务，这样才是保证。

二野前委

七月十八日

1949年7月第二野战军前委关于进军西南的指示（部分）

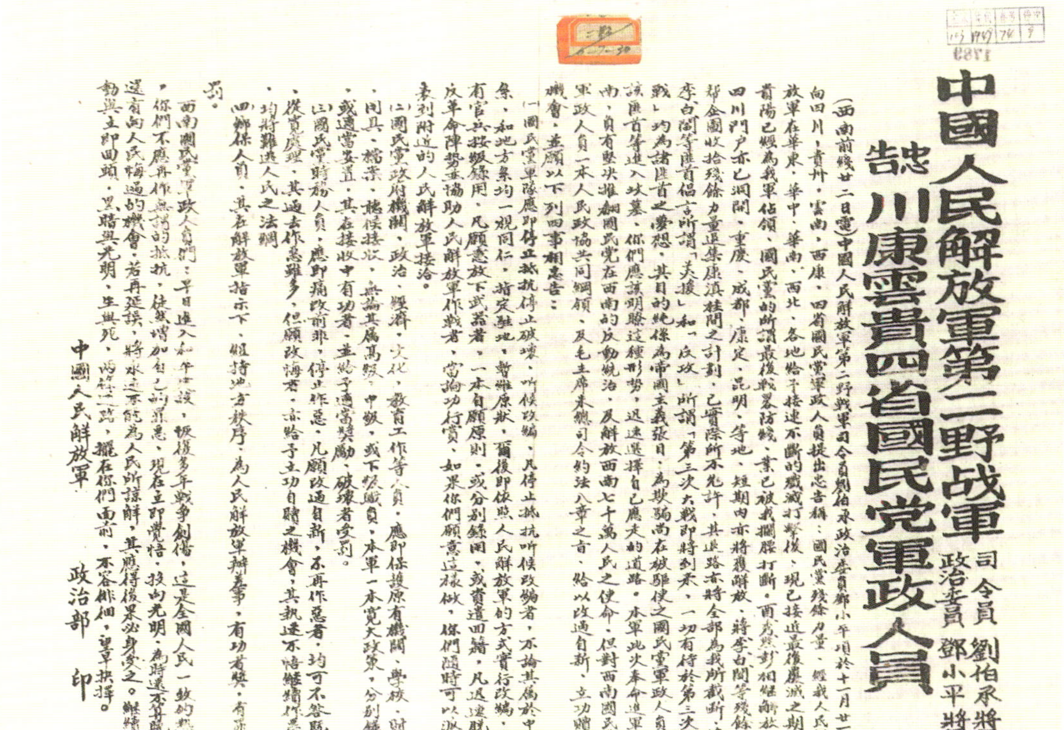

中國人民解放軍第二野战軍 司令員劉伯承將軍 政治委員鄧小平將軍 忠告川康雲貴四省國民党軍政人員

（西南前綫廿二日電）中國人民解放軍第二野戰軍司令員劉伯承政治委員鄧小平頃於十一月廿一日向四川、貴州、雲南、西康、四省國民黨軍政人員提出忠告稱：國民黨殘餘力量，經我人民解放軍在華東、華中、華南、西北、各地給予接連不斷的殲滅打擊後，現已接近最後覆滅之期。貴陽已經為我軍佔領，國民黨的所謂最後戰略防綫，業已被我攔腰打斷。西南四川門户亦已洞開，重慶、成都、康定、昆明、等地，短期內亦將獲解放，蔣李白閻等殘餘匪幫企圖收拾殘餘力量退集康滇桂間之計劃，已實際所不允許，其退路亦將全部為我所截斷。蔣李白閻等匪首倡言所謂「美援」和「反攻」，所謂「第三次大戰即將到來」，一切有待於第三次大戰」，均為諸匪首之夢想，其目的純係為帝國主義張目，為欺騙尚在被驅使之國民黨軍政人員隨該匪首等進入墳墓。你們應該明瞭這種形勢，迅速選擇自己應走的道路。本軍此次奉命進軍西南，負有堅決推翻國民党在西南的反動統治，及解放西南七千萬人民之使命。但對西南國民黨軍政人員一本人民政協共同綱領、及毛主席朱總司令約法八章之旨，給以改過自新、立功贖罪機會。並願以下列四事相忠告：

（一）國民黨軍隊應即停止抵抗，停止破壞，聽候改編，凡停止抵抗聽候改編者，不論其屬於中央系，和地方系均一視同仁，指定駐地，暫維原狀，爾後即依照人民解放軍的方式實行改編，所有官兵按級錄用。凡願意放下武器者，一本自願原則，或分別錄用，或資遣回籍。凡迅速脫離反革命陣營並協助人民解放軍作戰者，當論功行賞，如果你們願意這樣做，你們隨時可以派代表到附近的人民解放軍接洽。

（二）國民黨政府機關，政治、經濟、文化、教育工作等人員，應即保護原有機關、學校、財產、閣具、檔案，聽候接收，無論其屬高級、中級，或下級職員，本軍一本寬大政策，分別錄用，或適當安置。其在接收中有功者，並給予適當獎勵，破壞者受罰。

（三）國民黨特務人員，應即痛改前非，停止作惡，凡願改過自新，不再作惡者，均可不咎既往，從寬處理。其過去作惡雖多，但願改悔者，亦給予立功自贖之機會，其執迷不悟繼續作惡者，均將難逃人民之法網。

（四）鄉保人員，其在解放軍指示下，維持地方秩序，為人民解放軍辦差事，有功者獎，有罪者罰。

西南國民黨軍政人員們：早日進入和平建設，恢復多年戰爭創傷，這是全國人民一致的熱望。你們不應再作無謂的抵抗，徒然增加自己的罪惡，現在立即覺悟，投向光明，為時還不算晚。還有向人民悔過的機會。若再延誤，將永遠不能為人民所諒解，其應得後果必身受之。繼續反動與立即回頭，黑暗與光明，生與死，兩條道路，擺在你們面前，不容徘徊，望早抉擇。

中國人民解放軍

政治部 印

1949年11月21日，刘伯承、邓小平致川康云贵四省国民党军政人员四项忠告

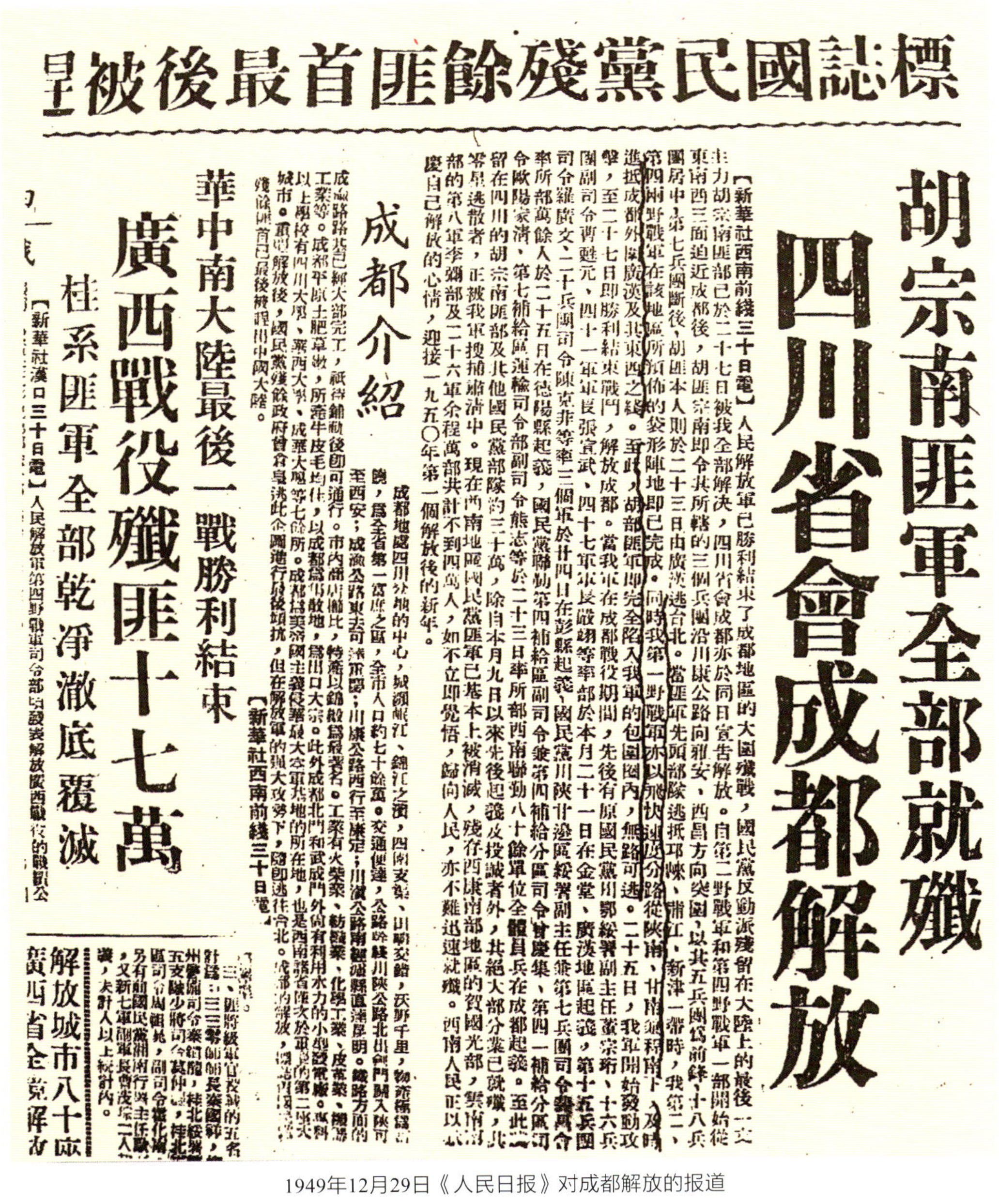

標誌國民黨殘餘匪首最後被

胡宗南匪軍全部就殲
四川省會成都解放

【新華社西南前綫三十日電】人民解放軍已勝利結束了成都地區的大圍殲戰，國民黨反動派殘留在大陸上的最後一支主力胡宗南匪部已於二十七日被我全部解決，四川省會成都亦於同日宣告解放。自第二野戰軍和第四野戰軍一部開始從東南西三面迫近成都後，胡匪宗南即令其所轄的三個兵團沿川康公路向雅安、西昌方向突圍，以其五兵團爲前鋒，十八兵團居中，第七兵團斷後，胡匪本人則於二十三日由廣漢逃台北。當匪軍先頭部隊逃抵邛崍、蒲江、新津一帶時，我第二、第四兩野戰軍在該地區所預佈的袋形陣地即已完成。同時我第一野戰軍亦以飛快速度分路從陝南、甘南[illegible]南下，及時進抵成都外圍廣漢及其東西之綫。至此，胡部匪軍即完全陷入我軍的包圍圈內，無路可逃。二十五日，我軍開始發動攻擊，至二十七日即勝利結束戰鬥，解放成都。當我軍在成都戰役期間，先後有原國民黨川鄂綏署副主任董宗珩、十六兵團副司令曹勳元、四十一軍軍長張宣武、四十七軍軍長嚴翊等率部於本月二十一日在金堂、廣漢地區起義，第十五兵團司令羅廣文、二十兵團司令陳克非等率三個軍於廿四日在彭縣起義，國民黨川陝甘邊區綏署副主任兼第七兵團司令裴昌會率所部萬餘人於二十五日在德陽縣起義，國民黨聯勤第四補給區副司令兼第四補給分區司令曾慶集、第四一補給分區司令歐陽家清、第七補給區運輸司令部副司令熊志等於二十三日率所部西南聯勤八十餘單位全體員兵在成都起義。至此，留在四川的胡宗南匪部及其他國民黨部隊約三十萬，除自本月九日以來先後起義及投誠者外，其絕大部分業已就殲，其零星逃散者，正被我軍搜捕肅清中。現在西南地區國民黨匪軍已基本上被消滅，殘存西康南部地區的賀國光部，滇南的第八軍李彌部及二十六軍余程萬部共計不到四萬人，如不立即覺悟，歸向人民，亦不難迅速就殲。西南人民正以歡慶自己解放的心情，迎接一九五〇年第一個解放後的新年。

成都介紹

成都地處四川盆地的中心，城瀕岷江、錦江之濱，四圍支渠、川聯交錯，沃野千里，物產極爲富饒，爲全省第一富庶之區，全市人口約七十餘萬。交通便達，公路幹綫川陝公路北出劍門關入陝可至西安；成渝公路東去可達重慶；川康公路西行至康定；川滇公路南經雅縣直達昆明。鐵路方面的成渝路路基已經大部完工，祇待鋪軌後即可通行。市內商店櫛比，特產以錦緞爲最著名。工業有火柴業、紡織業、化學工業、皮革業、機器工業等。成都平原土肥草嫩，所產牛皮毛均佳，以成都爲集散地，爲出口大宗。此外成都北門和武成門外尚有利用水力的小型發電廠。專科以上學校有四川大學、華西大學、成華大學等七餘所。成都爲美帝國主義侵華最大空軍基地的所在地，也是西南諸省僅次於重慶的第二大城市。重慶解放後，國民黨殘餘政府曾倉皇遷此企圖進行最後頑抗，但在解放軍的强大攻勢下，隨即逃往台北。成都的解放，標誌國民黨殘餘匪首已最後被趕出中國大陸。【新華社西南前綫三十日電】

華中南大陸最後一戰勝利結束
廣西戰役殲匪十七萬
桂系匪軍全部乾淨徹底覆滅

【新華社漢口三十日電】人民解放軍第四野戰軍司令部頃發表解放廣西戰役的戰績公

三、匪將級軍官投誠的五名計有：三三〇師師長秦國祥，……州警備司令秦錫麟，桂北綏署……五支隊少將司令莫仲……區司令周祖晃，副司令……另有前國民黨湘南行署主任歐……，又新七軍副軍長曹茂琮二人……議，未計入以上統計內。

解放城市八十座
廣西省全境解放

1949年12月29日《人民日报》对成都解放的报道

中共成都地下党与解放军会师大会签名旗

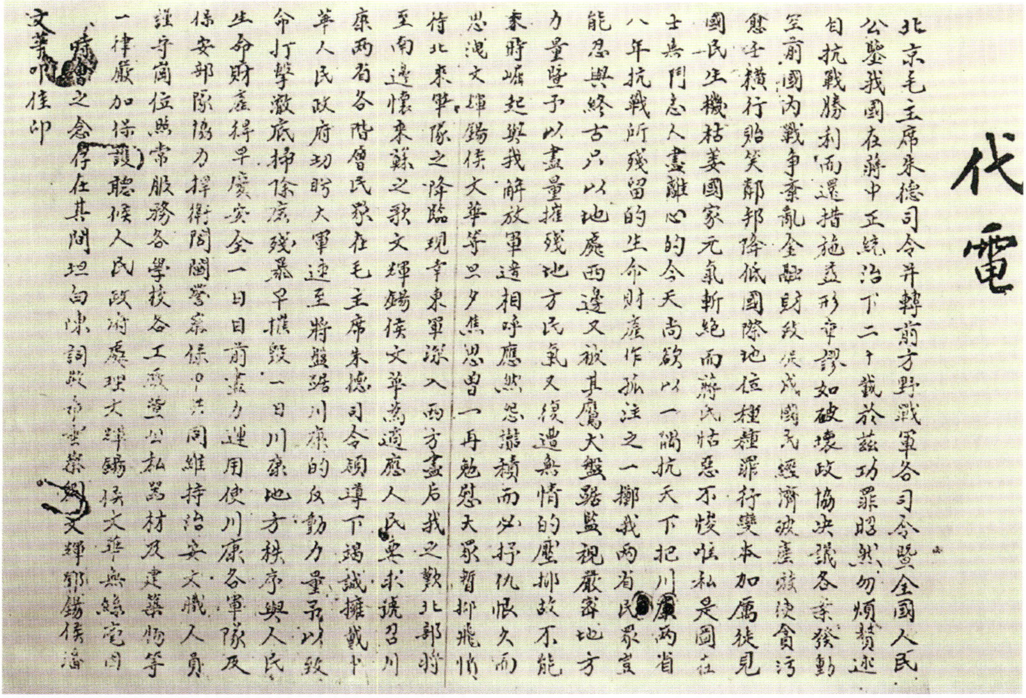

代電

北京毛主席朱德司令并轉前方野戰軍各司令暨全國人民
公鑒我國在蔣中正統治下二十載於茲功罪昭然勿煩贅述
自抗戰勝利而還措施益形乖謬如破壞政協決議各方發動
空前國內戰爭紊亂金融財政促成國民經濟破產致使貪污
憸壬橫行貽笑鄰邦降低國際地位種種罪行變本加厲徒見
國民生機枯萎國家元氣斬絕而蔣氏怙惡不悛唯私是圖在
士無鬥志人盡離心的今天尚欲以一隅抗天下把川康兩省
八年抗戰所殘留的生命財產作孤注之一擲我兩省民衆豈
能忍與終古只以地處西邊又被其鷹犬盤踞監視嚴密地方
力量暨予以盡量摧殘地方民氣又復遭無情的壓抑致不能
乘時崛起與我解放軍遙相呼應然忍辱積而必抒仇恨久而
思洩文輝錫侯文華等旦夕焦思曾一再勉慰大衆暫抑悲憤
待北來軍隊之降臨現幸東軍深入西方盡后我之數北鄰將
至南邊懷來蘇之歌文輝錫侯文華為適應人民要求號召川
康兩省各階層民衆在毛主席朱德司令領導下竭誠擁戴中
華人民政府切盼大軍速至將盤踞川康的反動力量予以致
命打擊徹底掃除底殘暴早擺脫一日川康地方秩序與人民
生命財產得早獲安全一日目前盡力運用使川康各軍隊及
保安部隊協力捍衛閭閻警察保甲共同維持治安文職人員
謹守崗位照常服務各學校各工廠暨公私器材及建築物等
一律嚴加保護聽候人民政府處理文輝錫侯文華與蔣宅同
情之念存在其間坦白陳詞敬希垂察劉文輝鄧錫侯潘
文華叩佳印

1949年12月9日，国民党西康省政府主席刘文辉和西南军政长官公署副长官邓锡侯、潘文华签署起义通电

建立政权

根据中共中央指示，中国人民解放军进军四川前，组建西南服务团和南下工作团，为解放、接管和建设大西南服务。西南服务团重庆支队、川东支队、川南支队配合二野解放四川，并进行接管建政、征粮剿匪、土地改革等工作，南下工作团分配到川西、川北、西康等省区工作。

人民解放军进入四川各大中城市后，立即成立本市中国人民解放军军事管制委员会，统一领导城市的军政工作，负责全面接收和管理城市。接管方针是：旧政权遗留人员照常供职，“保持原职、原薪、原制度”；接管步骤是：先城市后农村，先接收后管理。

新中国成立之初，全国实行大区一级行政区划建制。中共中央西南局、西南军政委员会和西南军区，分别由邓小平、刘伯承、贺龙任书记、主席、司令员，统一领导西南区的工作，驻重庆市。同时，将原四川省划分为川东、川西、川南、川北4个行署区，原西康省行政区划不变，重庆市为西南行政区直辖，后为中央直辖。4个行署区和西康省共辖21个专区、6个市、191个县。

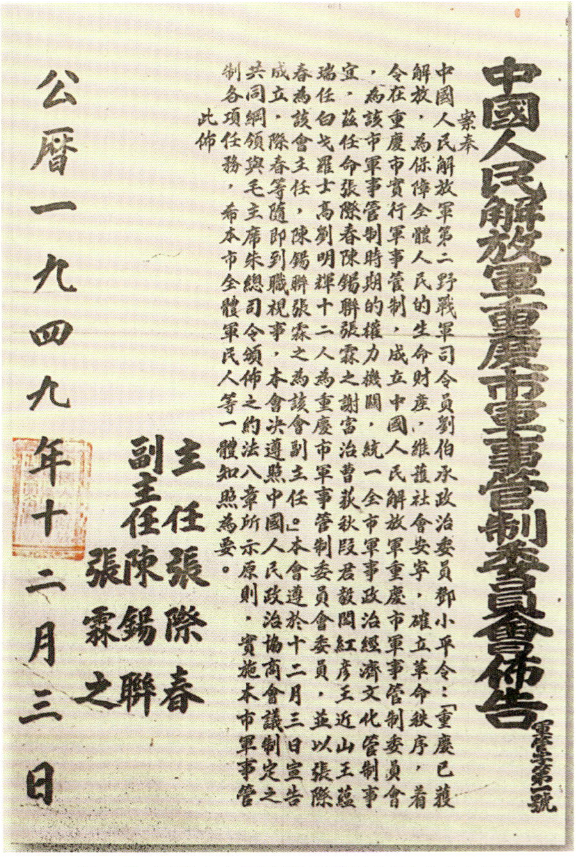
中國人民解放軍重慶市軍事管制委員會佈告

案奉

中國人民解放軍第二野戰軍司令員劉伯承政治委員鄧小平令：「重慶已獲解放，為保障全體人民的生命財產，維護社會安寧，確立革命秩序，着令在重慶市實行軍事管制，成立中國人民解放軍重慶市軍事管制委員會，為該市軍事管制時期的權力機關，統一全市軍事政治經濟文化管制事宜。茲任命張際春陳錫聯張霖之謝富治曹荻秋段君毅閻紅彥王近山王蘊瑞任白戈羅士高劉明輝十二人為重慶市軍事管制委員會委員，並以張際春為該會主任，陳錫聯張霖之為該會副主任。」本會遵於十二月三日宣告成立。際春等隨即到職視事，本會決遵照中國人民政治協商會議制定之共同綱領與毛主席朱總司令頒佈之約法八章所示原則，實施本市軍事管制各項任務，希本市全體軍民人等一體知照為要。

此佈

主任 張際春

副主任 陳錫聯 張霖之

公曆一九四九年十二月三日

1949年12月3日重庆市军事管制委员会正式成立的布告

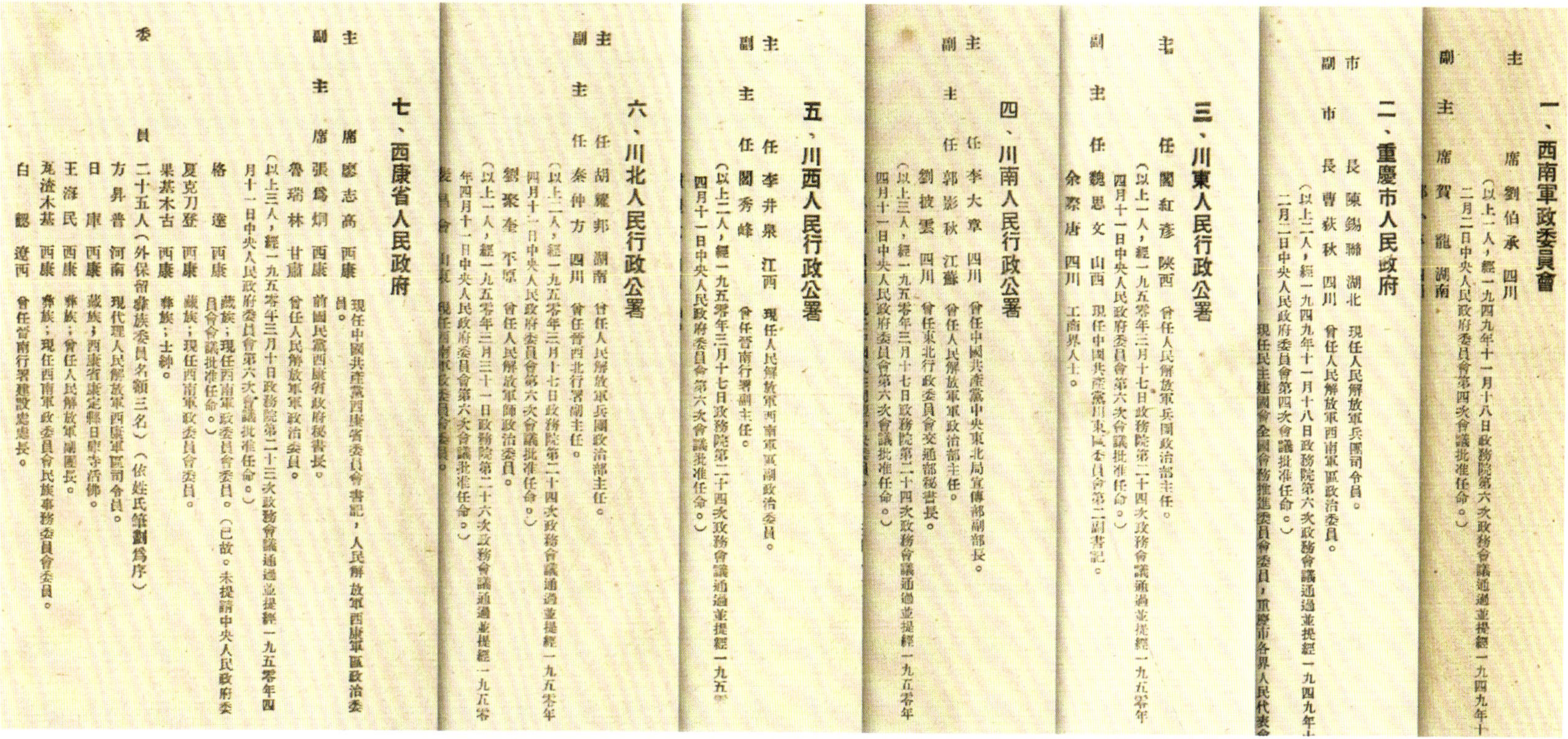

一、西南軍政委員會

主　席　劉伯承　四川
（以上一人，經一九四九年十一月十八日政務院第六次政務會議通過並提經一九四九年十二月二日中央人民政府委員會第四次會議批准任命。）

副主席　賀　龍　湖南

二、重慶市人民政府

市　長　陳錫聯　湖北　現任人民解放軍兵團司令員。

副市長　曹荻秋　四川　曾任人民解放軍西南軍區政治委員。

（以上二人，經一九四九年十一月十八日政務院第六次政務會議通過並提經一九四九年十二月二日中央人民政府委員會第四次會議批准任命。）

現任民主建國會全國會務推進委員會委員，重慶市各界人民代表會

三、川東人民行政公署

主　任　閻紅彥　陝西　曾任人民解放軍兵團政治部主任。
（以上一人，經一九五零年三月十七日政務院第二十四次政務會議通過並提經一九五零年四月十一日中央人民政府委員會第六次會議批准任命。）

副主任　魏思文　山西　現任中國共產黨川東區委員會第二副書記。
佘際唐　四川　工商界人士。

四、川南人民行政公署

主　任　李大章　四川　曾任中國共產黨中央東北局宣傳部副部長。

副主任　郭影秋　江蘇　曾任人民解放軍軍政治部主任。
劉披雲　四川　曾任東北行政委員會交通部秘書長。
（以上三人，經一九五零年三月十七日政務院第二十四次政務會議通過並提經一九五零年四月十一日中央人民政府委員會第六次會議批准任命。）

五、川西人民行政公署

主　任　李井泉　江西　現任人民解放軍西南軍區副政治委員。

副主任　閻秀峰　曾任晉南行署副主任。
（以上二人，經一九五零年三月十七日政務院第二十四次政務會議通過並提經一九五零年四月十一日中央人民政府委員會第六次會議批准任命。）

六、川北人民行政公署

主　任　胡耀邦　湖南　曾任人民解放軍兵團政治部主任。

副主任　秦仲方　四川　曾任晉西北行署副主任。
（以上二人，經一九五零年三月十七日政務院第二十四次政務會議通過並提經一九五零年四月十一日中央人民政府委員會第六次會議批准任命。）
劉聚奎　平原　曾任人民解放軍師政治委員。
（以上一人，經一九五零年三月三十一日政務院第二十六次政務會議通過並提經一九五零年四月十一日中央人民政府委員會第六次會議批准任命。）
張　　　山東　現任西南軍政委員會委員。

七、西康省人民政府

主　席　廖志高　西康　現任中國共產黨西康省委員會書記，人民解放軍西康軍區政治委員。

副主席　張爲炯　西康　前國民黨西康省政府秘書長。
魯瑞林　甘肅　曾任人民解放軍軍政治委員。
（以上三人，經一九五零年三月十日政務院第二十三次政務會議通過並提經一九五零年四月十一日中央人民政府委員會第六次會議批准任命。）
格　達　西康　藏族；現任西南軍政委員會委員。（已故。未提請中央人民政府委員會會議批准任命。）
夏克刀登　西康　藏族；現任西南軍政委員會委員。
果基木古　西康　彝族；土紳。

委　員　二十五人（外保留彝族委員名額三名）（依姓氏筆劃爲序）
方　昇普　河南　現代理人民解放軍西康軍區司令員。
日　庫　西康　藏族；西康省康定縣日庫寺活佛。
王　海民　西康　彝族；曾任人民解放軍副團長。
瓦渣木基　西康　彝族；現任西南軍政委員會民族事務委員會委員。
白　　認　遼西　曾任晉南行署建設處處長。

西南军政委员会及重庆、川东、川西、川南、川北、西康等省（区、市）政府机构组成人员名单

整肃秩序

四川解放之初，潜伏下来的大批特务趁人民政权立足未稳之际，在四川各地组织土匪武装，制造暴乱，大肆骚扰和破坏，社会秩序动荡混乱，毒、娼、赌等丑恶现象依然存在。清扫国民党残余势力，涤荡旧社会污泥浊水，巩固新生人民政权，维护社会稳定，成为摆在四川军民面前最重要、最紧迫的任务。

1950年2月15日，西南军区发布关于剿匪的指示，采取“政治为主、军事为辅”的方针，贯彻“首恶者必办，胁从者不问，立功者受奖”的政策，并与群众工作相结合。据不完全统计，到1950年年底，四川共歼灭股匪40万人以上。

人民政府严厉整治吸毒贩毒、卖淫嫖娼和聚众赌博等丑恶现象，取缔烟馆，封闭妓院，严禁赌博，禁止发放高利贷，改良社会风气。建立收容所，对吸毒者、妓女、赌客、游民、乞丐等进行收容处置，成功地将其教育改造成为自食其力的劳动者。

成都市人民政府在人民公园当众焚烧烟土

收容人员在接受改造

发展经济

四川解放后，人民政府通过采取统一财经制度和金融、发行人民币和公债、平抑物价、减租退押、整顿教育事业、发展文化事业、加强宣传引导、赈济灾民、安抚民生等措施，大力恢复和发展生产。在城市，工人群众迅速恢复了被国民党军警破坏的大批工业设备，开始工业生产。在农村，召开农代会，建立农民协会，通过发放农贷、收购农副土特产品、组织城乡物资交流等办法，促进和恢复农业生产，随后又进行土地改革，解放了农业生产力。在建设方面，抢修都江堰，修筑成渝铁路，成为传诵一时的两大盛事，修筑康藏公路603公里，为进军西藏铺平道路。通过各级党委政府大量卓有成效的工作，四川经济迅速恢复元气。

1950年1月3日，解放军第十八兵团司令部与成都市军管会决定拨款3万银圆，组织军民抢修都江堰，经过两个多月的奋战，完成了都江堰岁修任务，并于4月2日举行开水典礼，保证了川西平原数万顷良田得到及时灌溉。图为军民跳进刺骨的岷江水中进行抢修

都江堰岁修工程竣工后，举行了隆重的开水典礼。图为等待开堰防水的群众

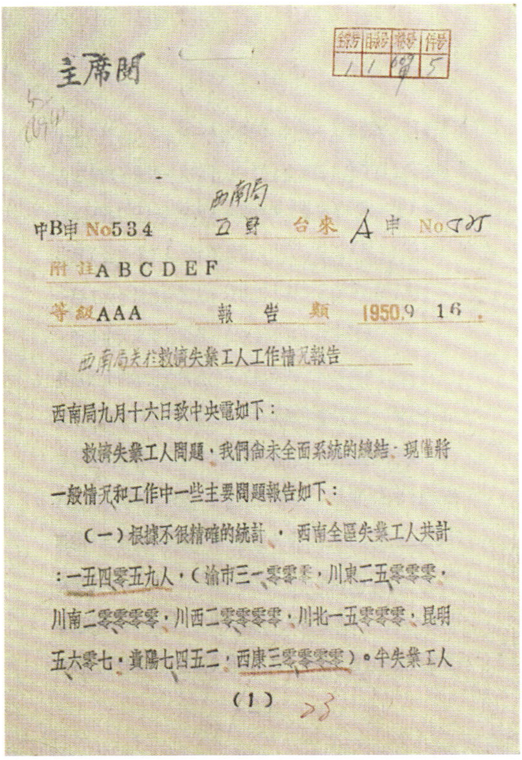

主席閱

中B申 No534　西南局 五号　台来 A 申 No735

附註ABCDEF

等級AAA　報告類　1950.9 16.

西南局关於救濟失業工人工作情况報告

西南局九月十六日致中央電如下：

救濟失業工人問題，我們尚未全面系統的總結，現僅將一般情况和工作中一些主要問題報告如下：

（一）根據不很精確的統計，西南全區失業工人共計：一五四零五九人，（渝市三一零零零，川東二五零零零，川南二零零零零，川西二零零零零，川北一五零零零，昆明五六零七，貴陽七四五二，西康三零零零零）。中失業工人

（1）

1950年9月16日，中共中央西南局关于救济失业工人工作情况报告（部分）

1950年6月15日，成渝铁路正式开建。西南军区抽调指战员及军工3万多人，作为筑路的开路先锋和主力。此外，中共四川各区各级党委、政府动员各县民工10万多人，陆续到达铁路沿线施工筑路。图为成渝铁路开工仪式

双城同庆

1950年10月1日，四川人民迎来首个国庆节，成渝两地举行了隆重的庆祝活动。

成都市农民剿匪自卫队员和城内机关、团体、部队、工厂、学校和各区居民近6万人齐聚一堂，举行盛大的首届国庆节庆祝大会。来自郊区8个乡2万多剿匪自卫队员还雄赳赳地列队接受了当时军政领导检阅。晚上，全城市民有组织地进行了提灯大游行，各种样式的灯笼将成都的夜空映得一片透亮。

重庆市各界群众15万人也举行了声势浩大的庆祝游行，庆祝中华人民共和国成立1周年，刘伯承、张际春、李达、陈锡联、曹荻秋、张霖之等党政军负责人检阅了游行队伍。刘伯承、贺龙亲自为庆祝第一个国庆节题词。邓小平在《新华日报》发表题为《开国一年在西南》的文章。

开国一年四川大事记

（1949年11月—1950年10月）

1. 1949年11月1日，解放军开始进军四川。

2. 1949年11月23日，中共中央西南局成立。

3. 1949年11月30日，重庆解放。

4. 1949年12月2日，西南军政委员会在重庆成立。西南军政委员会行使大区人民政府职权，辖云南、贵州、西康 3 省，川东、川南、川西、川北 4 个行署区，重庆直辖市及西藏。

5. 1949年12月3日至1950年2月，重庆、成都、南充、雅安等相继建立军事管制委员会，接管城市。

6. 1949 年 12 月 9 日，刘文辉、邓锡侯、潘文华在彭县（今彭州市）联名通电起义。

7. 1949 年 12 月 10 日，中共中央西南局机关报《新华日报》在重庆出版。之后，各地党报陆续创刊。《川西日报》《川南日报》于1950 年 1 月 1 日同时创刊，《川北日报》于3月22日创刊，《西康日报》于8月1日创刊。

8. 1949 年 12 月 11 日至1950年4月11日，重庆市委、市人民政府和川东、川南、川西、川北区委和行政公署，以及西康省委、省人民政府相继成立。

9. 1949年12月27日，成都解放。

10. 1950年1月7日开始，统一金融，禁用银圆，发行人民币。

11. 1950 年 1 月至4月，成都市军管会组织力量，紧急抢修都江堰。

12. 1950 年 1 月，私营宝元通公司正式转为国营。

13. 1950 年2月6日，在逃的原四川省政府主席王陵基被捕获。

14. 1950年2月至7月，剿灭大规模匪特骚乱。

15. 1950年2月至6月，平抑物价，旧政权遗留下来的长期恶性通货膨胀痼瘤基本消除。

16. 1950 年 1 月下旬起，各地相继召开各界人民代表会议。

17. 1950年2月下旬起，各地陆续召开农代会，建立农民协会。

18. 1950年2月底开始，各地严禁鸦片烟毒。

19. 1950 年3月3日，人民胜利折实公债开始发行，对回笼货币、稳定市场、保障人民生活、克服经济困难起了重要作用。

20．1950年3月开始，各地进行减租退押，减轻农民负担，为土地改革创造了有利条件。

21．1950年3月，开始实施统一领导、分级管理的财政制度，财经状况大为改善。

22．1950年4月，全面动工修筑康藏公路，支持进军西藏。

23．1950年5月14日，西南人民革命大学在重庆成立，刘伯承兼任校长，1953年10月停办。24．1950年6月15日，成渝铁路开工。

25．1950 年8月，民生公司等私营企业实行公私合营。

26．1950 年9月底，改造旧军队的工作基本结束。

※ 1952年8月7日，中央人民政府决定撤销4个行署区，合并恢复四川省。1954年6月19日，重庆市由中央直辖市改为四川省省辖市。1955年7月30日，第一届全国人大第二次会议决定撤销西康省，10月1日，其辖区正式并入四川省和西藏自治区。

参考文献

[1] 四川省档案局（馆）．四川解放档案文献图集[M]．北京：中国档案出版社，2009．

[2] 四川省地方志编纂委员会．四川省志・大事记述[M]．成都：四川科学技术出版社，1999．

[3] 四川省档案馆馆藏。

9 新中国自主建设的第一条铁路
——成渝铁路

7月1日，在中国现代史上是一个值得铭记的特殊日子。1952年7月1日，新中国自主建设的第一条铁路——成渝铁路，正式通车。成渝铁路的建成通车，实现了巴蜀人民期盼近半个世纪的筑路梦想，揭开了四川大规模修建铁路的序幕，有力促进了铁路沿线地区经济社会的发展，对开发四川乃至整个西南地区发挥了重要作用。四川省档案馆保管的有关档案资料记述了这一历史进程。

战略决策

四川自古就有“蜀道难，难于上青天”的困窘，“天堑变通途”是四川人民的千年梦想。1903年7月（光绪二十九年闰五月），四川总督锡良上书清廷，奏请自办川汉铁路。1904年，川汉铁路总公司作为中国最早的省级铁路公司，在成都岳府街成立。川汉铁路起自湖北宜昌，分宜（昌）万（县）、万（县）重（庆）、重（庆）成（都）三段，成渝铁路即为其西段。川汉铁路总公司采取“内地集股，仿捐输而行债票之性质”的办法，筹措筑路资金，巴蜀四千多万民众节衣缩食，踊跃认股。

1906年，川汉铁路开始勘测路线。1907年，川汉铁路总公司改“官办”为“商办”。1909年，川汉铁路在宜昌举行开工典礼。1911年5月，清政府颁布铁路干线国有政策，宣布将川汉铁路等收归国有，转卖英、法等国，四川人民强烈反对，掀起保路风潮，引发武昌起义，成为推翻千年封建帝制的导火线。

商办川省川汉铁路有限公司大股股票（原件藏叙永县档案馆）

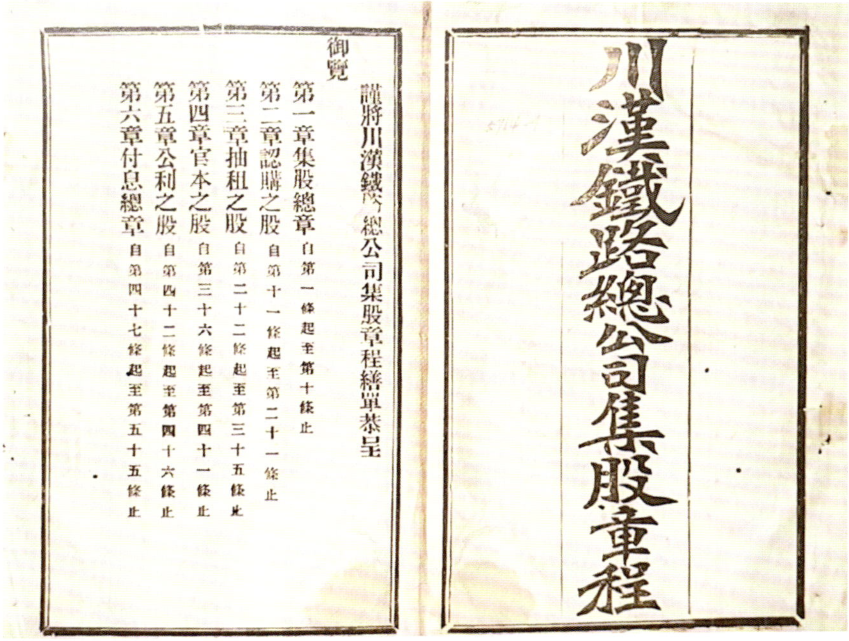

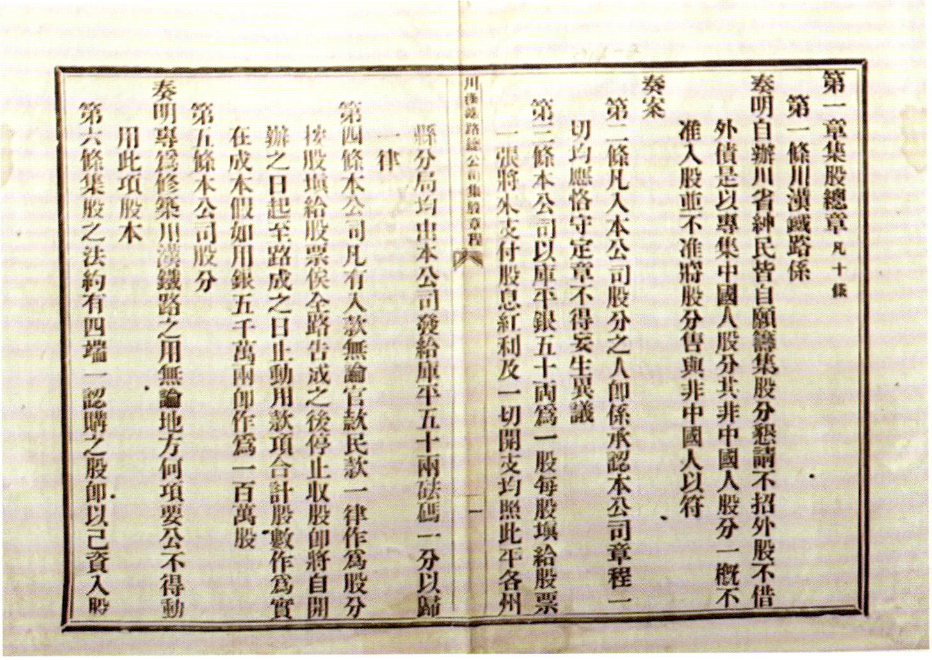

第一章集股總章 凡十條
第一條川漢鐵路係
奏明自辦川省紳民皆自願籌集股分懇請不招外股不借
外債是以專集中國人股分其非中國人股分一概不
准入股並不准將股分售與非中國人以符
奏案
第二條凡入本公司股分之人即係承認本公司章程一
切均應恪守定章不得妄生異議
第三條本公司以庫平銀五十兩爲一股每股填給股票
一張將來支付股息紅利及一切開支均照此平各州
川漢鐵路總公司集股章程 一
縣分局均由本公司發給庫平五十兩砝碼一分以歸
一律
第四條本公司凡有入款無論官款民款一律作爲股分
按股填給股票俟全路告成之後停止收股即將自開
辦之日起至路成之日止動用款項合計股數作爲實
在成本假如用銀五千萬兩即作爲一百萬股
第五條本公司股分
奏明專爲修築川漢鐵路之用無論地方何項要公不得動
用此項股本
第六條集股之法約有四端一認購之股即以己貲入股

光绪三十年十二月川汉铁路总公司集股章程

民国时期，中央政府多次将成渝铁路修建提上议事日程，1935年6月，在重庆成立了成渝铁路工程局。1937年和1946年曾两度开工，但因抗战和资金不足等原因，成渝铁路仅筑成部分路基，连通了部分桥墩、桥涵、隧道，寸轨未铺，四川人民数十年的筑路梦仍旧停留在图纸上。

1949年，随着解放战争的深入推进，为巩固政权、恢复生产、改善民生，受命主政西南的刘伯承、邓小平开始着手谋划修建成渝铁路。6月至7月，邓小平两次专程到时任上海市市长陈毅家中拜访其堂兄、我国著名兵工专家陈修和，商谈如何加快成渝铁路修筑事宜。9月20日，邓小平在给区营级以上干部讲课时分析指出，“抗战期间，沿海工厂内迁打下了西南工业的基础，重庆附近的重工业生产超过上海。四川为仅次于东北的重工业区，能生产铁路、道轨火车，及一千吨以下的轮船”，修建成渝铁路具备基础条件。11月23日，中共中央西南局在湖南常德成立，邓小平、刘伯承、贺龙分任第一、第二、第三书记，肩负着党中央、毛主席“经营西南”的历史重任。12月31日，邓小平主持召开西南局常委办公会，作出“兴建成渝铁路，造船修建码头”的重大决策，并强调“要以修建成渝铁路为先行，带动百业发展，不但可以恢复经济，而且可以争取人心，稳定人心”。

1950年1月2日，邓小平在向中共中央报告重庆解放一个月后西南地区的情况和建设新西南的工作计划时，特别提出建设新西南的第一要务是“着重于修成渝铁路”。2月8日，经邓小平提议，筹备中的西南军政委员会通过修建成渝铁路的重大决策。同年春，中共中央、中央人民政府政务院批准西南军政委员会关于请求修建成渝铁路的报告，提出“依靠地方，群策群力，就地取材，修好铁路”的方针，修建成渝铁路上升为国家战略。在新中国刚刚成立、经济十分困难的情况下，中共中央书记处批准“先拨2亿斤大米作修路经费”。成渝铁路设计全长505公里，横穿四川盆地，线内共计13个车站，西起成都，向东南出成都平原，穿龙泉山，沿沱江右岸经简阳、资阳、资中到内江，横跨沱江，经隆昌、荣昌、大足、永川到朱杨溪，沿长江经巴县抵重庆，计划工期2年。

1950年5月，邓小平在讨论成渝铁路有关问题的会议上强调：“修成渝铁路，我们军队要打头阵。”决定先由部队抽调军工组成施工队伍，以后再动员民工参与修建。6月12日，铁道部西南铁路工程局成立，赵健民、赵锡纯为正、副局长，萨福均为总工程师，负责成渝铁路建设。至此，成渝铁路建设各项准备工作就绪。

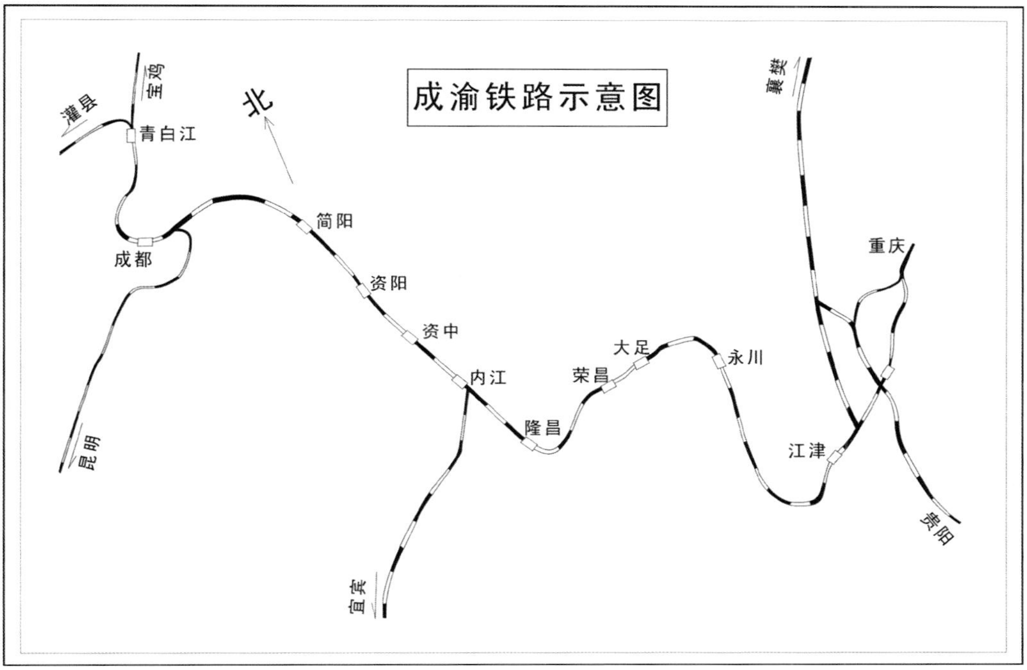

成渝铁路示意图

筑路历程

1950年6月15日，成渝铁路开工典礼在西南军区驻地重庆市复兴关大操场隆重举行，第一批筑路主力军——西南军区军工总队及西南铁路局驻渝人员共2 500余人参加大会。邓小平、贺龙等西南军政委员会领导人出席，邓小平致辞，贺龙将一面绣有“开路先锋”的锦旗授予军工一总队。邓小平在致辞中指出：“进军西南时，就下决心把西南建设好，并从建设人民的交通事业做起。”他要求筑路军民克服一切困难，遵守劳动纪律，掌握修路技术，尊重技术人员的指导，按计划完成筑路任务。

扛着“开路先锋”旗帜和各种生产工具向工地前进的军工一总队官兵

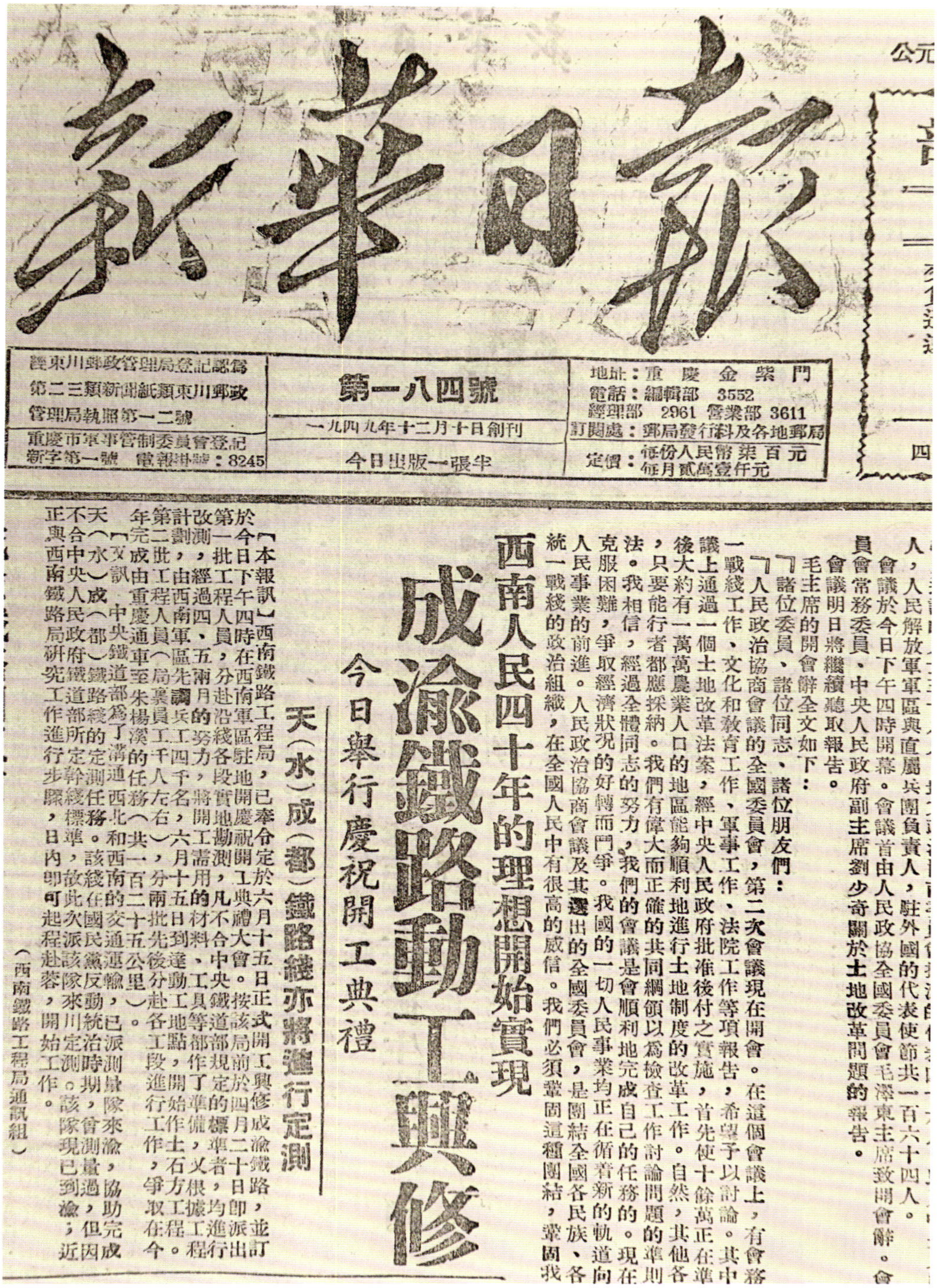

公元

新華日報

經東川郵政管理局登記認爲第二三類新聞紙類東川郵政管理局執照第一二號
重慶市軍事管制委員會登記新字第一號　電報掛號：8245

第一八四號
一九四九年十二月十日創刊
今日出版一張半

地址：重慶金紫門
電話：編輯部 3552　經理部 2961 營業部 3611
訂閱處：郵局發行科及各地郵局
定價：每份人民幣柒百元　每月貳萬壹仟元

人，人民解放軍軍區與直屬兵團負責人，駐外國的代表使節共一百六十四人。

會議於今日下午四時開幕。會議首由人民政協全國委員會毛澤東主席致開會辭。會

員會常務委員、中央人民政府副主席劉少奇關於土地改革問題的報告。

會議明日將繼續聽取報告。

毛主席的開會辭全文如下：

「諸位委員、諸位同志、諸位朋友們：

「人民政治協商會議的全國委員會，第二次會議現在開會。在這個會議上，有會務

一戰綫工作、文化和教育工作、軍事工作、法院工作等項報告，希望予以討論。其中

議上通過一個土地改革法案，經中央人民政府批准後付之實施，首先使十餘萬正在準

後大約有一萬萬農業人口的地區能夠順利地進行土地制度的改革工作。自然，其他各

法。只要能行者都應採納。我們有偉大而正確的共同綱領以爲檢查工作討論問題的準則

克服困難，爭取經濟狀況的好轉而鬥爭。我們的會議是會順利地完成自己的任務的。現在

人民事業的前進。人民政治協商會議及其選出的全國委員會，是團結全國各民族、各

統一戰綫的政治組織，在全國人民中有很高的威信。我們必須鞏固這種團結，鞏固我

成渝鐵路動工興修

西南人民四十年的理想開始實現

今日舉行慶祝開工典禮

「本報訊」西南鐵路工程局，已奉令定於六月十五日正式開工興修成渝鐵路，並訂於今日下午四時，在西南軍區駐地開慶祝開工典禮大會。按該局前於四月二十日即派出第一批工程人員，分赴沿綫各段實地勘測，凡不合中央鐵道部規定的標準者，均進行改測，經過四、五兩月的努力，將開工需用的材料、工具等都作了準備，又根據工程計劃，由西南軍區先調兵工四千名，六月十五日到達動工地點，開始作土石方工程。第二批工程人員（局裏員工千八左右），分兩批先後分赴各工段進行工作，爭取在今年完成由重慶通車至朱楊溪的任務（共一百二十五公里）。

天（水）成（都）鐵路綫亦將進行定測

「又訊」中央鐵道部爲了溝通西北和西南的交通運輸，已派測量隊來渝，協助完成天（水）成（都）鐵路綫的定測任務。該綫在國民黨反動統治時期，曾測量過，但因不合中央人民政府鐵道部所定幹綫標準，故此次派該隊來川定測。該隊現已到渝；近正與西南鐵路局研究工作進行步驟，日內即可起程赴蓉，開始工作。

（西南鐵路工程局通訊組）

中共中央西南局机关报《新华日报》关于成渝铁路开工的报道

1950年6月16日，西南军区抽调部队共2万多人参加修建成渝铁路。至1951年6月，先后有3万多军工参加筑路。两年期间，各级政府组织10万民工参加筑路。

筑路军工

筑路民工

1950年7月10日，西南军政委员会成立西南铁路工程委员会，由西南军区副司令员李达任主任委员，西南军政委员会秘书长孙志远和西南铁路工程局局长赵健民任副主任委员。11月，在西南铁路工程委员会下增设成渝铁路民工筑路指挥部，各行署成立筑路委员会。

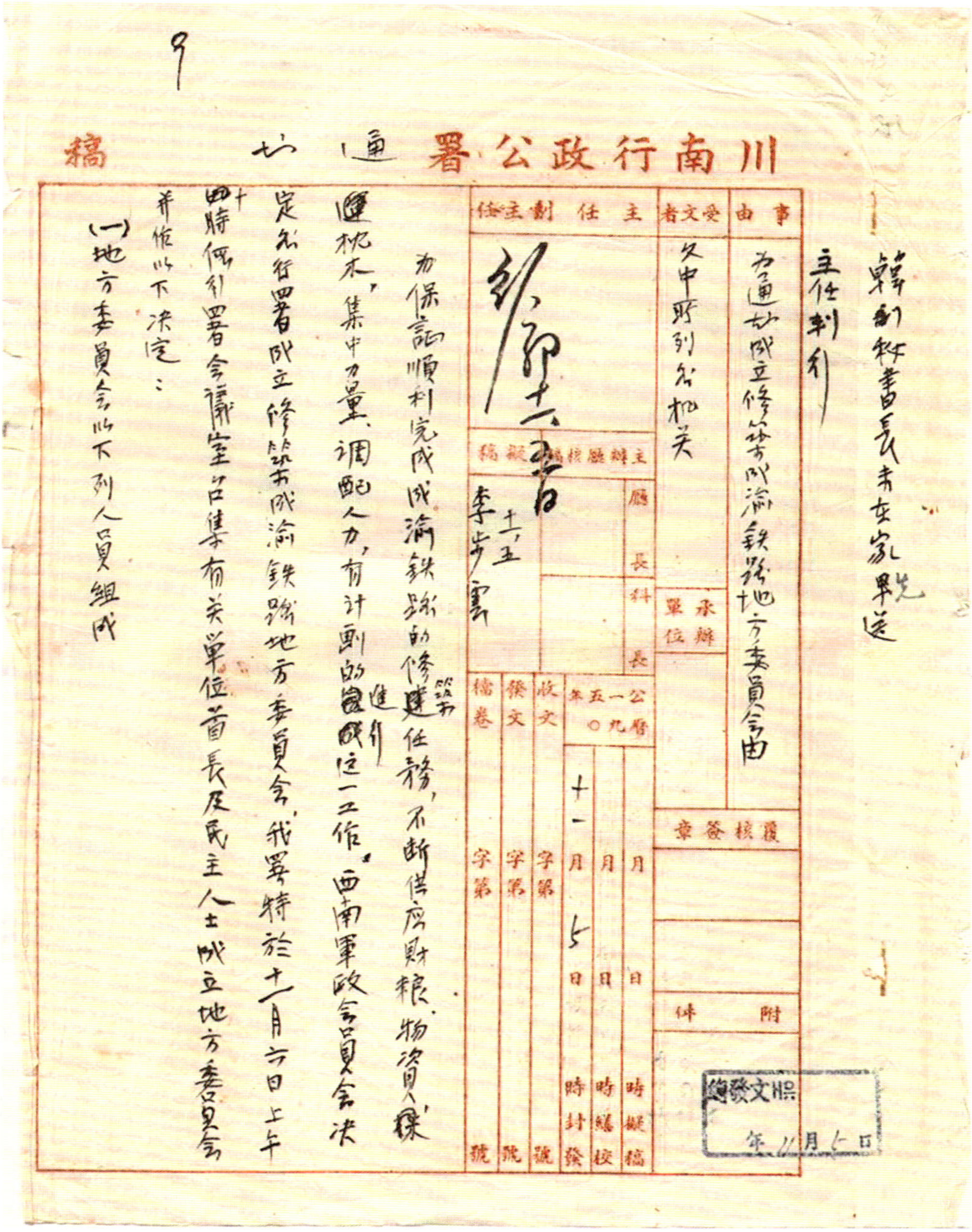

川南行政公署 通七 稿

韩副秘书长李安家毕先送

主任判行

事由：为通知成立修筑成渝铁路地方委员会由

受文者：文中所列各机关

主办核稿拟稿：李步云 十一，五

公历一九五〇年 十一月五日

川南发文 年11月6日

为保证顺利完成成渝铁路的修筑任务，不断供应财粮、物资、器材、枕木，集中力量，调配人力，有计划的进行完成这一工作。西南军政委员会决定各行署成立修筑成渝铁路地方委员会，我署特于十一月六日上午十时假行署会议室召集有关单位首长及民主人士成立地方委员会并作以下决定：

(一)地方委员会以下列人员组成

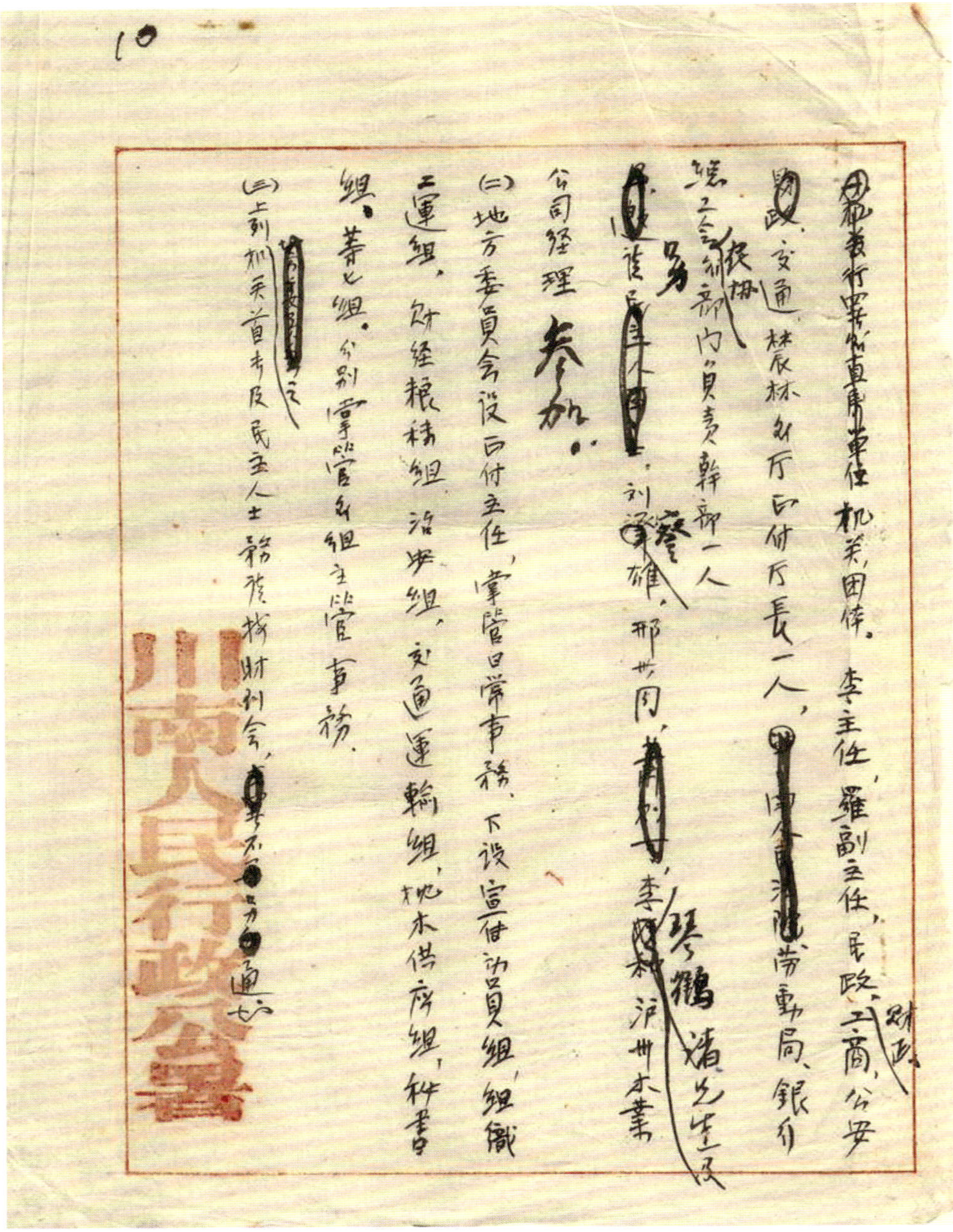
10

(甲)参加单位：省直属单位机关团体。李主任，罗副主任，民政、工商、公安、财政、交通、农林各厅正付厅长一人，[redacted]劳动局、银行、总工会、组织部内负责干部一人[redacted]刘[redacted]雄、邢世同、[redacted]李[redacted]琴、鹤靖先生及泸州木业公司经理参加。

(乙)地方委员会设正付主任，掌管日常事务，下设宣传动员组，组织工运组、财经粮秣组、治安组、交通运输组、枕木供应组、秘书组、筹备组。分别掌管各组主管事务。

(丙)上列机关首长及民主人士务于接到[redacted]通知

川南行政公署关于成立修筑成渝铁路地方委员会的通知

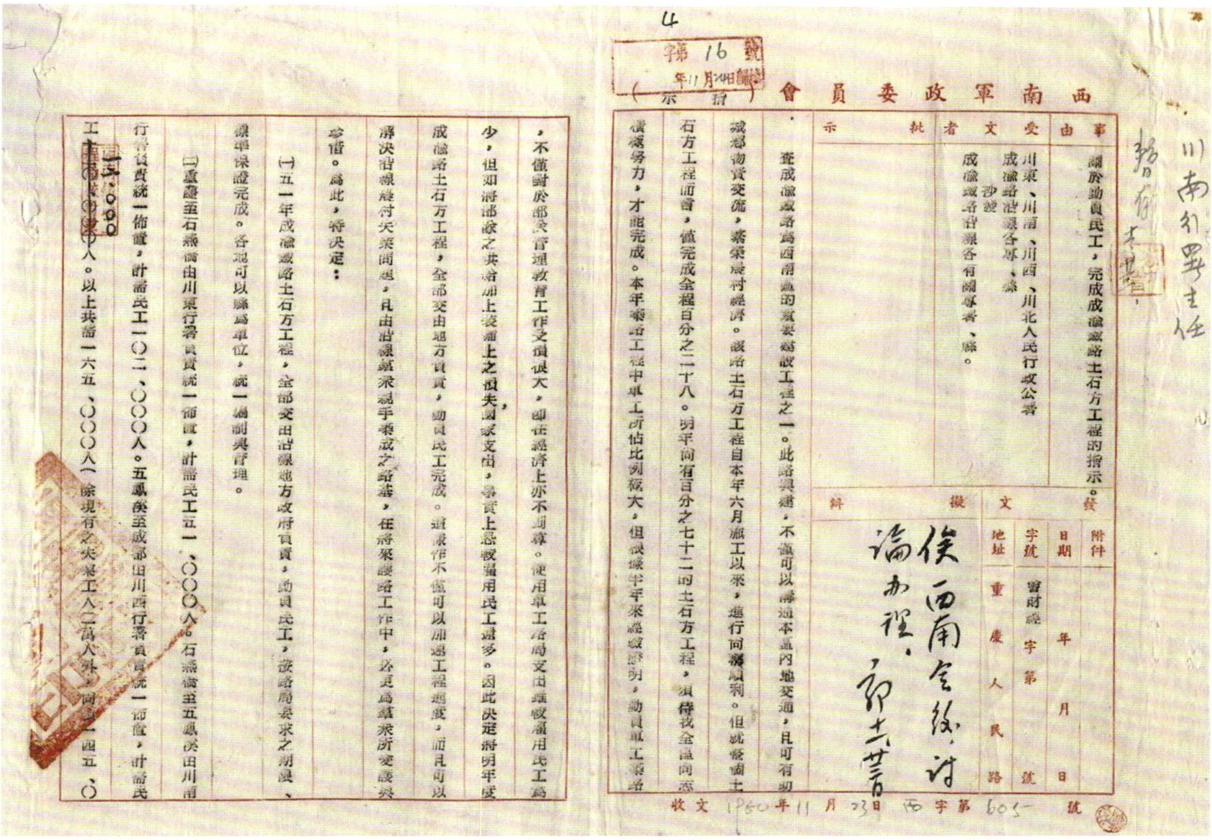

西南军政委员会关于动员民工，完成成渝铁路土石方工程的指示

1950年12月底，铺轨至江津站。成渝铁路建设实施“先通后备”的方针，随着铺轨区段的延伸，逐段开办临时运营。

1951年6月底，铺轨至永川站。11月8日，西南军政委员会公布铁路沿线群众护路组织暂行办法，要求西南区铁路沿线各级人民政府、农民协会号召动员所属人民及会员，在不脱离生产的原则下，依法组织护路，确保铁路安全。

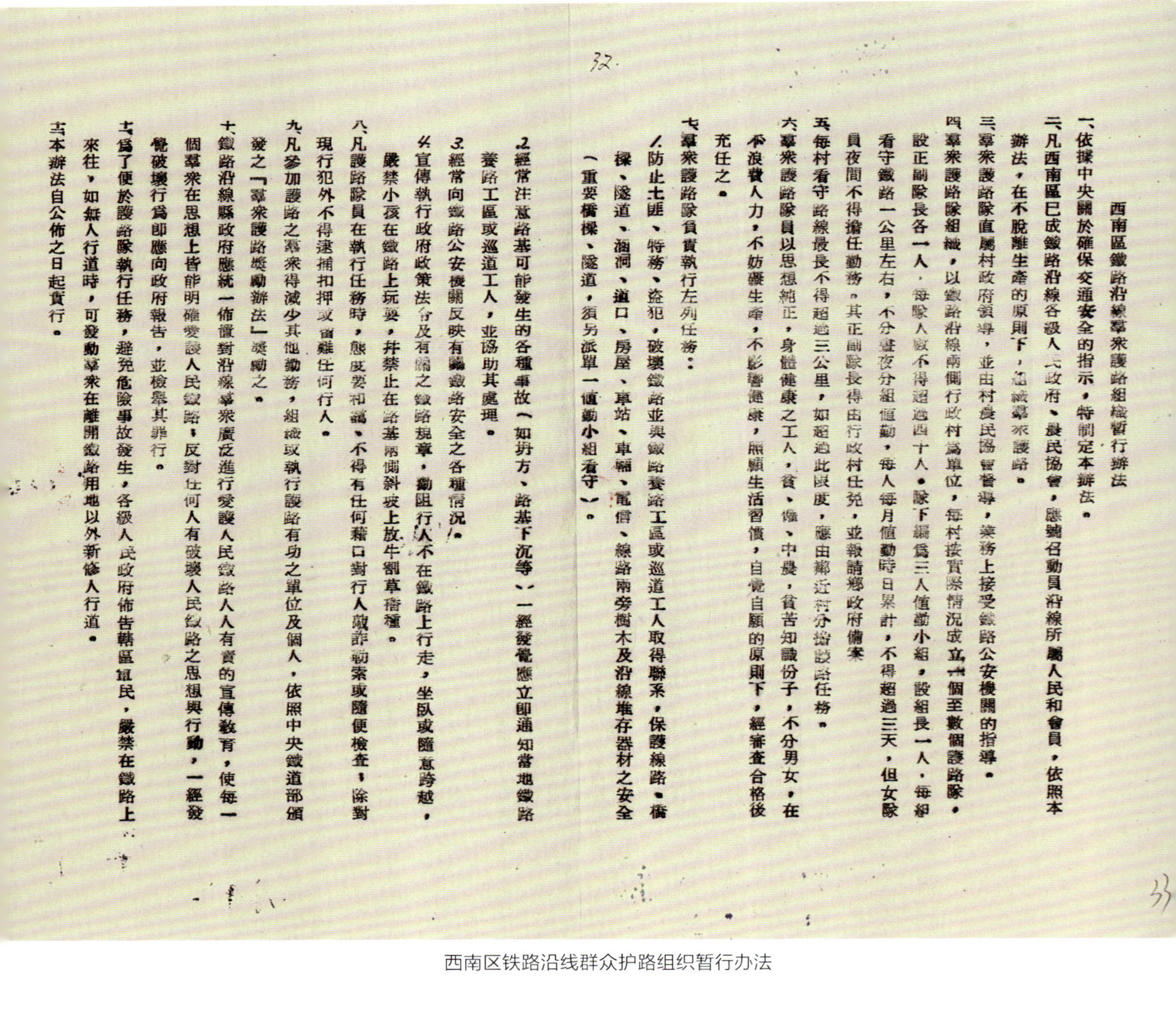

西南區鐵路沿線羣衆護路組織暫行辦法

一、依據中央關於確保交通安全的指示，特制定本辦法。

二、凡西南區已成鐵路沿線各級人民政府、農民協會，應號召動員沿線所屬人民和會員，依照本辦法，在不脫離生產的原則下，組織羣衆護路。

三、羣衆護路隊直屬村政府領導，並由村農民協會督導，業務上接受鐵路公安機關的指導。

四、羣衆護路隊組織，以鐵路沿線兩側行政村為單位，每村按實際情況成立一個至數個護路隊。設正副隊長各一人，每隊人數不得超過四十人。隊下編為三人值勤小組，設組長一人，每組看守鐵路一公里左右，不分晝夜分組值勤，每人每月值勤時日累計，不得超過三天，但女隊員夜間不得擔任勤務。其正副隊長得由行政村任免，並報請鄉政府備案。

五、每村看守路線最長不得超過三公里，如超過此限度，應由鄰近村分擔護路任務。

六、羣衆護路隊員以思想純正，身體健康之工人，貧、僱、中農，貧苦知識份子，不分男女，在不浪費人力，不妨礙生產，不影響健康，照顧生活習慣，自覺自願的原則下，經審查合格後充任之。

七、羣衆護路隊負責執行左列任務：

1.防止土匪、特務、盜犯，破壞鐵路並與鐵路養路工區或巡道工人取得聯系，保護線路、橋樑、隧道、涵洞、道口、房屋、車站、車輛、電信、線路兩旁樹木及沿線堆存器材之安全（重要橋樑、隧道，須另派單一值勤小組看守）。

2.經常注意路基可能發生的各種事故（如坍方、路基下沉等），一經發覺應立即通知當地鐵路養路工區或巡道工人，並協助其處理。

3.經常向鐵路公安機關反映有關鐵路安全之各種情況。

4.宣傳執行政府政策法令及有關之鐵路規章，勸阻行人不在鐵路上行走，坐臥或隨意跨越，嚴禁小孩在鐵路上玩耍，并禁止在路基兩側斜坡上放牛割草播種。

八、凡護路隊員在執行任務時，態度要和藹，不得有任何藉口對行人敲詐勒索或隨便檢查；除對現行犯外不得逮捕扣押或留難任何行人。

九、凡參加護路之羣衆得減少其他勤務，組織或執行護路有功之單位及個人，依照中央鐵道部頒發之『羣衆護路獎勵辦法』獎勵之。

十、鐵路沿線縣政府應統一佈置對沿線羣衆廣泛進行愛護人民鐵路人人有責的宣傳教育，使每一個羣衆在思想上皆能明確愛護人民鐵路；反對任何人有破壞人民鐵路之思想與行動，一經發覺破壞行為即應向政府報告，並檢舉其罪行。

十一、為了便於護路隊執行任務，避免危險事故發生，各級人民政府佈告轄區居民，嚴禁在鐵路上來往，如無人行道時，可發動羣衆在離開鐵路用地以外新修人行道。

十二、本辦法自公佈之日起實行。

西南区铁路沿线群众护路组织暂行办法

1951年12月6日，铺轨到内江。12月7日，重庆至内江段通车，内江召开通车典礼，10万民众集会庆祝。

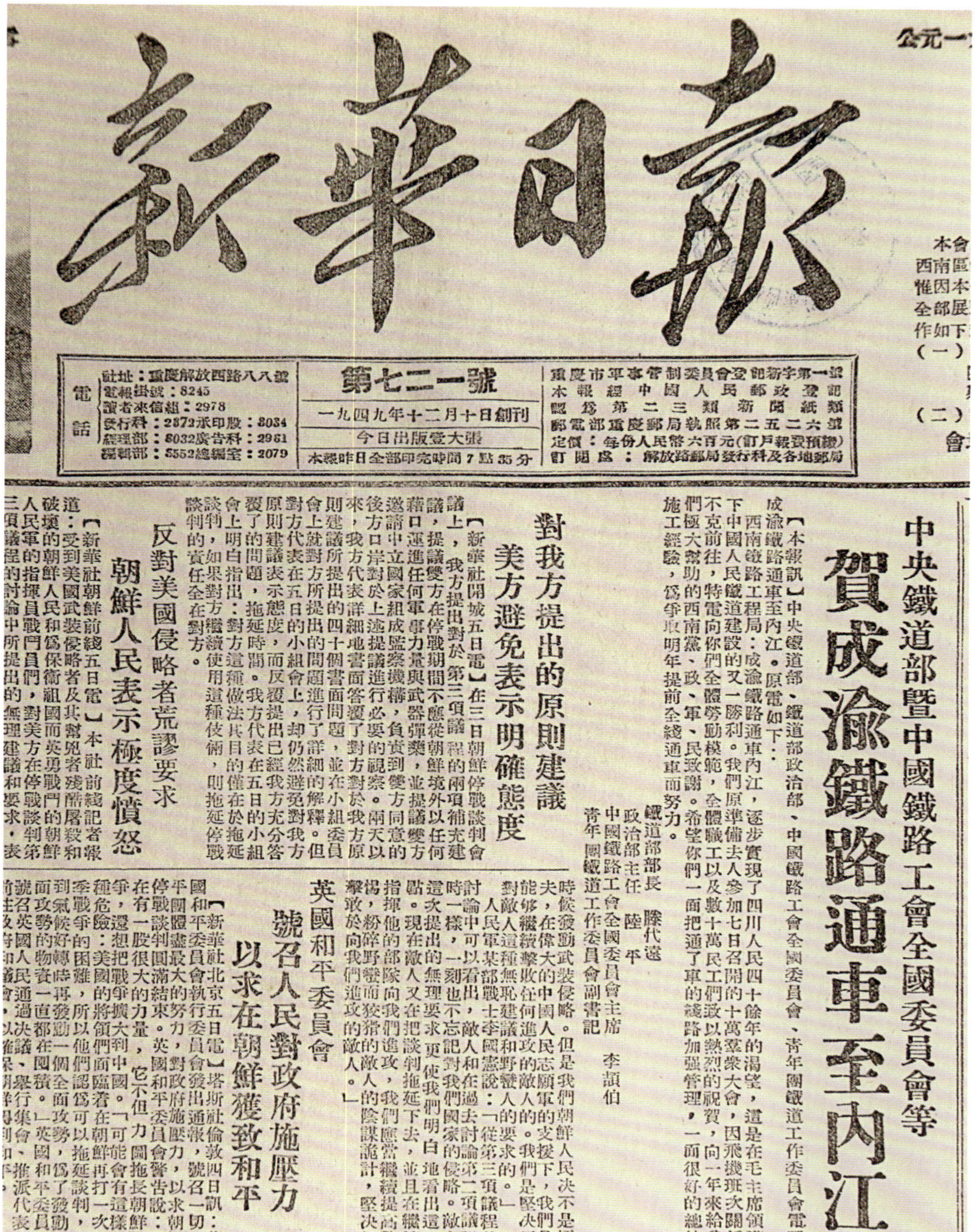

新華日報

第一二七號

一九四九年十二月十日創刊

今日出版壹大張

本報昨日全部印完時間7點35分

電話：社址：重慶解放西路八八號 電報掛號：8245 讀者來信組：2978 發行科：2372承印股：8034 經理部：8032廣告科：2961 編輯部：5552總編室：2079

重慶市軍事管制委員會登記新字第一號 本報經中國人民郵政登記認爲第二三類新聞紙類 郵電部重慶郵局執照第二五二六號 定價：每份人民幣六百元（訂戶報費預繳） 訂閱處：解放路郵局發行科及各地郵局

中央鐵道部暨中國鐵路工會全國委員會等

賀成渝鐵路通車至內江

【本報訊】中央鐵道部、鐵道部政治部、中國鐵路工會全國委員會、青年團鐵道工作委員會電賀成渝鐵路通車至內江。原電如下：

西南鐵路工程局：成渝鐵路通車內江，逐步實現了四川人民四十餘年的渴望，這是在毛主席領導下中國人民鐵道建設的又一勝利。我們原準備去人參加七日召開的十萬群衆大會，因飛機班次關係不克前往，特電向你們全體勞動模範，全體職工以及數十萬民工們致以熱烈的祝賀，向一年來給我們極大幫助的西南黨、政、軍、民致謝。希望你們一面把通了車的綫路加強管理，一面很好的總結施工經驗，爲爭取明年提前全綫通車而努力。

鐵道部部長 滕代遠

政治部主任 陸平

中國鐵路工會全國委員會主席 李頡伯

青年團鐵道工作委員會副書記

對我方提出的原則建議 美方避免表示明確態度

反對美國侵略者荒謬要求 朝鮮人民表示極度憤怒

英國和平委員會號召人民對政府施壓力 以求在朝鮮獲致和平

中共中央西南局机关报《新华日报》关于重庆至内江通车的报道

1951年12月7日，成渝铁路重庆至内江段通车。图为首次乘坐火车的学生（图片选自四川省档案馆编著的《四川解放档案文献图集》，中国档案出版社2009年9月第一版）

1952年1月26日，铺轨到资中。

1952年4月17日，邓小平致电中央人民政府：成渝铁路7月1日可全线通车。

1952年4月19日，铺轨到资阳。

1952年6月7日，西南军政委员会举行第七十三次行政会议，36人出席，邓小平主持。会议在听取赵健民关于庆祝成渝铁路全线通车及天成铁路开工情况的报告后，决定成立庆祝成渝铁路全线通车筹备委员会，熊克武为主任委员，刘文辉、李达、蔡树藩为副主任委员，赵健民兼秘书长。会上，邓小平指出："成渝铁路是一件大事，不但是西南，在全国来说也是一件大事"；"西南是交通第一，有了铁路就好办事"。

1952年6月13日，成渝铁路铺轨至成都，铺轨工程提前完工。成渝铁路采用的全部是国产的钢轨和枕木，每公里成本为人民币31万元，系新中国成立后在丘陵地区完工最快、耗费最省的铁路，共节约投资737万元。

1952年6月26日，西南军政委员会发布命令，嘉奖西南铁路工程局、西南工业部及附属101厂、长江航务管理局重庆分局等单位在成渝铁路建设中作出的突出贡献。

接着，主席把宣言草案提付表決。全體代表一致舉手通過了這個宣言之後，響起了長時間的掌聲。

主席當即請各國代表在宣言上簽名，並邀請中國的著名和平人士、亞洲及太平洋區域和平會議的中國發起人之一郭沫若參加簽名。籌備會議秘書長劉寧一接着報告：現在途中前來參加本籌備會議的各國代表到北京後，如贊同宣言，可補行簽名；這一宣言將盡快散發出去，並由各國代表帶回本國，以便邀請各國和平運動的領袖和有威望的人士簽名。

在各國代表進行簽名同時，主席宣佈請巴基斯坦代表穆汗默德·汗宣讀「關於亞洲及太平洋區域和平會議各項籌備工作的提議」。穆汗默德·汗宣讀了關於各項籌備工作的提

說：讓我們向各位所代表的人民致敬，並祝賀他們在保衛和平的鬥爭中獲得成功。我們必須爲人民的幸福而鬥爭。世界和平萬歲。

全體到會代表起立鼓掌，熱烈祝賀會議的成功。

和平會議籌備會議

決定成立籌備委員會

【新華社北京七日電】亞洲及太平洋區域和平會議籌備會議在六日決定成立亞洲及太平洋區域和平會議籌備委員會，並決定由中國担任秘書長。中國籌備委員會今日已推定劉寧一担任秘書長職務。

西南軍政委員會第七十三次行政會議通過

成立慶祝成渝鐵路全綫通車籌備委員會

【本報訊】西南軍政委員會第七十三次行政會議於七日上午舉行。會議在聽取了西南鐵路工程局趙健民兼局長關於慶祝成渝鐵路全綫通車及天成鐵路開工情況的報告後，通過成立慶祝成渝鐵路全綫通車籌備委員會，以熊克武爲主任委員，劉文輝、李達、蔡樹藩爲副主任委員，于江震、但懋辛、李紫翔、段君毅、胡子昂、張曙時、曹荻秋、陳希雲、程子健、楚圖南、廖蘇華、廖井丹、趙健民、鄧錫侯、薩福均等爲委員，並以趙健民兼秘書長。此外，會議並商議任免案及提請中央人民政府政務院批准任免案多起。

中共中央西南局机关报《新华日报》关于筹备庆典的报道

成渝铁路全部采用国产钢轨和枕木。图为施工现场

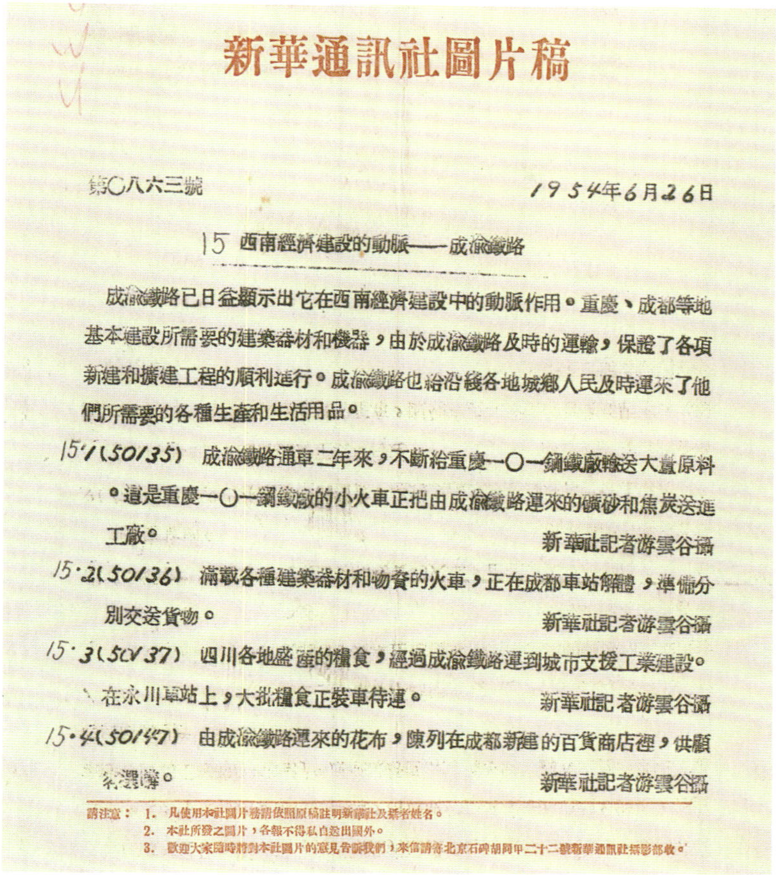

新華通訊社圖片稿

第〇八六三號　　1954年6月26日

15 西南經濟建設的動脈——成渝鐵路

成渝鐵路已日益顯示出它在西南經濟建設中的動脈作用。重慶、成都等地基本建設所需要的建築器材和機器，由於成渝鐵路及時的運輸，保證了各項新建和擴建工程的順利進行。成渝鐵路也給沿綫各地城鄉人民及時運來了他們所需要的各種生產和生活用品。

15·1(50135)　成渝鐵路通車二年來，不斷給重慶一〇一鋼鐵廠輸送大量原料。這是重慶一〇一鋼鐵廠的小火車正把由成渝鐵路運來的礦砂和焦炭送進工廠。　新華社記者游雲谷攝

15·2(50136)　滿載各種建築器材和物資的火車，正在成都車站解體，準備分別交送貨物。　新華社記者游雲谷攝

15·3(50137)　四川各地盛產的糧食，經過成渝鐵路運到城市支援工業建設。在永川車站上，大批糧食正裝車待運。　新華社記者游雲谷攝

15·4(50147)　由成渝鐵路運來的花布，陳列在成都新建的百貨商店裡，供顧客選購。　新華社記者游雲谷攝

請注意：1. 凡使用本社圖片務請依照原稿註明新華社及攝者姓名。
2. 本社所發之圖片，各報不得私自送出國外。
3. 歡迎大家隨時將對本社圖片的意見告訴我們，來信請寄北京石碑胡同甲二十二號新華通訊社攝影部收。

新华通讯社报道图片稿目录

双城同庆

1952年7月1日，重庆、成都隆重举行成渝铁路全线通车庆祝大会，并对开一列彩车，两列彩车在内江车站汇合。毛泽东、周恩来、朱德、刘伯承、邓小平、贺龙、张澜、郭沫若等党和国家领导人挥毫题词，庆祝成渝铁路全线通车。铁道部长滕代远，西南军政领导邓小平、熊克武、刘文辉、李达等出席了在重庆市菜园坝车站广场举行的3万余人参加的庆祝大会。滕代远将毛泽东题写“庆祝成渝铁路通车，继续努力修筑天成路”的锦旗授予西南铁路工程局全体职工。贺龙、宋任穷、李井泉等出席在成都市举行的30万人参加的庆祝大会，贺龙为成都的通车典礼剪彩并讲话。成渝铁路的胜利筑成，表现了中国劳动人民的伟大力量。成渝铁路全线通车，是西南交通建设上的大胜利，它将推动人民的生产事业加速向前发展，使经济上获得更大的繁荣，是西南人民走向幸福的起点。

从1952年6月15日起，中共中央西南局机关报《新华日报》为庆祝成渝铁路全线通车作了连续报道，从不同侧面描述了成渝铁路修建情况。

1952年7月1日，重庆、成都火车站同时举行盛大的成渝铁路通车典礼。图为在成都站举行的成渝铁路全线通车典礼盛况

夏曆壬辰年閏五月初三日

慶祝成渝鐵路全綫通車

新中國建設的偉大勝利

中國鐵路工會西南區籌備處

《新中国建设的伟大胜利》

夏曆壬辰年五月二十四日

慶祝成渝鐵路全綫通車

成渝鐵路的開路先鋒

《成渝铁路的开路先锋》

慶祝成渝鐵路全綫通車

鋼鐵工人怎樣保證了成渝鐵路鋼軌及配件的供應

國營一零一廠廠長 張振東

《钢铁工人怎样保证了成渝铁路钢轨及配件的供应》

慶祝成渝鐵路全綫通車

英勇戰鬥在成渝鐵路上的鋪軌工人

從困難走向勝利

集良

《英勇战斗在成渝铁路上的铺轨工人》

慶祝成渝鐵路全綫通車

農民在修築成渝鐵路中的偉大作用

西南鐵路工程局 劉聖化

《农民在修筑成渝铁路中的伟大作用》

慶祝成渝鐵路全綫通車

戰鬥在成渝鐵路上的婦女們

光婷 劍萍

活躍在工地上的女民工

守衛着人民鐵路的女護路隊員

《战斗在成渝铁路上的妇女们》

慶祝成渝鐵路全綫通車

技術理論與羣衆智慧的結合

——記成渝鐵路成都工務段梅逢春工程師

周峴

《技术理论与群众智慧的结合》

慶祝成渝鐵路全綫通車

中蘇友誼永恒的標誌

俞

《中苏友谊永恒的标志》

1953年7月30日，在成都举行成渝铁路验收交接仪式，成渝铁路正式交付运营。成渝铁路成都端连接宝成、成昆铁路，重庆端与川黔、襄渝铁路接轨，中段内江站连接内昆铁路，成渝铁路全线与出川的主要公路及长江、嘉陵江航运衔接，成为成渝地区和大西南的重要交通干线。

1987年12月24日，成渝铁路电气化工程通过国家验收，年运输能力由过去的610万吨提高到1 300万吨，相当于新修了一条成渝铁路。2012年，成渝铁路大修换轨，全线更换成无缝钢轨，列车运行更加平稳。2017年，成渝铁路扩能改建分别列入四川省、重庆市中长期规划，竣工后，成渝铁

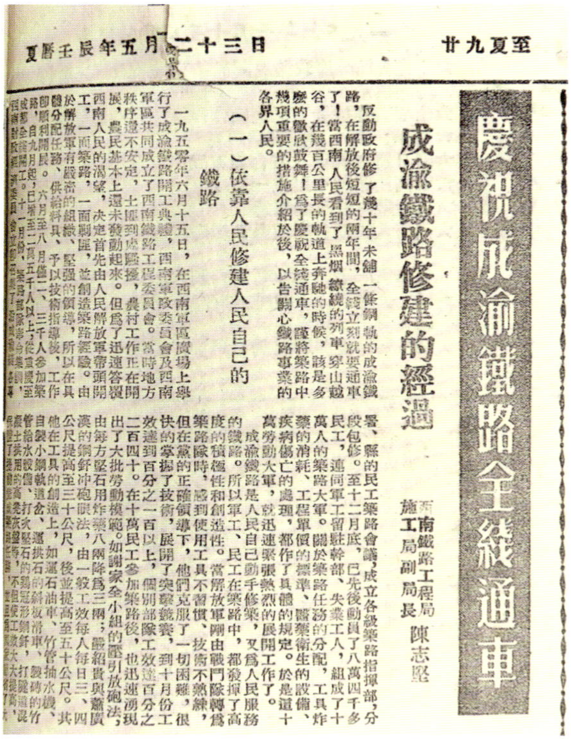
至夏九廿　夏曆壬辰年五月二十三日

慶祝成渝鐵路全綫通車

成渝鐵路修建的經過

西南鐵路工程局施工局副局長　陳志堅

（一）依靠人民修建人民自己的鐵路

《成渝铁路修建的经过》

路开行城际动车，并成为西部陆海新通道的重要通行线。

成渝铁路是新中国成立后修建的第一条铁路，是中国人独立设计、完全采用国产材料自行修筑的一条大干线，是中国铁路史上的一个创举。目前，四川、重庆双方围绕成渝地区双城经济圈建设，正协同推进成渝铁路扩能改造。高铁时代，成渝铁路老干线仍将发挥重要作用，助力成渝地区双城经济圈建设，成为西南人民走向繁荣和幸福的新起点。我们回顾巴蜀大地上发生的这段英雄壮举，更加增强了建好成渝地区双城经济圈的信心和决心。

参考文献

[1] 四川省档案馆馆藏档案资料。

[2] 经济要发展 铁路应先行——邓小平与修建成渝铁路，人民网-中国共产党新闻网。

[3] 新中国档案：成渝铁路——新中国的第一条铁路，中央政府门户网站。

10 学习雷锋好榜样

从1963年毛泽东同志提出“向雷锋同志学习”，到新时代习近平总书记强调“让学习雷锋精神在祖国大地蔚然成风”，雷锋同志的故事和精神一直滋养和激励着一代又一代中华儿女。我们打开尘封的档案，回顾雷锋同志的先进事迹，重温毛泽东同志的伟大号召，追溯四川开展学雷锋活动的精彩瞬间，感悟雷锋精神，凝聚磅礴力量，助力建设中国式现代化四川篇章。

劳动人民的好儿子

雷锋，原名雷正兴，1940年12月18日出生于湖南省长沙市望城县（今望城区）一个贫苦农民家庭。新中国成立前，他饱尝旧社会苦难，7岁就成了孤儿。1949年湖南解放后，在党和政府的关怀下，他上了学、读了书，还加入了共青团。1956年小学毕业后，响应党的号召留在望城县简家塘生产队参加农业生产，先后担任过生产记工员、乡政府通信员、县委公务员和团山湖农场拖拉机手。1958年，为了支援国家建设，他报名来到工作环境和气候条件都很艰苦的辽宁鞍钢。临行前，他将名字改为“雷峰”，意为攀登高峰，这样可以站得更高，望得更远。雷锋从学徒做起，一步步成长为模范工人，先后三次被评为先进工作者，五次被评为标兵，十八次被评为红旗手，荣获“青年社会主义建设积极分子”称号。

雷锋

1959年12月，雷锋报名参军入伍，后被分配到运输连做驾驶员，实现了他参军报国的梦想，还把自己的名字改为冲锋的“锋”，意为“冲锋在前”。初到运输连，他就主动申请驾驶一辆耗油大的老旧卡车，每天认真擦拭保养，努力查找原因解决油耗大的问题，把卡车变成了全连“节油标兵车”。次年8月，抚顺上寺水库发生洪灾，他不顾自己手臂受伤，毅然在抗洪一线战斗7个昼夜，直到圆满完成任务。在部队期间，他刻苦训练，努力提升战斗能力；他热爱学习，时刻把书装在挎包里，只要不训练，就抓紧一切时间看书；他乐于助人，主动帮战友缝被子、洗衣服，积极为群众做好事，就连坐火车都会帮忙扫地、倒水、扛包袱，始终一心一意为人民服务。10月，他开始担任中国少年先锋队辅导员，经常挤时间到学校去给小朋友讲故事，积极帮助他们养成良好习惯，得到了共青团中央的重点表扬。11月，由于表现突出，入伍还不满一年的雷锋便光荣地加入了中国共产党。

毛主席的好战士——雷锋（左第二人）向战友介绍安全行车节约油料心得

1961年5月，雷锋当选辽宁省抚顺市第四届人大代表。1962年2月19日，雷锋当选沈阳军区首届共产主义青年团代表会议主席团成员，并在大会上发言。

1962年8月15日，雷锋在一次意外事故中不幸因公殉职，年仅22岁。在部队期间，他先后荣立二等功1次、三等功2次，获得“五好战士”“节约标兵”“少先队优秀辅导员”等荣誉，用短暂的人生旅程树立起一座令人景仰的思想道德丰碑，无愧为全国人民学习的光辉榜样。

毛主席的伟大号召

雷锋牺牲后，他平凡伟大的事迹感人至深，最先在辽宁省青少年中广为传颂。随后，共青团辽宁省委组织开展了向雷锋同志学习的活动。

1963年2月初，首都多家报纸刊登了雷锋同志的日记摘抄。2月16日，共青团中央印发通知，组织全国青少年开展“学习雷锋”教育活动。同日，《中国青年》杂志社为了进一步提升其在教育活动中的影响力，专门致信毛主席，请求为雷锋题词。

1963年2月22日上午，毛主席为雷锋题写了七个大字：“向雷锋同志学习”，并于当日下午送达《中国青年》杂志社。据秘书林克回忆，毛主席曾就题词内容解释道：

学雷锋不是学他哪一两件先进事迹，也不只是学他的某一方面的优点，而是要学他的好思想、好作风、好品德；学习他长期一贯地做好事，而不做坏事；学习他一切从人民的利益出发，全心全意为人民服务的精神。当然，学雷锋要实事求是，扎扎实实，讲求实效，不要搞形式主义。不但普通干部、群众学雷锋，领导干部也要带头学，才能形成好风气。

毛主席的这番话，指出了学雷锋的方法，也指出了学雷锋的方向。

1963年3月2日，毛主席的题词以插页形式首先在《中国青年》杂志上刊载。

1963年3月5日，经中央办公厅协调，全国各报统一刊登毛主席为雷锋的题词手迹。同时刊登的，还有刘少奇、周恩来、朱德、陈云、邓小平等其他中央常委为雷锋的题词。毛主席题词的刊发，标志着正式向全国发出了“向雷锋同志学习”的伟大号召，迅速掀起了“学习雷锋”的全国高潮。这一天也成为学习雷锋纪念日。

档案中的四川印记

1963年3月5日，《四川日报》在头版头条刊载了毛主席等中央领导同志的题词。随后，全省学雷锋活动轰轰烈烈地展开。据《四川日报》报道：

成都：许多机关、工厂、学校、商店团组织用剪报、广播、连环画等向广大青年宣传雷锋精神，市电工器材厂团委组织开展“当永不生锈的螺丝钉”主题团日活动，市郊区训练团干部时，还把雷锋的先进事迹作为重要教材。在活动中，许多青年受到了生动的共产主义教育，提高了对“平凡”工作的认识，端正了工作和生活态度，如市五金公司的蒋秀英做总务工作，开始总是嫌麻烦，学习雷锋精神后深受感动，说：“雷锋为了别人而忘我地劳动，我为什么就怕这点困难？”从那以后，她积极工作，办公室的沙发套子脏了自己洗，破了自己补，还主动积极帮助别人；还有人民南路百货商店一部分参加工作不久的青年售货员，原先认为整天围着柜台转，没有前途，学习雷锋事迹以后，大家深受启发，懂得了不管做什么工作，只要抱定为党、为人民服务的思想，都能对国家和人民作出贡献，于是积极清理陈货，并摆上柜台或小货摊推销售卖，受到了群众的欢迎……

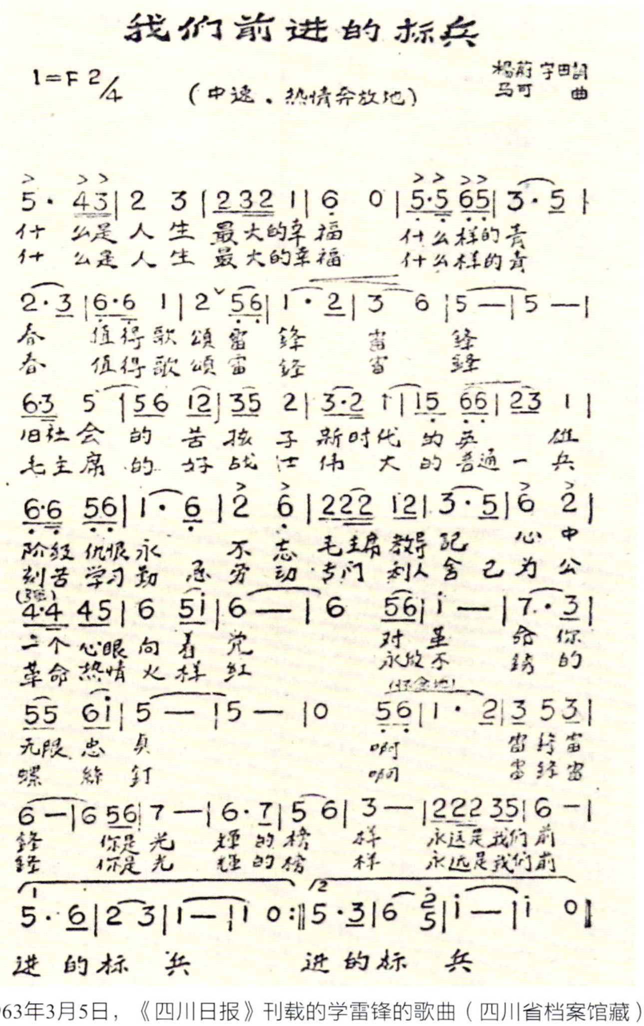

1963年3月5日，《四川日报》刊载的学雷锋的歌曲（四川省档案馆藏）

重庆：团市委和市青联联合举办报告会，向全市团干部作了“向雷锋学习什么”和“如何开展学习雷锋活动”的专题报告。沙坪坝区团委组织了“百人讲师团”，分别向各单位青年作报告。许多单位专门以学雷锋为内容“讲团课”和举办“青年讲座”。有的工厂和学校把雷锋的事迹作为语文课、政治课、政治学习和团组织生活的重要内容。市公共交通公司、西原电机厂专门训练了宣传员，深入宿舍、车间，向职工讲述雷锋的故事。市汽车运输公司和市邮电局利用广播、黑板报墙报等宣传工具介绍雷锋事迹，还组织宣传队演唱各种歌颂雷锋的曲艺、诗歌、歌曲等。西南师范大学、重庆第三中学、市中区糖业公司等单位，针对青年的思想实际，组织了“向雷锋学什么”“一个人的一生应该怎样度过”“雷锋的力量从何而来”等专题讨论会和笔谈会。青年们在学习了雷锋事迹后，政治热情被充分激发，纷纷表示要在平凡的岗位上做出不平凡的成绩。如市公共交通公司学工彭为成不安心业务工作，学习雷锋的事迹后深受感动，表示要安于平凡工作，做一颗永不生锈的螺丝钉；沙坪坝区医院青年护士石太秀学习雷锋精神后积极助人为乐，看见路上有老人行走不便，总会立即前去搀扶和护送回家；市中区糖业公司青年职工学习雷锋后，主动利用休息时间为顾客送货上门。

部队：宣传和学习雷锋活动广泛开展，根据形势任务和各部队官兵思想状况，针对不同连队、不同人员提出不同的宣传学习重点和要求，开展对照检查，克服缺点，引导全体官兵进一步将学习雷锋精神的热情落实到创建四好连队和争当五好战士、神枪手、技术能手以及完成各项任务中去；同时，大力宣扬学习活动中涌现出的好人好事，树立起一大批雷锋式活榜样，推动学习活动深入开展。如许多战士学习雷锋先进事迹后，积极开展为集体做好事活动，利用休息时间打扫礼堂、操场；幼儿园的教养员主动给小孩做衣服；部队小学老师免费给战士缝补衣服；某连战士李治有外出执行任务时，看到一位老奶奶背着一大捆柴火，就主动帮忙背了五里路送其回家，完成任务返回部队路上，又给老人让座，搀扶老人上下车，他说：“这都是雷锋教我的。”

在四川其他地方，学习雷锋活动也在积极开展。南充县（今南充市）河西公社华光大队团支部组织团员对雷锋的先进事迹开展学习和讨论，大家都深受触动，团支书徐惠德说：“雷锋同志从不考虑个人得失的高尚精神感动了我，我一定要向他学习，安心农村工作，把生产搞好。”团员民兵排长叶春合说：“我也要像雷锋那样，为了党的事业，就是入火海、上刀山也心甘情愿。”许多大、中、小学的共青团和少先队，以伟大战士雷锋的先进事迹为活教材，通过举行报告会、学习座谈会、校内广播、墙报、撰写学习心得等，广泛开展共产主义思想品德教育，引导大家争做毛主席的好学生。万县师范学校的共青团员和青年学生把雷锋日记的内容摘抄在笔记本上，作为自己的座右铭，立志做一名“雷锋式”的好学生。在一次“颂雷锋”诗歌朗诵会上，有人慷慨激昂讲道：

亲爱的朋友，这是一首青春的战歌：

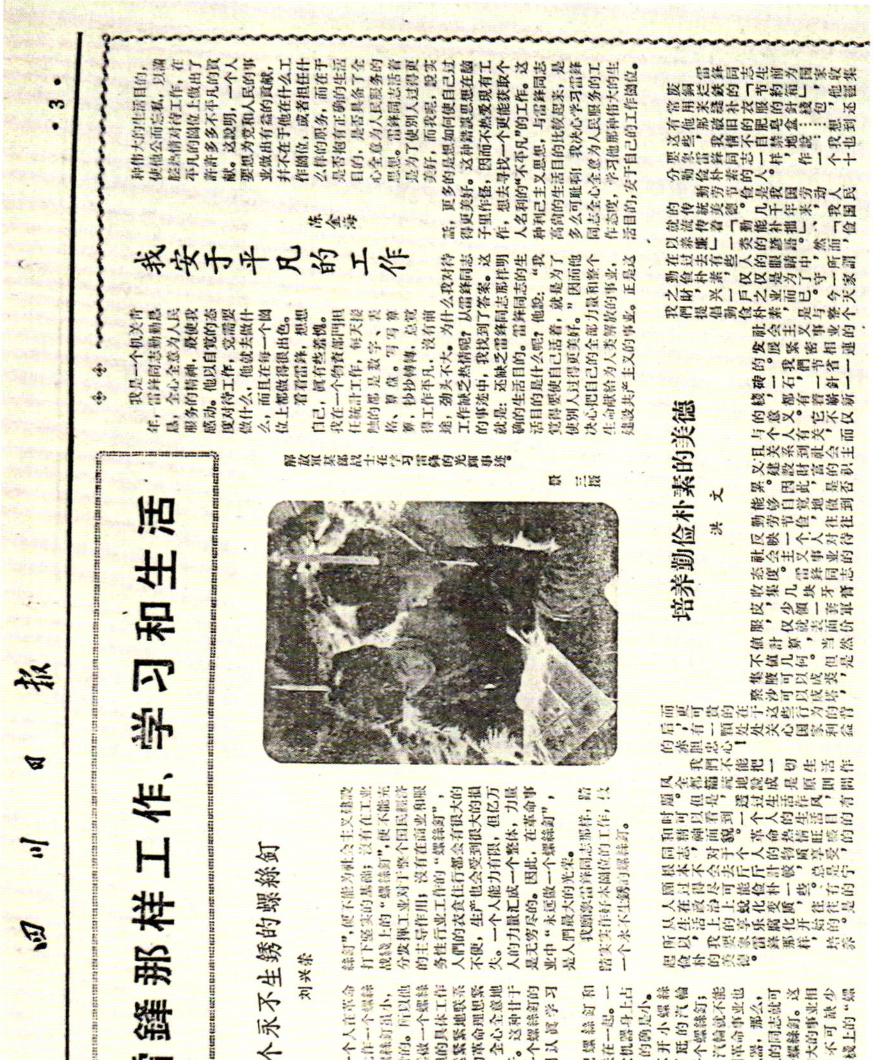
1963年3月5日 星期二

四川日报

·3·

象雷锋那样工作、学习和生活

学习雷锋精神做毛主席的好学生

我省许多大、中、小学用雷锋事迹教育青少年

作一个永不生锈的螺丝钉

我安于平凡的工作

培养艰苦朴素的美德

1963年3月5日，《四川日报》关于学习雷锋活动的报道（四川省档案馆藏）

它是用沸腾的鲜血谱成的，
它是用“最特殊的材料”谱成的，
它是用毛主席的思想谱成的。
这歌声震撼了全国，也深深拨动了我们每个人的心弦。
让我们高唱着这首战歌——雷锋精神的战歌，
像春雷，响彻这充满斗争的时代；
像刀锋，在战斗里愈磨愈亮，愈战愈强。
让我们的青春永远放射出共产主义的光芒。

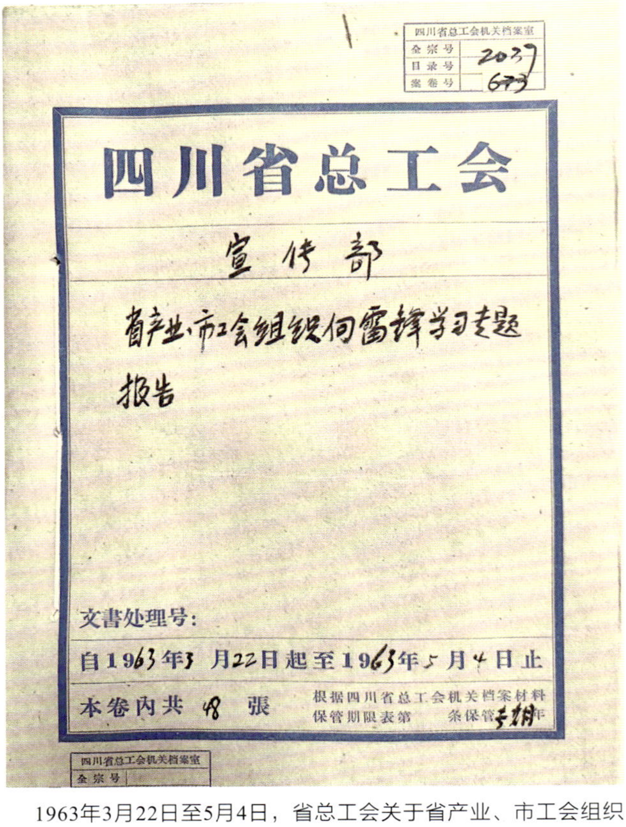
四川省总工会机关档案室
全宗号 2039
目录号
案卷号 673

四川省总工会

宣传部

省产业、市工会组织向雷锋学习专题报告

文書处理号：

自1963年3月22日起至1963年5月4日止

本卷内共48張

根据四川省总工会机关档案材料保管期限表第　条保管长期年

四川省总工会机关档案室
全宗号

1963年3月22日至5月4日，省总工会关于省产业、市工会组织向雷锋学习专题报告的档案案卷封面（四川省档案馆藏）

在学习雷锋活动中，四川涌现出许许多多“雷锋式”的好干部、好教师、好医生、好学生……在省外，也涌现出了许许多多四川籍“雷锋式”的好榜样。四川省档案馆馆藏档案中，就保存着一册雷锋式的好战士——王安保学习的档案专卷。1939年3月，王安保出生在四川省盐亭县；1963年3月19日下午，解放军某部在进行山地战术演习归来途中，各炮车在集结地点休息时，六连某炮车驾驶员下河洗手，驾驶室内空无一人，恰巧此时车辆制动器松动，沿着盘山公路的斜坡向临河的悬崖滑去，眼看连车带炮和车上的16名战士都有掉下悬崖的危险，离车辆十多米的二连驾驶班长王安保迅速飞奔过去，奋不顾身跳上炮车驾驶台左侧脚踏板，左手抓紧车门，右手从半开的车窗伸进去紧握方向盘，努力改变炮车前进的方向，随后又以极快的速度打开车门，闪身进入驾驶室，全力控制手脚制动器，终于将炮车停下。看着右前轮已经悬空在悬崖外，右后轮也离悬崖边只剩20厘米的炮车，大家庆幸不已。王安保的英雄事迹避免了一场重大伤亡事故，拯救了炮车，更拯救了16名战士的生命。随后，部队授予王安保一等人民功臣称号，并广泛开展向雷锋式的好战士——王安保学习的活动。5月，四川省人民委员会在盐亭县组织召开了千人贺功大会，省民政厅、盐亭县人民委员会还印制了王安保的先进事迹宣传材料，广泛开展向王安保学习活动。7月1日，部队全体四川籍战士给四川省人民委员会写来保证书，表示坚决向王安保学习，听党的话，全心全意为人民服务，努力争取一人立功，全省人民大光荣。

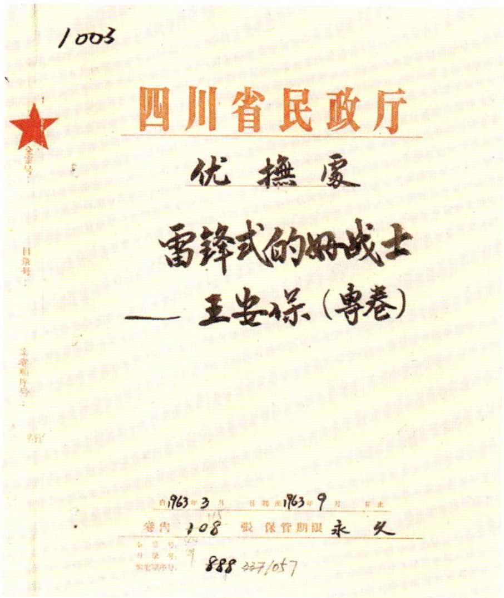

1963年3月至9月，四川省民政厅雷锋式的好战士——王安保（专卷）案卷封面（四川省档案馆藏）

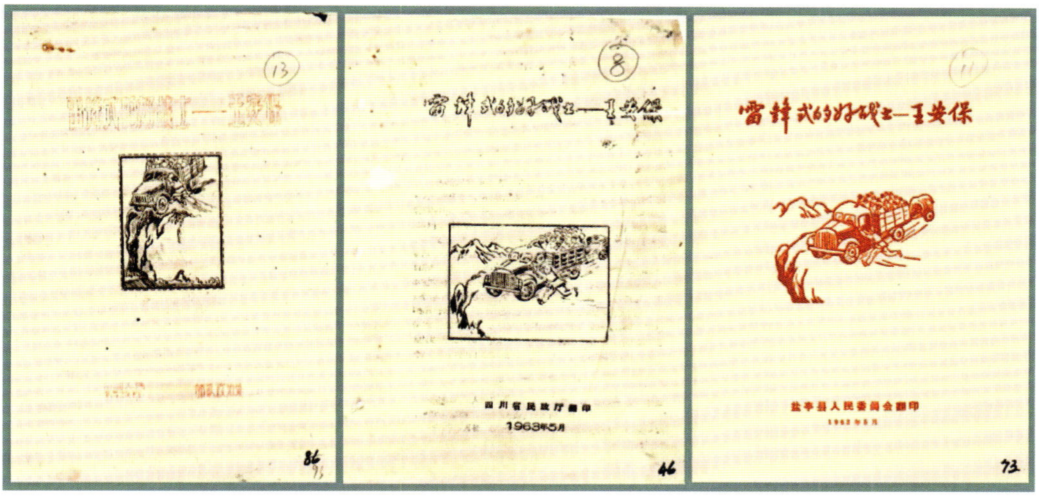

1963年，王安保所在部队、四川省民政厅和盐亭县人民委员会印制的《雷锋式的好战士——王安保》宣传资料封面（四川省档案馆藏）

随后近半个世纪里，学雷锋活动在全国持续不断开展，活动主体更加多元、宣传载体更加丰富、时代特征更加明显，成为我国思想道德建设领域的一道靓丽风景线。雷锋精神犹如一座永不熄灭的灯塔，不断放射出耀眼夺目的光芒，照亮着一代又一代人的心灵。

四川日報

四川省革命委员会机关报

第六〇六二号　1970年3月5日　星期四　农历庚戌年正月廿八

毛主席语录

向雷锋同志学习

雷锋生前所在部队深入持久开展学习雷锋活动

听毛主席的话做继续革命的先锋战士

学习雷锋同志，把毛泽东思想当做“粮食、武器、方向盘”，坚持在斗争中学，在斗争中用，有力地促进部队革命化、战斗化建設

新华社沈阳四日电　雷锋生前所在部队广大指战员，遵照伟大领袖毛主席关于**“向雷锋同志学习”**的伟大指示和林副主席的“全军同志都应当学习雷锋同志的榜样做毛主席的好战士”的指示，在继续革命的大道上，深入持久地开展学习雷锋活动，以雷锋同志为榜样，把毛泽东思想当做“粮食、武器、方向盘”，坚持在斗争中学，在斗争中用，有力地促进了部队革命化、战斗化建设。

这个部队党委深刻认识到，学习雷锋同志的光辉榜样，最根本的就是学习雷锋同志听毛主席的话，做无产阶级专政下继续革命的先锋战士。因此，他们在开展学习雷锋的活动中，积极组织干部战士认真学习毛主席关于无产阶级专政下继续革命的伟大理论，不断提高阶级斗争、路线斗争和继续革命的觉悟。每当阶级斗争深入一步，革命形势向前发展一步，他们就引导大家首先想想毛主席是怎样教导的，雷锋是怎样对待的，自己应该怎么办？联系惊心动魄的阶级斗争事实，反复学习毛主席关于无产阶级专政下继续革命的伟大理论，同忆雷锋爱憎分明的无产阶级立场，更加自觉地紧跟毛主席一系列最新指示，坚定不移地同阶级敌人作坚决的斗争，经受锻炼和考验，为人民立新功。

雷锋班的战士们在某地执行支左任务时，为了捍卫无产阶级政权，风大钻风口，浪大战浪头，坚持用毛泽东思想宣传群众，武装群众，同一小撮阶级敌人作了顽强的斗争。他们依靠战无不胜的毛泽东思想，发动广大革命群众，向阶级敌人发起猛烈进攻，击退了阶级敌人的多次反扑，使这个地区很快实现了革命的大联合和革命的“三结合”。去年春天，他们在某地执行运输任务，发现驻地生产队阶级斗争情况复杂，就利用执勤的空隙，就地支农，和广大贫下中农一起，坚决打击了一小撮阶级敌人的破坏活动，发展了革命和生产的大好形势。他们表示，要永远记住毛主席关于阶级和阶级斗争的教导，象雷锋同志那样，时时刻刻想着无产阶级政权，一生一世为保卫无产阶级政权而战斗。

在开展学习雷锋的活动中，这个部队党委还注意

……**就比泰山还重**”的伟大教导，奋勇抢救战友，光荣负伤三十一处，在生死关头，表现了一个革命战士一不怕苦，二不怕死的革命精神。部队党委便及时地总结宣扬了他的事迹，很快在部队中掀起了一个学雷锋、廷姚洪俊的活学活用毛泽东思想的热潮。由于部队党委不断宣扬向雷锋同志学习的新典型，使部队出现了一大批雷锋式的毛主席的好战士。

毛主席教导说：**“共产党员的先锋作用和模范作用是十分重要的。”**雷锋生前所在部队党委在组织部队开展学习雷锋的活动中，要求共产党员们做到以身作则，带头把雷锋精神接过来传下去。党委要求每个成员，要象雷锋那样：“对待同志要象春天般温暖，对待工作要象夏天般火热，对待个人主义要象秋风扫落叶一样，对待敌人要象严冬一样残酷无情。”“在工作上，要向标准最高的同志看齐，在生活上要向水平最低的同志看齐。”“把有限的生命投入到无限地为人民服务之中去。”几年来，党委成员在毛主席的**“向雷锋同志学习”**的光辉题词鼓舞下，毛泽东思想学在前，斗私批修走在前，阶级斗争冲在前，任务艰巨干在前。党委副书记张彩云同志以雷锋为榜样，职务高了，普通一兵的本色不变；年龄大了，自觉革命的精神不变；条件好了，当人民勤务员的思想不变。在一次施工中，他哪里艰苦就战斗在哪里，哪里危险就出现在哪里。为了全面落实毛主席的**“提高警惕，保卫祖国”**、**“备战、备荒、为人民”**的伟大战略方针，他卷起铺盖到一个还没有评上四好的连队，和干部战士一起，活学活用毛泽东思想，开展向雷锋同志学习的活动，提高指战员继续革命的觉悟，并且运用一分为二的唯物辩证法，摆成绩，找差距，鼓干劲，使这个连队面貌有了很大改变。

伟大的共产主义战士雷锋生前亲自辅导的学生、辽宁省活学活用毛泽东思想积极分子、在黑山县司屯公社蒋屯大队安家落户的下乡知识青年孙桂芹同志，向红小兵介绍雷锋生前的事迹，教育红小兵学英雄，走英雄的道路，做无产阶级革命事业的接班人。

韩向阳摄（新华社稿）

1970年3月5日，《四川日报》关于学雷锋活动的报道（四川省档案馆藏）

让学习雷锋精神在祖国大地蔚然成风

党的十八大以来，习近平总书记多次就学习弘扬雷锋精神作出重要指示，引导全社会大力弘扬雷锋精神，不断推进社会主义核心价值体系建设，努力营造爱岗敬业、奉献社会、建设国家的时代新风，激发实现民族复兴的强大的精神力量。

2013年5月4日，习近平在同各界优秀青年代表座谈时指出：

要倡导社会文明新风，带头学雷锋，积极参加志愿服务，主动承担社会责任，热诚关爱他人，多做扶贫济困、扶弱助残的实事好事，以实际行动促进社会进步。

2014年3月4日，习近平在给“郭明义爱心团队”的回信中表示：

雷锋精神，人人可学；奉献爱心，处处可为。积小善为大善，善莫大焉。当有人需要帮助时，大家搭把手、出份力，社会将变得更加美好。我国工人阶级应该为全社会学雷锋、树新风作出榜样，让学习雷锋精神在祖国大地蔚然成风。

2018年9月28日，习近平在东北三省考察，参观抚顺市雷锋纪念馆时指出：

雷锋是时代的楷模，雷锋精神是永恒的。实现中华民族伟大复兴，需要更多时代楷模。我们既要学习雷锋的精神，也要学习雷锋的做法，把崇高理想信念和道德品质追求转化为具体行动，体现在平凡的工作生活中，作出自己应有的贡献，把雷锋精神代代传承下去。

……

2021年9月，党中央批准中央宣传部梳理的第一批纳入中国共产党人精神谱系的伟大精神，雷锋精神赫然在列，成为中国共产党人永不褪色的精神坐标。

雷锋精神，是对雷锋言行事迹所表现出来的先进思想、道德品质和崇高理想的高度概括，是在实践中得到不断丰富和发展的民族精神与时代精神。雷锋精神是永恒的，因为他具有信念的能量，大爱的情怀，忘我的精神和进取的锐气，这正是我们民族精神的最好写照。

习近平总书记的一系列重要指示精神，推动全国各地学雷锋活动更加蔚然成风，涌现出一大批雷锋式的先进集体和英雄模范人物。从“当代雷锋”郭明义、庄仕华、孙茂芳到无数的“雷锋班组”“爱心团队”，从各地区各行业的标兵榜样、最美人物、道德模范到千千万万白衣执甲的抗疫战士、奋战一线的扶贫干部、默默奉献的志愿者、爱岗敬业的普通人，都在时刻用青春和热血演绎着新时代的雷锋故事。

2023年2月，习近平总书记对深入开展学雷锋活动再次作出重要指示，强调：

新征程上，要深刻把握雷锋精神的时代内涵，更好发挥党员、干部模范带头作用，加强志愿服务保障和支持，不断发展壮大学雷锋志愿服务队伍，让学雷锋在人民群众特别是青少年中蔚然成风，让学雷锋活动融入日常、化作经常，让雷锋精神在新时代绽放更加璀璨的光芒，为全面建设社会主义现代化国家、全面推进中华民族伟大复兴凝聚强大力量。

雷锋精神在时代的淬炼下熠熠生辉，激励着无数人在平凡的工作生活中，挖掘生命中的意义，在平凡的人生中做出不平凡的事迹。在奋进新征程的光辉道路上，我们一定要深入学习习近平总书记关于弘扬雷锋精神的重要论述，深刻把握雷锋精神的时代内涵和实践要求，主动践行社会主义核心价值观，自觉把个人追求融入为党和人民事业奋斗中，为中国式现代化建设添砖加瓦。

党和国家领导人题词摘录

向雷锋同志学习爱憎分明的阶级立场，言行一致的革命精神，公而忘私的共产主义风格，奋不顾身的无产阶级斗志。

——周恩来

学习雷锋同志平凡而伟大的共产主义精神。

——刘少奇

谁愿当一个真正的共产主义者，就应该向雷锋同志的品德和风格学习。

——邓小平

雷锋同志是中国人民的好儿子，大家向他学习。

——陈　云

雷锋是平凡的，任何人都可以学到；雷锋是伟大的，任何人都要努力才能学到。

——谢觉哉

学习雷锋同志，弘扬雷锋精神。

——江泽民

雷锋精神对于我们这个民族和社会过去具有，现在仍然具有重大价值和时代意义。

——胡锦涛

雷锋日记摘抄

青春啊，永远是美好的，可是真正的青春，只属于这些永远力争上游的人，永远忘我劳动的人，永远谦虚的人。

1959年10月25日

一滴水只有放进大海里才能永远不干，一个人只有当他把自己和集体融合一起的时候才能有力量。

力量从团结来，智慧从劳动来，行动从思想来，荣誉从集体来。

1959年11月2日

世界上最光荣的事——劳动。

世界上最光荣的人——劳动者。

1961年3月16日

当祖国和人民处在最危急的关头，我就挺身而出，不怕牺牲。生为人民生，死为人民死。

1961年10月3日

由此看来，钉子有两个长处：一个是挤劲，一个是钻劲。我们在学习上，也要提倡这种“钉子”精神，善于挤和善于钻。

1961年10月19日

人的生命是有限的，可是，为人民服务是无限的，我要把有限的生命投入到无限的为人民服务之中去。

1961年10月20日

我觉得一个革命者就应该把革命利益放在第一位，为党的事业贡献出自己的一切，这才是最幸福的。

1962年2月10日

一个共产党员是人民的勤务员，应该把别人的困难当成自己的困难，把同志的愉快看成自己的幸福。

1962年2月12日

螺丝钉虽小，其作用是不可估计的。我愿永远做一个螺丝钉。螺丝钉要经常保养和清洗，才不会生锈。人的思想也是这样，要经常检查，才不会出毛病。

我要不断地加强学习提高自己的思想觉悟，坚决听党和毛主席的话，经常开展批评与自我批评，随时清除思想上的毛病，在伟大的革命事业中做一个永不生锈的螺丝钉。

1962年4月17日

参考文献

[1] 李禹兴．回忆毛主席“向雷锋同志学习”题词经过[J]．新闻三昧，1996（8）．

[2] 四川省档案馆馆藏档案资料；部分内容和图片来自网络。

11 五环荣光
——四川与奥运

2022年第24届北京冬奥会成功举办，四川省档案馆携手四川省体育博物馆和四川体育职业学院冬季运动管理中心，从档案文献和馆藏文物视角，带领大家进行一次别样的奥运之旅，共同回顾四川与奥运的历史，感受更快、更高、更强、更团结的新奥运精神。

四川档案、四川省体育博物馆、四川体育职业学院冬季运动管理中心标志

在四川与奥运故事登台之前，让我们一起先阅读“奥运档案”，重温奥运的起源与发展，回望中国奥运的曲折历程。

奥运之光绵延千年

奥运会是奥林匹克运动会的简称。有档案记载的最早的奥运会诞生于公元前776年，这一年中国历史即将跨入春秋时期。与人类历史划分若干阶段一样，奥运会也有古代与现代之分。

公元前776年，第1届古代奥运会在古希腊最著名的宗教祭祀圣地奥林匹亚举行，以后每四年一届，直至公元393年罗马皇帝塞奥多希斯下令禁止奥运活动而结束，总共举办293届，历时1 169年。古代奥运会举办期间，古希腊各城邦之间休战，各国使节在奥林匹亚缔结条约，诗人吟诵诗篇，雄辩家发表演说，商人展售商品等，盛况大大超出体育竞赛范畴。在千余年里，古代奥运会一直是当时当地人民四年一度以体育运动为纽带的盛会。

1894年6月16日，法国著名教育家、国际体育活动家和历史学家皮埃尔·德·顾拜旦（1863—1937），在巴黎组织“国际体育运动大会”，会议决定复兴奥运会。6月23日，国际奥林匹克委员会成立，标志着现代奥林匹克运动诞生。顾拜旦成为名副其实的现代奥林匹克运动之父。1896年4月6日—15日，国际奥委会在希腊雅典举行第1届现代奥运会，这是奥运会沉寂1 500多年后再次举办，在奥运历史上具有里程碑意义。

在人们日常认知中，奥运会多数时间指夏季奥运会。古代奥运会只有夏季奥运会，

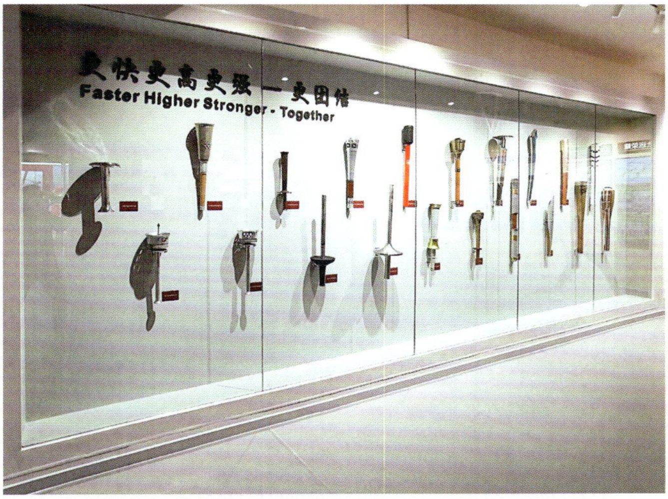

四川体育陈列室展出的1936年至2020年夏季奥运会火炬（上为场景图，下为设计图）。奥林匹克取火仪式起源于希腊神话中普罗米修斯为人类盗取火种的故事。1928年在荷兰阿姆斯特丹举行的第9届夏季奥运会举行了点燃火炬和圣火接力传送活动。1934年国际奥委会决定从第11届夏季奥运会起举行圣火仪式，取火种仪式在奥林匹亚赫拉神殿旁进行，然后以接力形式向奥运会会场传递

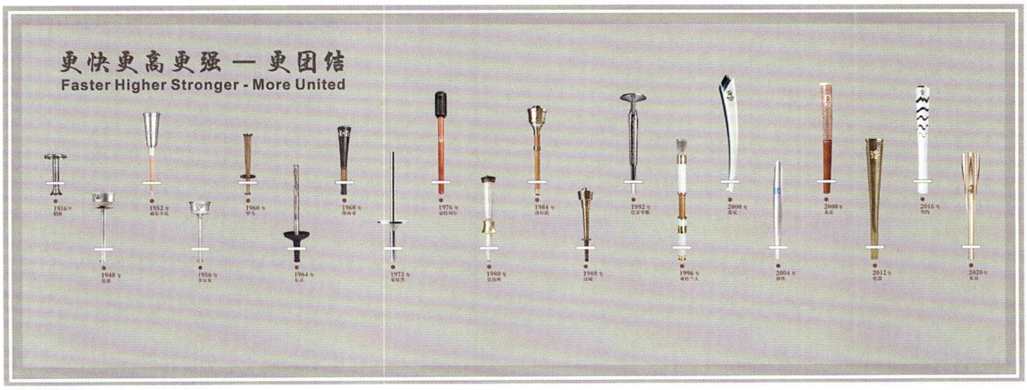

现代奥运会最开始也只有夏季奥运会，1924年在法国夏蒙尼举行了首届冬季奥运会。现在国际奥委会举办的奥运盛会主要有夏季、冬季奥运会，夏季、冬季青年奥运会，夏季、冬季残疾人奥运会。

夏季残奥会始办于1960年，冬季残奥会始办于1976年。从1964年起，国际奥委会决定由举办夏季奥运会的国家承办残奥会，但举办地点可以不在同一个城市。1988年，国际奥委会作出新规定，夏季奥运会和残奥会必须在同一个城市举行。2001年6月19日，国际奥委会达成新协议，从2008年夏季残奥会和2010年冬季残奥会开始，残奥会与奥运会在相同城市举行，并使用相同运动场馆和设施。

到2020年第32届东京夏季奥运会为止，现代奥运会共举办了29次夏季奥运会，有3次因战争未举办（1916年因第一次世界大战停办，1940年和1944年因第二次世界大战停办），但届数照算。北京于2008年举办了第29届夏季奥运会。

1924—1992年，冬季奥运会与夏季奥运会同年举行。1986年，国际奥委会投票决定，将夏季和冬季奥运会的比赛时间错开，间隔两年举行。1992年法国阿尔贝维尔举行的第16届冬奥会与1994年挪威利勒哈默尔举行的第17届冬奥会是唯一一次间隔时间只有两年的冬奥会。1940年和1944年因第二次世界大战停办两届冬奥会，2022年于北京举办第24届冬奥会。

奥林匹克标志，由五个大小一致的圆环（奥林匹克环）组成，
象征五大洲的团结和全世界运动员在奥林匹克运动会上相聚

现代奥运会与古代奥运会一样，早已超出体育活动范畴，发展成为全人类的盛大庆典。

中国奥运沧桑辉煌

1894年，国际奥委会成立之时，希腊王储和现代奥运会发起人皮埃尔·德·顾拜旦代表国际奥委会向中国清政府发出邀请书，但内外交困的清政府无暇顾及，亦不知“体育”为何物，未予理睬。其后的20余年，中国有识之士逐渐认识到体育运动对国家和民族的深刻影响，开始在中国宣传奥林匹克运动、奥运会，推动现代体育运动在中国开展。

1915年，中国政府再次收到国际奥委会邀请，希望中国参加第6届夏季奥运会和奥委会会议。

1922年，王正廷（1882—1961）当选为国际奥委会委员。他是第一位当选国际奥委会委员的中国人，被誉为中国的奥运之父。

1924年，中国3名选手参加了第8届巴黎夏季奥运会表演赛，这是中国体育人第一次在奥运会亮相。

1928年，中国政府派宋如海作为观察员参加了第9届阿姆斯特丹夏季奥运会。

王正廷（图片摘自中国体育博物馆官网）

1931年，国际奥委会承认中华全国体育协进会为“中国奥林匹克委员会”，由此掀开中国参加奥运会的历史。

1932年，为粉碎伪满洲国拟派选手参加奥运会以骗取世界各国承认的阴谋，中国政府派刘长春等人组成代表团，参加在美国洛杉矶举办的第10届夏季奥运会。刘长春参加了100米、200米预赛，未能进入决赛。他是我国第一位参加奥运会的选手。

1936年，中国派出140人组成的代表团参加在德国柏林举行的第11届夏季奥运会。除69名运动员参赛外，还有11人组成的武术表演队参加奥运表演。撑竿跳选手符宝卢进入复赛，中国武术队表演轰动欧洲。

中国第一位参加奥运会的运动员刘长春（右起第四人）在1932年第10届洛杉矶夏季奥运会200米预赛中（图片摘自中国体育博物馆官网）

参加1936年第11届夏季奥运会的中国运动员周愚余与美国运动员欧文斯在赛场上合影（图片摘自中国体育博物馆官网）

1945年，中国抗战胜利后，王正廷等人提出在中国举行第15届夏季奥运会（1952年）的请求。

1948年，中国派出33名运动员参加在英国伦敦举行的第14届夏季奥运会，无人进入决赛。国内正值内战，政府无力解决代表团回国路费，运动员们在当地华侨总会的帮助下才得以返回祖国。

参加1948年第14届夏季奥运会的中国足球队（图片摘自中国体育博物馆官网）

1952年，第15届夏季奥运会在芬兰赫尔辛基举行。新生的中华人民共和国派出了40人的代表团。五星红旗第一次在奥运会升起。

1954年，国际奥委会通过决议，接受并承认中华人民共和国奥委会。但在时任国际奥委会主席美国人布伦戴奇为首的少数人操纵之下，国际奥委会成员名单上继续保留台湾所谓的“中华奥委会”，在国际上搞“两个中国”。为了维护中国领土统一和完整，中国奥委会于1958年8月19日宣布断绝与国际奥委会的关系。1956年到1979年间，中国奥委会没有派代表参加奥运会。

1979年10月25日，国际奥委会执委会在日本名古屋作出恢复中华人民共和国在国际奥委会合法席位的决议。11月，国际奥委会全体委员以通讯表决方式通过了这一决议。该决议规定，中国奥委会在参加奥运会时使用中华人民共和国国旗和国歌，同时允许台湾作为中国的一个地方性组织在国际体育组织中占有席位，以“中国台北奥林匹克委员会”出现。

1980年2月，中国代表团参加了第13届冬季奥运会。

1984年以来，中国代表团参加了历届奥运会。在美国洛杉矶举行的第23届夏季奥运会上，射击选手许海峰实现中国在奥运会历史上金牌零的突破。在2002年盐湖城冬奥会上，中国女选手杨扬实现中国在冬奥会上金牌零的突破。

2008年，中国北京举办了第29届夏季奥运会和第13届夏季残奥会。

2022年，中国北京举办了第24届冬季奥运会和第13届冬季残奥会，成为世界上第一个举办夏季奥运会和冬季奥运会的“双奥之城”。

下面轮到敢为天下先的四川人在奥运会登场了。川人与奥运会有深远的联系。让我们向这些雄起的四川儿女致敬。

四川与奥运

四川地处祖国西南腹地，现代体育运动起步较晚。据档案和史料记载，1905年四川省举行第一次全省运动会，未设现代竞技项目，但推动了体育运动在四川的开展。1906年，四川省通令实施学部公布的《奏定学堂章程》，规定学堂开设“体操”（即体育）课，成为政府推行体育运动的开始。民国时期共举行了七届全国运动会，四川派代表团参加了第四届至第七届。1952年，西南区在重庆举行运动大会，这是新中国举办的首次省级以上的综合运动会，四川体育运动开始崛起。

数十年来，四川派代表团参加了全部全国运动会，取得了优异成绩，特别是在第十四届全运会上，我省竞技体育和群众体育项目共获得80枚奖牌，其中金牌30枚，创造了四川全运参赛史上的最好成绩。在第32届东京奥运会上，我省有13名运动员代表国家出征，取得了1金2银1铜的好成绩。近年来，四川积极响应“带动三亿人参与冰雪运动”和冰雪运动“南展西拓东进”的号召，在四川体育职业学院设立冬季运动管理中心，大力推广和开展冬季运动。2022年四川运动员首次参加冬奥会。经过几代四川体育人的不懈努力，四川逐渐发展成为体育强省，四川运动员更是秉承更快、更高、更强和更团结的奥运精神，为祖国争光，为巴蜀添彩，在奥运会上书写了川人传奇。

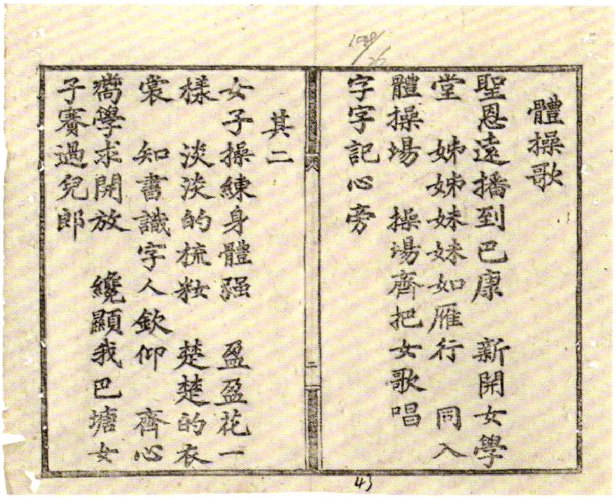
體操歌
聖恩遠播到巴康 新開女學堂 姊姊妹妹如雁行 同入體操場 操場齊把女歌唱 字字記心旁
其二
女子操練身體强 盈盈花一樣 淡淡的梳粧 楚楚的衣裳 知書識字人欽仰 齊心嚮學求開放 纔顯我巴塘女子賽過兒郎

1911年巴塘女子学堂体操歌（四川省档案馆藏）

四川“奥运第一人”

参加奥运会中国代表团第一人——刘雪松

1903年出生于四川省璧山县（今重庆市璧山区），1928年赴美攻读体育专业，先后获得青田大学体育硕士学位和南加州大学教育硕士学位。1932年第10届夏季奥运会在美国洛杉矶举行，中国代表团6人参加。这也是中国第一次正式派代表团参加奥运会。正在美国留学的刘雪松被选为第10届中国奥委会干事、代表团成员，负责翻译、接待、联络等工作。1933年刘雪松回国，毕生从事体育事业。家乡人民以他为傲，建有雪松亭和雪松路纪念他。

刘雪松

参加奥运会表演第一人——郑怀贤

1936年参加第11届柏林夏季奥运会的中国代表团中有11人组成的武术表演队，郑怀贤是武术表演队队员之一。郑怀贤精湛的飞叉绝技表演，震惊四座，赢得阵阵掌声，深受欧洲人喜爱。1944年，郑怀贤到成都体育专科学校任教（20世纪50年代初，成都体育专科学校改为西南体育专科学校，后又改为成都体育学院），其后一直扎根成都，为国家培育人才。1956年，郑怀贤开始重点研究体育医疗保健，1958年创建以中医骨科为特点的成都体育医院，担任院长先后长达23年之久，为我国体育系统和卫生系统培养了大批中医骨伤科和运动医学人才。他本人于1957年为贺龙元帅治疗右手拇指损伤，并在1964年为周恩来总理治疗右手陈旧损伤。他还担任过中国武术家协会主席，参加筹备组织了全国多届武术运动会，编制失传的武术套路，精心培育武术人才，为祖国武术事业和运动医学事业作出了杰出贡献。

1936年，参加柏林第11届夏季奥运会国（武）术表演队员合影（右三为郑怀贤）

四川奥运会金牌首获者——张蓉芳、梁艳、朱玲

没错，首获奥运会金牌的四川人，不是一个人，是三个人！她们就是四川女排三杰张蓉芳、梁艳、朱玲。

1984年，第23届夏季奥运会在美国洛杉矶举行。在中国队与美国队进行女排决赛比赛的最后关头，美国队在3号位打了一个短平快，朱玲有效拦网减缓了球速，杨锡兰将球传给梁艳，梁艳再将球传给张蓉芳，张蓉芳一个漂亮的4号位斜线扣杀赢得了比赛的胜利。流畅完美的配合，完成了中国女排历史性的一击，也让中国女排登上了奥运冠军的领奖台。张蓉芳、梁艳、朱玲3位川妹子不仅为祖国赢得了巨大荣誉，也同时成为四川奥运会金牌的首获者。

女排三杰（从左到右，梁艳、张蓉芳、朱玲）

参加残奥会第一人——曹前明

1984年6月，中国残疾人奥运会代表团第一次参加了在美国纽约举行的第7届夏季残疾人奥运会。其中四川成都铁路局的曹前明参加了肢残A1级游泳的5个小项比赛。面对高大的欧美队员，双腿高位截肢的曹前明毅然“走进”了赛场，坚持着、拼搏着，最终获得两枚铜牌，让五星红旗两度在残奥赛场上升起。曹前明说：“没有体育，就没有我的今天。”他感谢体育引领他走进了残奥会赛场，走向了社会，走出了灿烂人生。

奥运会教练员第一人——邓若曾、秦平村

不错，奥运会教练员第一人，四川有两个。他们均是1984年参加第23届洛杉矶夏季奥运会的教练员。

邓若曾，重庆市江津区（原四川省江津县）人，1958年入选国家男排，1960年任中国男排队长，1979年任中国女排副教练。1981年至1984年，他与袁伟民带领中国女排赢得世界杯、世锦赛、奥运会辉煌的大满贯。1984年年底任中国女排主教练。1985年，他带领中国女排在日本第四届世界杯上战胜古巴，取得“四连冠”，并获得优秀教练员奖，从而登上了个人事业的巅峰。他为中国女排的崛起倾注了满腔的热情，为中国女排“五连冠”的辉煌付出了毕生精力，为中国排球事业作出了杰出贡献。

邓若曾

秦平村，作为四川省射箭队教练员的他，出任1984年第23届洛杉矶夏季奥运会中国射箭女队教练，带领3名女运动员参赛，2名运动员进入个人全能前8名，其中四川籍运动员李玲娟一举夺得银牌，是当时我国运动员在奥运会该项目

秦平村（左一）教练在指导运动员

上获得的最好成绩。他勇于创新，不断更新传统射箭理论和技术，创造出技巧型的技术风格，并研究出一套独特的“射箭人才综合筛选法”，缩短了运动员的培养周期。他不仅仅传授运动员技艺，更注重培养运动员“无形、无意、无射、无我”的物我两忘的射箭境界，使运动员临战无惧、稳定发挥，是一位被运动员视为灵魂的人物。从事教练工作十几年，秦平村培养出4名国际级运动健将、28名国家级运动健将，先后有12人入选国家队，为射箭事业作出了突出贡献。

奥运会记者第一人——李高中

1984年，《中国体育报》四川记者站站长、高级记者李高中，作为《中国体育报》4人报道组成员之一，被派往美国洛杉矶，采访、报道第23届夏季奥运会。他起早摸黑，奔波于各赛场之间，与运动员同悲同喜，从心底涌出的真切文字，感动了读者，也感动着自己。奥运会期间，他累计发稿100多篇、7万多字，视角广泛，全方位传递了奥运会的精彩。他37年的体育记者生涯基本上是在四川度过的，参加过全运会、亚运会和奥运会的现场报道工作，先后发表稿件数千篇、200余万字，出版《天府体坛名将录》《峨眉真功夫》等五本专著，是一位“大满贯”级的资深体育记者，也是四川体育发展壮大的见证者和记录者。

李高中的著作——《天府体坛名将录》《峨眉真功夫》

奥运会裁判员第一人——方励坚

1988年，四川省运动技术学院的方励坚作为被国际篮联选调的两名中国篮球裁判员之一，参加了在韩国汉城（今首尔）举行的第24届夏季奥运会篮球裁判工作，担任男子篮球第5、6名决赛副裁判。他十分热爱篮球裁判工作，通过勤奋自学、刻苦钻研，在1981年通过国际篮联考试获得篮球国际裁判称号，并撰写有《篮球规则试题解答》《现代篮球裁判理论与方法》等著作。

方励坚的著作——《现代篮球裁判理论与方法》

奥林匹克博物馆永久收藏陈列雕塑作品第一人——朱成

1985年，成都人朱成的雕塑作品《千钧一箭》以超凡脱俗之美脱颖而出，荣获全国首届体育美术作品展览特等奖。当前国际奥委会主席萨马兰奇先生第一次看到《千钧一箭》时，被深深地吸引、震撼，他站在作品前注目良久，连声惊叹："神奇的作品！"萨马兰奇先生特邀朱成到瑞士洛桑做客，与此同时，《千钧一箭》被国际奥委会永久收藏，陈列于奥林匹克博物馆。也正是这件作品，让朱成一举成为国内外知名的雕塑家。

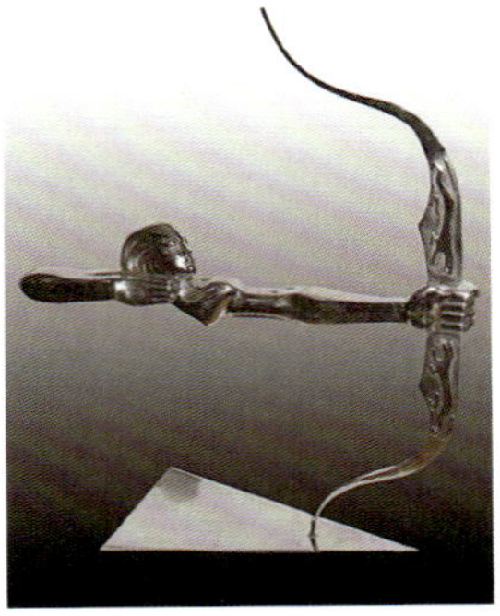

千钧一箭

奥运会中国代表团医疗专家第一人——张世明

2002年1月，作为中国代表团医务负责人的张世明随队征战第19届冬季奥运会，采用中医药诊疗技术为争金夺牌的运动员号脉把关。他长期担任成都体育医院院长，数十年致力于用中医药方法防治运动创伤和进行运动性疲劳恢复研究。从第23届洛杉矶夏季奥运会开始，他多次参加奥运会备战工作，叶乔波、赵蕊蕊、张军、高峻、李婷、孙甜甜等一大批奥运名将都曾接受过他的精心医治，在奥运战场看不见的战线上，默默地为祖国荣誉之战奉献"神奇医术"。2006年，张世明荣获"四川省首届十大名中医"称号。

论文入选奥运会科学大会第一人——黄绍勤

1992年，西南民族学院（现为西南民族大学）黄绍勤教授撰写的题为《中国大学体育教育的现状和发展》论文，入选第25届巴塞罗那夏季奥运会科学大会，黄绍勤被指定为八位大会发言者之一。奥运会科学大会的组织者在致黄绍勤教授的邀请函中这样写道："你的研究将对本次大会作出伟大的贡献，希望你的发言能促进人们对世界大学生健康素质的关注。"

奥运会火炬传递第一人——让英

1996年第26届亚特兰大夏季奥运会火炬接力活动独家赞助商在全球选拔2 500名火炬手，15岁的"希望工程"受助学生让英经过县、州、省、国家层层选拔，最终与奥运冠军许海峰等三人一起成为中国各界的代表，参加了举世瞩目的奥运圣火传递活动。让英由此成为四川第一位奥运会火炬手。

参加冬奥会第一人——宋祺武、黎禹汐、邱冷、武绍桐

四川冬奥体育项目起步较晚，尚无四川本土运动员参加过冬奥会的比赛。目前共有4名四川运动员取得2022年第24届北京冬奥会参赛资格，代表中国征战北京冬奥赛场，他们是跳台滑雪运动员宋祺武、钢架雪车运动员黎禹汐、单板滑雪运动员邱冷和武绍桐。

四川奥运明星

自中国重返国际奥委会大家庭，四川人就从未缺席。从1984年洛杉矶第23届夏季奥运会到2020年第32届东京夏季奥运会，共有13名四川儿女获得夏奥冠军，除著名的女排三杰外，还有10名奥运明星，13人共累计获得16项奥运冠军、19枚奥运金牌，他们是四川的骄傲。

张蓉芳——女排冠军

四川成都人，1957年4月生。身高1.74米，在高人如林的世界排坛主攻手的位置上，可谓先天不足。但她刻苦训练，每堂课至少要扣球三四百次，还要在0.24秒内做扑、滚、跳跃等动作，一滚就是上百次，掌握了一手转腕击球的功夫，形成了自己眼快、手快、脚快、球路刁的风格，在国际排坛被誉为“怪球手”“魔术快攻手”。1984年第23届洛杉矶夏季奥运会女排决赛上，她凭借一个漂亮的4号位斜线扣杀力克美国队，使中国女排获得冠军。1986年，张蓉芳临危受命，出任中国女排主教练。率队苦练5个月，带领处于艰难中的中国女排获得第10届世界锦标赛冠军，成就了中国女排“五连冠”奇迹。

四川体育陈列室关于张蓉芳的展品

梁艳——女排冠军

四川成都人，1961年10月生。中国女排中唯一具有“五连冠”比赛经历的运动员。由于身高只有1.77米，并且臂长还不及身高1.72米的人，进入国家队受到很多质疑，但她勤奋苦练，掌握了一手“快、准、狠”的手法，成为一名出色的副攻手，人称“笑面杀手”。1984年第23届洛杉矶夏季奥运会女排决赛上，她凭借一次完美的传球，同队友一起击败了美国队，使中国女排获得冠军。她经常感慨，如果刚进入国家

队时，面对质疑和顾虑，自己退缩了，那这五块金牌就会与自己擦肩而过。经历了中国女排最辉煌的历史，尝尽了酸甜苦辣、失败挫折的她，最终战胜了困难，收获了成功。

四川体育陈列室关于梁艳的展品

朱玲——女排冠军

山东莱芜人，女，1957年7月生。1970年进入重庆六中接受业余排球训练，1975年入选四川省排球队，1979年凭借速度快、扣杀凌厉、弹跳出众、拦网准确、防守严密入选国家队，她是中国女排1981—1984年三连冠的亲历者。1984年第23届洛杉矶夏季奥运会女排决赛上，她凭借一次成功地拦网、一次巧妙地触球，同队友一起击败了美国队，中国女排第一次获得奥运会冠军。后来，她回川走上体育领导岗位，一如既往地坚守在体坛，续写人生一份份新的答卷。

四川体育陈列室关于朱玲的展品

高敏——跳水冠军

四川自贡人，女，1970年9月生。1988年第24届汉城夏季奥运会和1992年第25届巴塞罗那夏季奥运会上，她两次获得女子跳板跳水金牌，成为中国奥运历史上第一位蝉联奥运会冠军的运动员，用汗水和责任铸就了中国跳水的高敏时代，在中国跳水史上书写了浓墨重彩的一笔。极具跳水天赋的高敏从16岁起，就开始了她的鼎盛时期。1986年，第一次参加德国罗斯托克国际跳水赛，就一举夺得冠军。从1986年到1992年，她包揽了这期间的洲际、世界级、世界锦标赛、世界杯、奥运会上的所有跳板跳水金牌，共70多枚。她的技术难度和稳定性已远远超过同时代任何对手，成为当之无愧的“跳水女皇”。1987—1989年连续三年被美国《游泳世界》杂志评为年度世界最佳跳水运动员。

四川体育陈列室关于高敏的展品

陈龙灿——乒乓球冠军

四川成都人，男，1965年3月生。1988年第24届汉城夏季奥运会上，陈龙灿携手广西的韦晴光，在先输一局的情况下，以旺盛的斗志坚守阵地，一个把持近台，一个负责中台，配合默契，球路灵活，愈战愈勇，势不可挡，最终以2：1反败为胜，夺得男子双打金牌，这是中国奥运史上的第一枚乒乓球金牌，捍卫了乒乓王国的荣誉。作为右手直拍正胶的中国近台快攻打法的代表性选手，他先后获得世乒赛男团、男双冠军和世界杯男单冠军，荣获世界最佳乒乓球运动员奖——约拉奖。

四川体育陈列室关于陈龙灿的展品

张山——射击冠军

四川南充人，女，1968年3月生。1992年第25届巴塞罗那夏季奥运会上，张山参加了男女选手混合双向飞碟决赛，以200发子弹无一脱靶的出色表现获得冠军，把自古以来“百发百中”的传说变成了事实，把奥运会这个项目的纪录推到了不可能再破的顶点，成为首位在奥运会男女混合项目中击败男对手的女将。在领奖台上，张山被获得亚军的奥地利运动员和获得季军的意大利运动员高高举起，微笑着挥动双手，成就了中国奥运的经典时刻。

四川体育陈列室关于张山的展品

唐琳——柔道冠军

四川威远人，女，1975年5月生。15岁进入国家队。2000年在第27届悉尼夏季奥运会上，唐琳参加了女子78公斤级柔道比赛，从第一场比赛开始，她就兢兢业业地一场场地拼，即便看到队友们相继失意而去，她也没有气馁，反而从心里憋足了一口气，决心要为荣誉而搏，为中国柔道正名。比赛中，她凭借惊

四川体育陈列室关于唐琳的展品

人的毅力和不屈不挠的斗志，先后战胜巴西、比利时、法国等国高手，最终以2：1战胜对手获得了冠军。从内江威远山区走出来的唐琳将“接受你能接受的一切，改变你能改变的一切”作为自己的座右铭。

陈静——女排冠军

四川成都人，女，1975年9月生。2004年第28届雅典夏季奥运会上，中国女排在和平友谊体育馆内上演了一场惊天大逆转，在2：0落后俄罗斯队的情况下，她与队友们一起，凭着顽强拼搏的女排精神，连扳3局，获得冠军，在雅典这座写下了无数神话的城市里创造了自己的神话，成为继张蓉芳、梁艳、朱玲之后又一位获得奥运会女排冠军的四川姑娘，“女排之巅总有川妹子”的美誉一时盛传排坛。作为成都姑娘，她历经了10多年的高强度训练，连续6年入选国家队，以其出色的拦网技术、丰富的比赛经验，成为中国女排副攻手，是当时技术最为全面的球员。

四川体育陈列室关于陈静的展品

邹凯——体操冠军

四川泸州人，男，1988年2月生。2008年第29届北京夏季奥运会上，一举获得体操男子团体、单杠、自由体操3枚金牌，一届奥运会收获三金佳绩，比肩1984年洛杉矶奥运上体操王子李宁，其中的单杠金牌是中国体操队奥运历史上第一枚单杠金牌。2012年第30届伦敦夏季奥运会上，邹凯获得体操男子团体、自由体操2枚金牌，成为中国第一位奥运“五金王”。2013年，在全国第12届全运会上夺得男子单杠金牌，累计在3届全运会上获得11块金牌，成为全运会史上首位金牌数超过10枚的选手。2014年仁川亚运会上，他在男子自由体操、男子单杠决赛中双双夺冠。2020年被评为四川省直机关优秀共产党员。

四川体育陈列室关于邹凯的展品

殷剑——帆板冠军

四川西昌人，女，1978年12月生。2000年获得全国帆船锦标赛女子帆板场地赛、长距离赛冠军。2001年入选国家队，获得全国帆板冠军赛、女子帆板场地赛冠军。2002年获得全国帆板锦标赛、亚洲锦标赛女子帆板场地赛冠军。2002年获得釜山亚运会帆板亚军。2003年获得全国帆板锦标赛女子帆板场地赛冠军。2004年获得雅典夏季奥运会女子帆板亚军。2005年获得全国锦标赛女子帆板场地赛冠军。2006年获得全国帆板锦标赛女子RS：X场地赛亚军。2007年获得首届全国水上运动大会女子RS：X场地赛冠军。在2008年第29届北京夏季奥运会上，获得女子RS：X级帆板冠军，为中国夺得首枚奥运帆船帆板金牌。

四川体育陈列室关于殷剑的展品

冯喆——体操冠军

四川成都人，男，1987年11月生。1994年开始在成都市少年儿童业余体育学校男子体操队进行专项训练。1999年入选四川省体操队。2004年进入国家队。2005年在第10届全国运动会上获得双杠亚军。2006年获得世界杯上海站双杠冠军。2007年获得世界杯巴黎站双杠冠军和上海站跳马、双杠双冠军。在2012年第30届伦敦夏季奥运会上，获得体操男子团体、双杠2项冠军。

四川体育陈列室关于冯喆的展品

任茜——跳水冠军

四川成都人，女，2001年2月生。2012年在全国跳水冠军赛女子单人十米台获得第四名后进入国家跳水队 。2014年获得国际跳水大奖赛多项分站赛事女子单人10米台冠军。2015年在喀山游泳世锦赛跳水女子单人10米台中摘得银牌。2016年在巴西跳水世界杯女子单人10米台中获得个人第一个世界冠军 。2016年第

四川体育陈列室关于任茜的展品

31届里约夏季奥运会上，她凭借强大的心理素质，五跳均出色发挥，以439.25分的罕见高分获得女子单人10米台冠军，成为中国首个夺得奥运金牌的“00后”运动员。

邹敬园——体操冠军

四川宜宾人，男，1998年1月生。2012年进入国家队。2015年6月在全国青年体操锦标赛中一举获得男子个人全能、鞍马、吊环、双杠冠军和男子自由体操亚军。2017年10月首次参加世界体操锦标赛，以15.900分获得男子双杠冠军。2018年11月，在卡塔尔多哈举行的第48届世界体操锦标赛双杠决赛中，以16.433分卫冕。2019年10月获得第49届世界体操锦标赛男子团体亚军。第32届东京夏季奥运会上，以6.9分的难度分，9.333的完成分，总分16.233分，力压群雄夺得体操男子双杠金牌，被誉为“双杠难度王”。

四川体育陈列室关于邹敬园的展品

四川冬奥梦想

四川地处青藏高原东缘，云贵高原北侧，东西绵延1 000多公里，南北宽达900余公里，幅员辽阔，自然地理特征突出，气候复杂多样，温暖湿润的四川盆地没有开展冰雪运动的自然条件，川西高原虽然不乏终年积雪的高山永久冰雪带，但是这些美丽的自然冰雪景观，无论过去还是现在，都难以承载人们对冰雪运动的向往，因此在相当长的时间里，参加冬奥竞技是四川运动员的梦想。但四川人从来都不缺少实现梦想的勇气。有勇气就会有奇迹。

夯实冰雪运动基础

在不具备开展冰雪运动和培养本土冰雪运动人才的自然条件下，善于创新敢于创新的四川人没有放弃追逐冰雪梦想，从2006年起积极行动，采取跨省交流等方式，组织为数不少的其他项目运动员走出四川，到冰雪运动强省的运动队磨砺、锻炼。还采取与外省交流人才的方式，接纳北方省份冰雪运动人才为川所用。这些主动作为，为四川培养了一批冰雪运动后备人才。为进一步夯实冬季运动群众基础，从2019年起，每年举办

“全民健身冰雪季”活动，已连续举办3届，2021年活动规模达到线下服务600万人次、线上互动3 000万人次。同时还加大冰雪运动场馆建设，积极引导相关力量建成使用冰上场馆10个、雪上场馆16个，其中，四川首个室内标准冰场（成都加中冰上运动中心）、亚洲最大规模室内真雪场（都江堰融创）已投入使用，新都尖峰旱雪场已建成国内规模最大的大跳台。此外，还开设速度轮滑、轮滑冰球、单板滑雪等三个青少年竞赛大项，积极拓展青少年冰雪运动，四川冰雪运动基础更加牢固。

插上梦想翅膀

2015年北京冬奥会申办成功后，四川积极响应“带动三亿人参与冰雪运动”和冰雪运动“南展西拓东进”号召，加快筑梦冰雪行动。2018年9月，四川省体育局在四川体育职业学院成立冬季运动管理中心筹备组，为川人插上追逐冰雪梦想的翅膀。2019年1月，建立四川短道速滑队和女子冰球队。同年8月，第2届全国青年运动会上，四川代表团首秀获得4枚金牌，在同年全国最高级别赛事中获得8枚金牌。2019年11月，省体育局批复正式成立冬季运动管理中心。在因新冠肺炎疫情而延后的第14届全国冬运会已完赛的64个项目中，四川代表团夺得4枚金牌、12枚银牌、9枚铜牌。2020年速度轮滑全国锦标赛上，四川更是夺取了全部52枚金牌中的22枚。2021年7月，冬季运动管理中心被中国滑冰协会授予“体教融合・植根计划”实验基地称号。成立3年来，冬季运动管理中心已建成短道速滑、花样滑冰、女子冰球、单双板滑雪、速度轮滑、冰壶等6个项目9支专业队，在训运动员212名，专业教练员24名，彻底改变了四川长期以来缺乏冰雪项目基地，也没有真正意义上的四川本土运动员和项目队的冰冷现实，四川人有了冲击冬奥的底气和实力。

梦想的种子——2022 年北京冬奥会的四川力量

宋祺武——跳台飞将

2018年12月之前，宋祺武是一名田径男子跨栏健将，连下雪都没见过。刚开始接触滑雪时，面对高高的跳台，一整天时间他就没完成过一跳，心想着别断手断脚，活下来就行。3年来，他凭借着顽强的意志，专项训练成绩迅速提升。2021年1月，在河北涞源120米大跳台首跳便跳出141.5米的好成绩，一举打破男子跳台滑雪的全国纪录。3月，在全国跳台滑雪锦标赛上狂揽四金。2021年8月21日，在罗马尼亚洲际杯上获得30名；2021年9月11日在俄罗斯柴可夫斯基大奖赛上获得29名，获得奥运积分2分，为中国跳台滑雪锁定一个北京冬奥会参赛名额。跳台滑雪并不是中国冬奥优势项目，中国至今无人获得该项目的奥运会奖牌。

黎禹汐——雪车女将

黎禹汐自小短跑能力出众，短跑、跨栏、跳远成绩都非常优异。2018年，刚踏进成都体育学院校园，就凭借出色的短跑能力跨界跨项通过钢架雪车国家队的选拔，开始了自己的冰雪梦。之后3年时间里，她刻苦训练，成绩稳步上升。2021年11月，在挪威利勒哈默尔举行的2021—2022钢架雪车欧洲杯第1站、第2站比赛中，以1分47秒00的成绩刷新利勒哈默尔赛道的女子最好成绩，创造了新的世界纪录；在随后举行的第3站、第4站比赛中，依然是她走上冠军领奖台。短短一周多时间里，在欧洲人的地盘上、在欧洲人传统的优势项目上连续拿下4站欧洲杯冠军，她正用激扬的青春书写自己的运动辉煌。

邱冷、武绍桐——单板滑雪双人行

四川体育职业学院冬季运动管理中心与哈尔滨体育学院以高校合作的形式共建四川单双板滑雪队。邱冷和武绍桐正是哈尔滨体育学院的学生，如今注册在四川队，两人都参加了2022年北京冬奥会。邱冷从小酷爱体育，6岁开始练习体操，10岁开始练习单板

四川省体育博物馆宣传体育精神的海报

滑雪。2018年，邱冷第一次参加冬奥会，并在平昌冬奥会上获得第16名。第29届俄罗斯世界大学生冬季运动会获得单板滑雪女子U型场地比赛银牌，成为国家队重点培养的后起之秀。武绍桐1998年出生，9岁开始练习单板滑雪，2019—2020参加XGAME、云顶世界杯、美国猛犸山世界杯等国际比赛，2019年9月获得在新西兰卡卓纳举行的国际雪联单板滑雪U型场世界杯银牌，还获得第29届俄罗斯世界大学生冬季运动会单板滑雪女子U型场地比赛铜牌、2022年国际雪联单板滑雪U型场地技巧世界杯美国铜山站第8名。

2022年北京冬奥会于2月4日开幕，这一天正是中国二十四节气的立春，象征万物复苏，迎接春天的到来！宋祺武、邱冷、高弘博、武绍桐、黎禹汐等5名运动员入选了北京2022年冬奥会中国体育代表团，并在2月5日—14日共计10天的时间里，分别参加了跳台滑雪、单板滑雪、钢架雪车这三个大项的比赛。蜀中冬奥健儿发扬爱祖国、雄川体、闯新路、争第一的四川体育精神，收获了四川人的冰雪传奇！

参考文献

[1] 四川省档案馆馆藏档案资料。

[2] 《阅读奥运》，四川省体育局2008年编印，四川省体育博物馆提供。

[3] 邓若曾、张世明、黄绍勤、让英照片摘自网络，文中其他未标明出处的图片分别由四川省体育博物馆、四川体育职业学院冬季运动管理中心提供。

巾帼花开别样红

没有妇女解放和进步，就没有人类解放和进步。纵观历史长河，总有一个个闪闪发光的『她』，与时代同行。四川的妇女同胞们在与封建礼教数千年的斗争中解放出来，踊跃投身中国革命，积极投入社会主义事业建设，发挥着『半边天』的重要作用，释放出令人瞩目的『她』力量。

12 春风十里不如你，巾帼红颜展芳华
——“三八”妇女节在四川

草长莺飞，春暖花开，春光里的“三八”妇女节您可以有很多选择，踏青、赏花、看电影、放假……然而，从前的“三八”妇女节是怎么过的？让我们翻开档案，回望历史，重温四川女同胞过“三八”妇女节的情景往事。

寻根问底话渊源：“三八”妇女节之由来

“三八”妇女节最初起源于国外，后传播到中国，全称“联合国妇女权益和国际和平日”，又称“国际妇女节”。因在每年的3月8日举行庆祝活动，所以在中国又称“三八节”或“三八”妇女节。这一天，我们可以表达对女性的尊重、欣赏和爱意，更可以庆祝、表彰女性在政治、经济及社会等领域取得的非凡成就。

设立国际妇女节的想法最先产生于20世纪初，当时西方各国工人工作条件恶劣，工资低廉，使得各种抗议和罢工活动此起彼伏。1908年5月，美国社会党在芝加哥召开全国代表大会，左翼女权活动家们掀起了性别平等大讨论，要求社会党成立全国妇女委员会，专门负责女性运动的组织与宣传工作。1909年美国社会党全国妇女委员会成立，决定自1909年起，将每年二月份的最后一个星期天定为“全国妇女节”，专门用于组织大型集会和游行。

1910年8月26—27日，克拉拉·蔡特金以国际妇女书记处书记身份主持召开了第二届国际社会主义妇女代表会议，并起草了《关于争取妇女选举权基本原则的决议案》，

这个决议案规定，“各国社会主义妇女每年要有一个节日，其主要目的是帮助妇女获得选举权……妇女节必须具有国际性和认真地筹备”。1911年3月19日，欧洲一些国家的无产阶级妇女举行了历史上第一次庆祝“国际妇女节”的活动。1917年俄国二月革命期间，彼得格勒女工响应布尔什维克的号召，于3月8日举行庆祝“国际妇女节”的示威游行，要求得到“面包与和平”。1921年9月9—15日，第二届国际共产主义妇女代表会议在莫斯科举行，为纪念俄国女工在1917年二月革命中的英勇斗争，把每年的3月8日定为“国际妇女节”。

中国首次庆祝“三八”妇女节是在1924年。1924年3月8日，在广州市第一公园的音乐亭，30多所学校学生、各界妇女2 000多人参加集会庆祝“三八”妇女节。会上，何香凝发表演讲，介绍了“三八”妇女节的由来及纪念它的意义，廖仲恺发表了《国际妇女日的性质》的演说，瞿秋白、恽代英等共产党人也应邀参加并讲话，支持妇女群众运动。

1949年12月，中央人民政府政务院规定每年的3月8日为“国际妇女节”。根据政务院发布、国务院2013年第三次修订的《全国年节及纪念日放假办法》第三条规定：妇女节（3月8日）属于部分公民放假的节日及纪念日，妇女放假半天。

1975年联合国开始将3月8日作为“国际妇女节”庆祝。1977年12月，大会通过一项决议，宣布会员国应根据其历史和民族传统在每年的任何一天纪念“联合国妇女权益与国际和平日”。

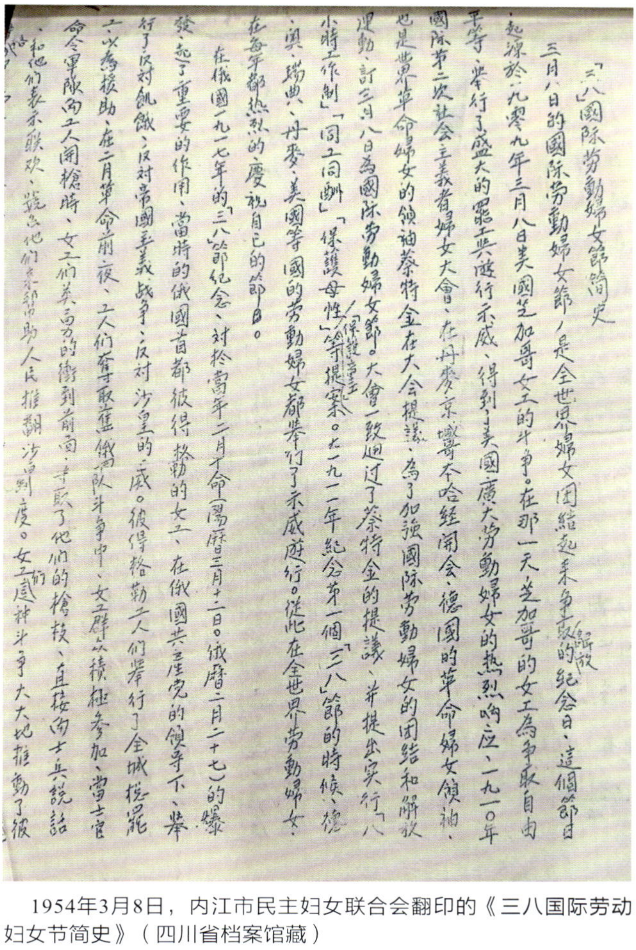
「三八」國际劳動婦女節简史

三月八日的國际劳動婦女節，是全世界婦女团結起来争取解放的紀念日，這個節日起源於一九零九年三月八日美國芝加哥女工的斗争。在那一天，芝加哥的女工為争取自由平等，举行了盛大的罷工與遊行示威，得到了美國廣大劳動婦女的热烈响应，一九一〇年國际第二次社会主義者婦女大會，在丹麥京城哥本哈経開会，德國的革命婦女領袖、也是世界革命婦女的領袖蔡特金在大会提議，為了加強國际劳動婦女的团結和解放運動，訂三月八日為國际劳動婦女節。大會一致通过了蔡特金的提議，并提出实行「八小時工作制」「同工同酬」「保護母性」「保護童工」等提案。在一九一一年紀念第一個「三八」節的時候，德、奥、瑞典、丹麥、美國等國的劳動婦女都举行了示威遊行。從此在全世界劳動婦女在每年都热烈的慶祝自己的節日。

在俄國一九一七年的「三八」節紀念，对於當年二月革命（陽曆三月十二日，俄曆二月二十七）的爆發，起了重要的作用，當時的俄國首都彼得格勒的女工，在俄國共產党的領導下，举行了反对飢餓，反对帝國主義戰争，反对沙皇的示威。彼得格勒工人們举行了全城搃罷工，以為援助，在二月革命前夜，工人們奪取警察队斗争中，女工群众積極参加，當士官命令軍隊向工人開槍時，女工們英勇的衝到前面，奪取了他們的槍枝，直接向士兵說話，和他們表示聯欢，號召他們參加帮助人民推翻沙皇制度。女工們的这种斗争大大地推動了彼

1954年3月8日，内江市民主妇女联合会翻印的《三八国际劳动妇女节简史》（四川省档案馆藏）

为有牺牲多壮志：抗战时期的“三八”妇女节

抗战时期，“三八”妇女节不再是一个简单的节日，还被赋予了除追求自身解放以外新的内涵——抗战的使命与责任。

国共两党通过演讲、游行、纪念大会、散发传单、组织募捐、慰劳军属及运动竞赛等各种形式的纪念活动，尽可能地发动广大妇女支援抗战。面对日寇的侵略，妇女们也积极响应，走出家门参加各种抗日救亡活动，这在一定程度上既促进了妇女解放运动的发展，也为抗战的胜利作出了不可磨灭的贡献。

四川省各级档案馆珍藏有诸多省内各地庆祝“三八”妇女节纪念活动的档案资料，让我们将时光拉回到那段烽火岁月。

各地有召开纪念大会的，有组织宣传小队张贴标语、制作壁报漫画的，有鼓励妇女开展鞋袜劳军运动的，有大力推行母教运动的，有表演音乐剧、召开座谈会的，有组织女生爬山越野、球类竞技的，有向公众发宣言书、办“三八”节报纸特刊的，还有举行演讲比赛的，形式多样，不一而足。

1934年3月8日，中共四川省委印发了《川委为纪念“三八”国际妇女节告劳动妇女书》，倡议实行八小时工作制，增加工资，改善待遇……要求产前各种休息，一个月工资照发。

1939年3月，成都市“三八”妇女节筹委会创作了歌曲《抗战中的“三八”》，歌词中写道：今年纪念三八，比往年的意义更伟大，全国的姐妹们团结在抗战的旗帜下，为着民族的最后胜利，我们把生命交给国家，姊妹们，要想得到解放，只有努力争取，独立自由新中华。

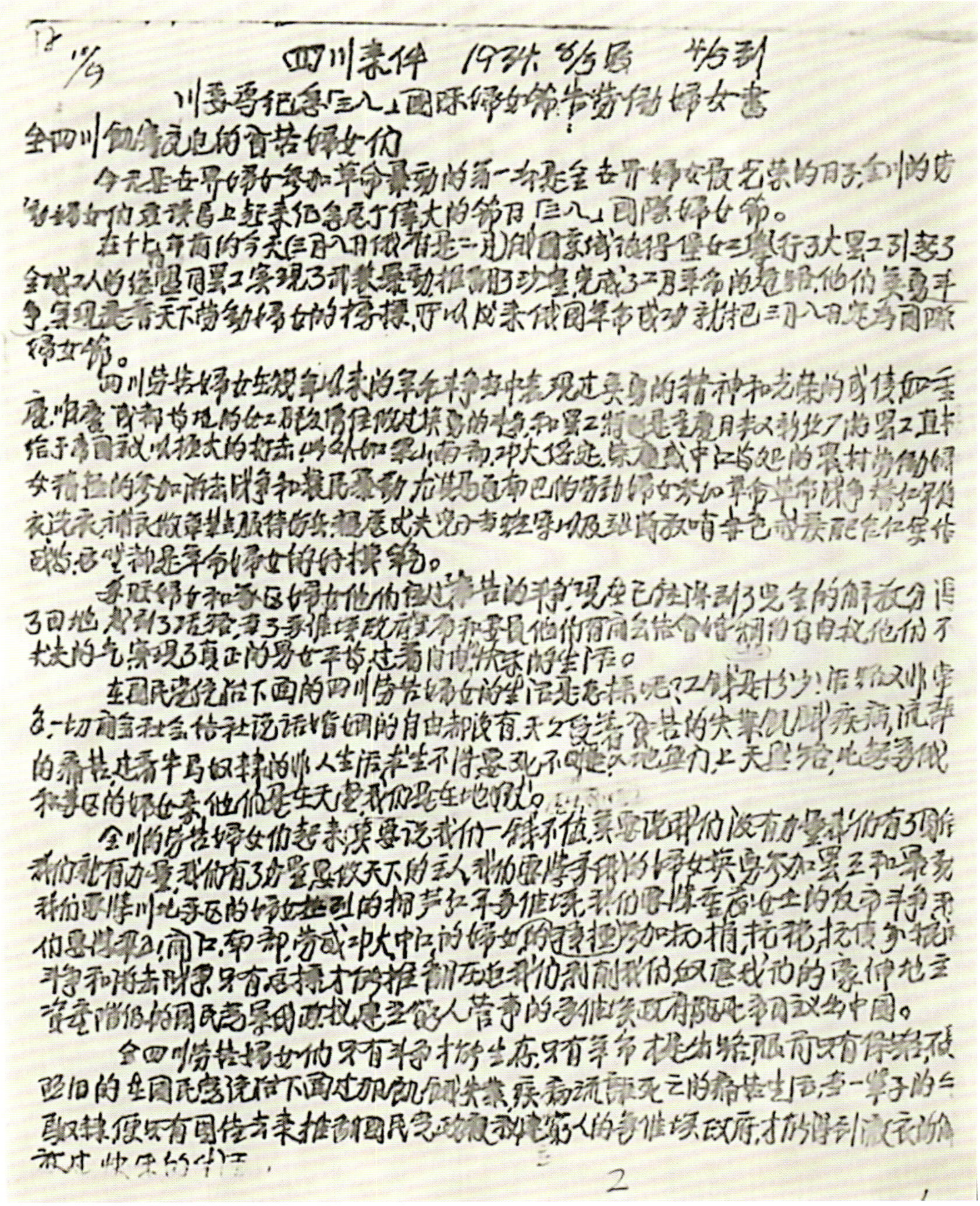

四川来件 1934.3/5 [illegible]

川委为纪念「三八」国际妇女节告劳动妇女书

全四川[illegible]的劳苦妇女们

今天是世界妇女参加革命暴动的第一天，是全世界妇女最光荣的日子，全川的劳苦妇女们应该马上起来纪念这个伟大的节日「三八」国际妇女节。

在十七年前的今天（三月八日俄历是二月）俄国京城彼得堡女工举行了大罢工，引起了全城工人的总同盟罢工，实现了武装暴动，推翻了沙皇，完成了二月革命的胜利。他们英勇斗争，实现了全世界劳动妇女的榜样，所以苏联俄国革命成功就把三月八日定为国际妇女节。

四川劳苦妇女在几年以来的革命斗争中表现过英勇的精神和光荣的成绩，如重庆、成都、自流井的女工[illegible]做过英勇的斗争和罢工，特别是重庆[illegible]直接给予帝国主义以极大的打击。此外如梁山、南部、仪陇、达县、宣汉、中江各地的农村劳动妇女积极的参加游击战争和农民暴动，尤其是通南巴的劳动妇女参加革命战争，替红军洗衣、补衣、做草鞋、服侍伤兵，[illegible]，都是革命妇女的好榜样。

苏区妇女和赤区妇女他们经过斗争的胜利，现在已经得到了完全的解放，分得了田地，[illegible]，参加了苏维埃政府和委员，他们有离婚结婚的自由权，他们不受丈夫的气，实现了真正的男女平等，过着自由快乐的生活。

在国民党统治下面的四川劳苦妇女的生活是怎样呢？工钱很少，[illegible]，一切商会社会结社言论婚姻的自由都没有，天天受着饥饿的失业、饥饿、疾病、流离的痛苦，过着牛马奴隶的非人生活，求生不得，要死不能，[illegible]，和赤区的妇女比，他们是在天堂，我们是在地狱。

全川的劳苦妇女们起来，莫要说我们一钱不值，莫要说我们没有力量，我们有了团结，我们就有力量，我们有了力量是做天下的主人。我们要学习[illegible]的妇女英勇参加罢工和暴动，我们要学习川北苏区的妇女热烈的拥护红军和苏维埃，我们要学习重庆女工的反帝斗争，我们要学习梁山、南部、宣汉、达县、中江的妇女的积极参加抗捐、抗税、抗债、分粮斗争和游击队。只有这样才能推翻压迫我们剥削我们奴役我们的豪绅地主资本阶级的国民党军阀政权，建立工农人民的苏维埃政府，驱逐帝国主义出中国。

全四川劳苦妇女们，只有斗争才能生存，只有革命才能出路，[illegible]，永远的在国民党统治下面过那饥饿、失业、疾病、流离、死亡的痛苦生活，当一辈子的牛马奴隶。便只有团结起来推翻国民党政权，建立工农人的苏维埃政府，才能得到[illegible]自由快乐的生活。

2

1934年3月8日，中共四川省委印发的《川委为纪念“三八”国际妇女节告劳动妇女书》（四川省档案馆藏）

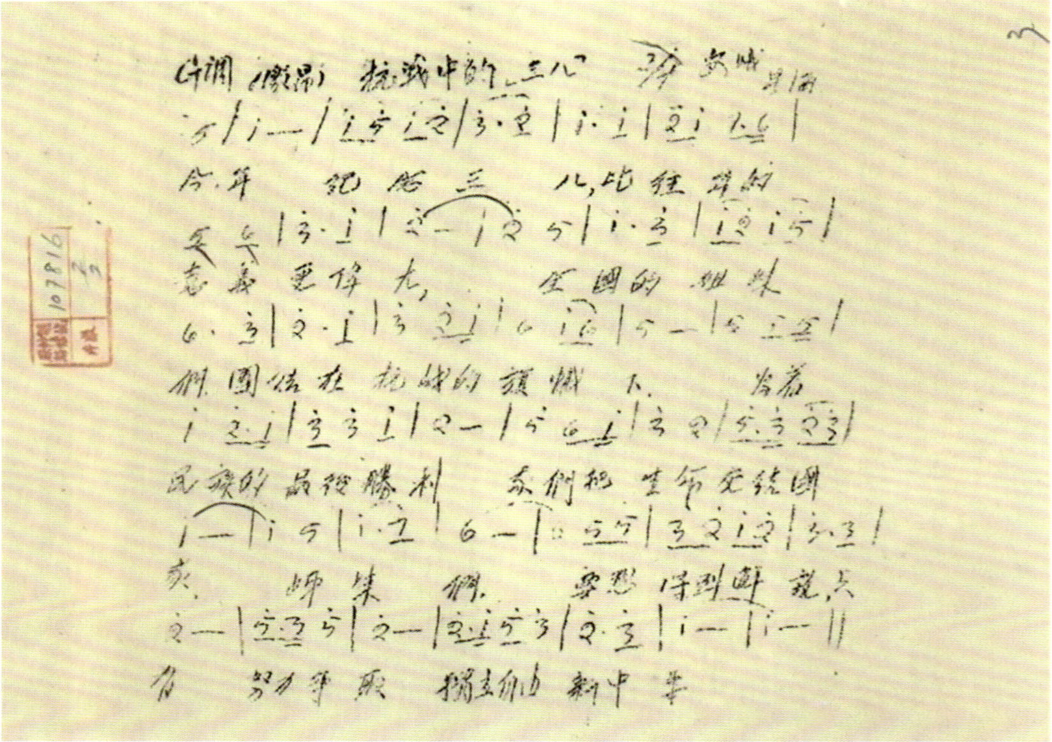

1939年，歌曲《抗战中的“三八”》（四川省档案馆藏）

1943年3月8日，大竹县举行了200多人的集会，召开扩大纪念会，印制宣言，张贴标语，编印特刊，组织宣传队，讲解“三八”妇女节的意义。新繁县举行纪念大会暨演讲比赛，留下了珍贵的庆祝照片。

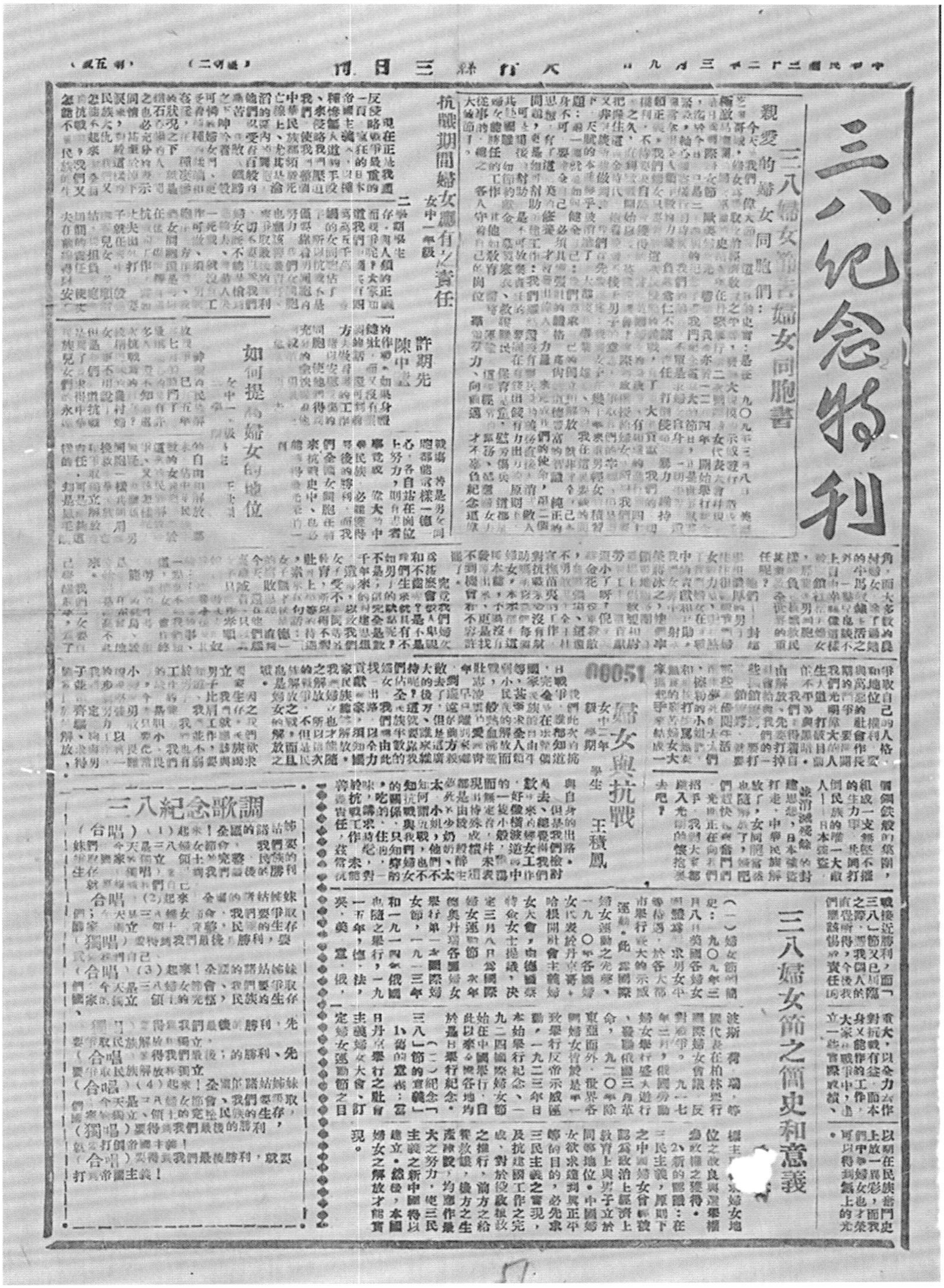

1943年3月8日，大竹县《三八纪念特刊》（四川省档案馆藏）

1943年3月8日，“三八”国际妇女节新繁县纪念大会暨演讲比赛合影（四川省档案馆藏）

特别报道：抗战时期妇女的杰出风采

“三八”妇女节是动员妇女支援抗战的最好宣传契机，在政府的感召下，妇女们不仅在后方为全民族的抗战呐喊助威，节约粮食、献金救国、缝制鞋袜、教养难童、慰劳战士，在兵源严峻时期，更是踊跃参军，支援前线，投入抗日救国的时代洪流中，真可谓是“巾帼不让须眉，红颜更胜儿郎”。

妇女节约献金救国

1943年秋，抗战进入最艰苦时期，爱国将领、国民政府军事委员会副委员长冯玉祥以全国慰劳总会会长的名义，发起爱国献金运动。11月，冯玉祥将军在自贡宣传节约献金抗日运动，仅开了一次动员大会，就收到献金260万元（法币）。1944年6月7日，冯玉祥将军来内江发动国民节约献金救国运动，内江的机关法团各行各业、各界人士、城市居民以及小学高年级的学生纷纷参加，把献金运动推向高潮。

在这场献金运动中，妇女们也不甘落后，慷慨解囊，不仅捐钱捐物，还贡献出自己珍藏多年的金银首饰，力争多为抗战出份力。让人感动的是，中国旅行社女工温毛氏成为“献金第一人”，她将其终年辛劳所得工资全部捐献。合江国立女子中学校长龚慕兰女士，将自己一枚金戒指脱下交给冯老将军，在她的带动下，该校教师、学生共捐出金戒指二十多只，该校许多女学生在大街上给人擦皮鞋，用劳动挣的钱捐献。姑娘们的口号是：爱国不分畛域，爱国没有顾虑，爱国超居人前。

自贡妇女将臂圈指环项链金器等献出，组成飞机、坦克、战舰、城墙及一“爱”字图案，贡献国家（自贡市档案馆藏）

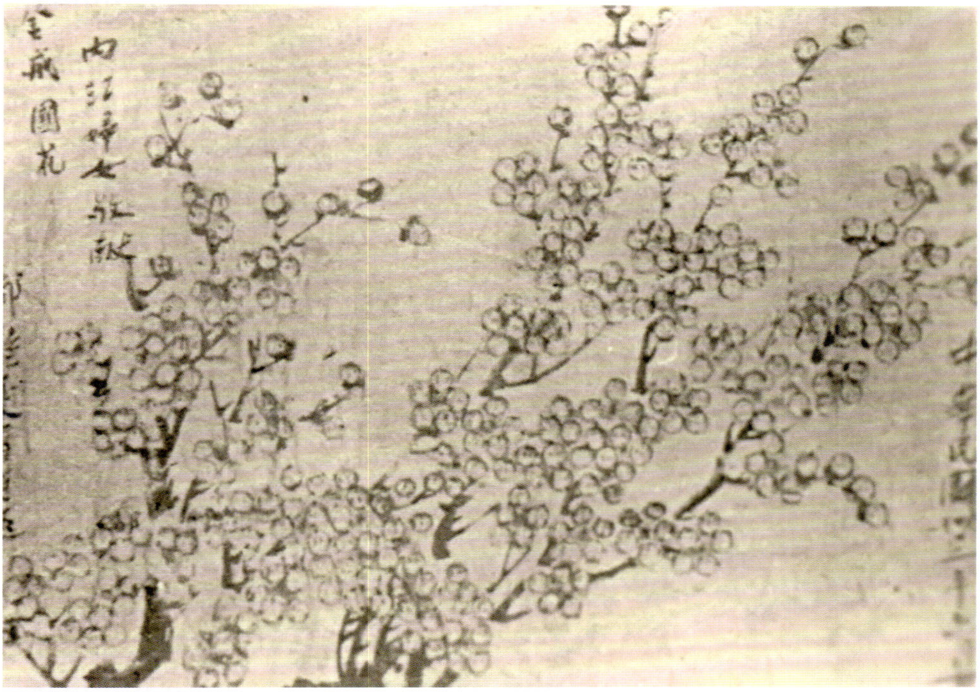

1944年6月，内江妇女捐献首饰，组成梅花图案（内江市档案馆藏）

知识女青年踊跃参军

抗战后期，兵源减员严重，为补充兵源，1943年年底国统区掀起了一场轰轰烈烈的知识青年从军运动。1943年11月15日，四川军管区参谋长徐思平在三台县出席东北大学纪念周，发表了慷慨激情的讲演，青年学生踊跃报名参军，其中，很多女同学主动请缨，申请参军。一些女生因被婉谢，竟痛哭流涕地质问：“爱国无分男女，女子何以不能抗战杀敌？”三台县国立十八中学女生林霖等30人泣请从军，坚不可却。

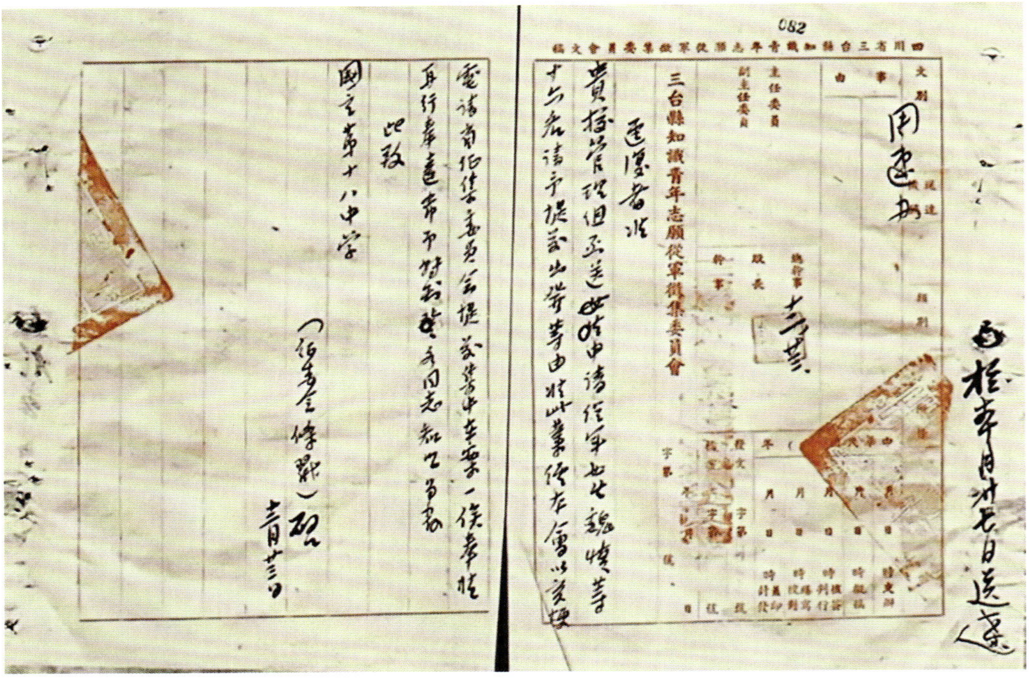

1943年，三台县知识青年志愿从军征集委员会同意国立十八中学女学生参军的文稿（三台县档案馆藏）

1944年10月29日，新生活运动妇女指导委员会邀请在重庆的三青团女青年处、女青年会、中央大学等36个单位联合召开“陪都妇女团体推进女青年从军运动联席会议”，讨论女知识青年从军问题。《妇女共鸣》月刊社也举行了知识青年志愿从军座谈会，鼓励女青年响应政府号召从军，参加战地服务和后勤工作，并将之视为争取男女平等的一个机会。1944年11月14日，政府颁布《全国知识女青年志愿从军服务队征集办法》《管理办法》和《实施办法》，预定在重庆、成都、昆明、贵阳、西安5个城市分别征集800、500、300、200、200名知识女青年入伍。1945年4月1日，作为女青年从军指导及组训机关的女青年服务总队在重庆宣告成立，由陈逸云女士担任队长，首批入伍女青年391人。

这次从军运动中，不少女学生脱去旗袍，换上戎装。这种场景，实在是中国军事史上的一大奇迹。

翻身做主把家当：新中国成立后四川第一个“三八”妇女节

在封建专制的旧中国，女性地位极其低下，“在家从父，出嫁从夫，夫死从子”，不能掌控自己的命运，不能追求自身的幸福。新中国成立后，人民当家作主，提倡男女平等，妇女的地位得到空前提高，现代女性更在政治、经济、文化、社会等诸多领域大展身手、大放异彩，她们用骄人的成就向全社会宣告：妇女能顶半边天！

成都市第一个“三八”妇女节

1950年3月8日，成都刚刚解放不久，在政局尚未稳定、土匪横行、特务频出、百业待兴的情况下，迎来了新中国的第一个“三八”妇女节。成都市妇联在《“三八节”纪

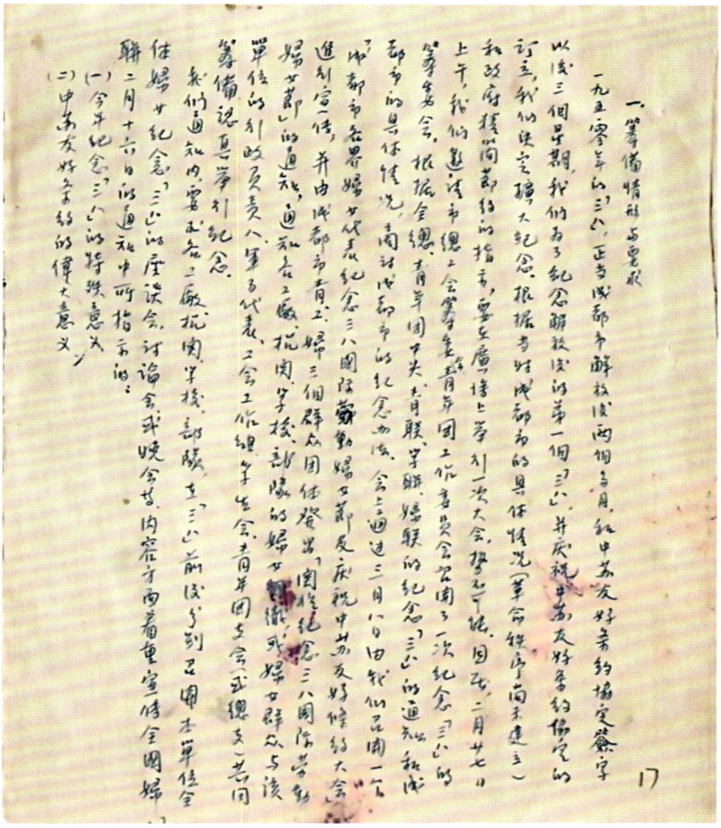
一、筹备情形与意义
一九五零年的三八，正当成都市解放后两个多月，和中苏友好条约协定签字以后三个星期，我们为了纪念解放后的第一个三八，并庆祝中苏友好条约协定的订立，我们决定扩大纪念。根据当时成都市的具体情况（革命秩序尚未建立）和政府接管前后的指示，要在广场上举行一次大会，势不可能，因此，二月廿七日上午，我们邀请市总工会筹委会、青年团工作委员会召开了一次纪念三八的筹委会，根据全总、青年团中央、青联、学联、妇联的纪念三八的通知和成都市的具体情况，商讨成都市的纪念办法。会上通过三月八日由我们召开一个成都市各界妇女代表纪念三八国际劳动妇女节及庆祝中苏友好条约大会，进行宣传，并由成都市青、工、妇三个群众团体发出“关于纪念三八国际劳动妇女节”的通知，通知各工厂、机关、学校、部队的妇女组织，或妇女群众与该单位的行政负责人，事务代表，工会工作组，学生会，青年团支会（或总支）共同筹备组织集会举行纪念。
我们通知内要求各工厂、机关、学校、部队，在三八前后分别召开本单位全体妇女纪念三八的座谈会、讨论会或晚会等，内容方面着重宣传全国妇联二月十六日的通知中所指示的：
(一)今年纪念三八的特殊意义，
(二)中苏友好条约的伟大意义，
17

1950年，成都市妇联的《“三八节”纪念大会工作报告》（四川省档案馆藏）

念大会工作报告》中这样写道："为了纪念解放后的第一个'三八'并庆祝中苏友好条约协定的订立，我们决定扩大纪念。"

根据当时成都市的具体情况和政府精简节约的要求，成都市的第一个"三八"妇女节庆祝活动是这样安排的：

1. 召开"成都市各界妇女纪念三八国际劳动妇女节及庆祝中苏友好条约大会"。到会的各界妇女代表有1 400多人。大会的主要内容是：宣传今年纪念"三八节"的特殊意义、中苏友好条约的伟大意义、新中国新妇女的重大责任，介绍"三八"简史，并根据当时成都市的具体情况，围绕当时剿匪肃特、拒用银圆、完成征粮等中心任务进行宣传动员，让广大劳动妇女用实际行动完成以上任务来纪念成都解放后的第一个"三八节"。

2. 召开纪念"三八节"的座谈会、讨论会、展览会和晚会等。文工队连演三晚《红旗歌》，观众多达3 000余名；"中剧"排演《白毛女》，以大概平时票价七分之一的价格三百元优惠妇女同胞；川大表演新剧《勇敢的丁太太》、秧歌舞，吸引了1 000多人观看；被服厂和大昌、申新纱厂举行晚会，演出《兄妹开荒》《夫妇识字》等剧目……成都市妇联还在《"三八节"纪念大会工作报告》中提道："除了少数分散的中上层家庭妇女和有几个我们的工作尚未深入的区域中的劳动妇女……其他都开了各单位妇女群众的全体纪念大会。"据不完全统计，当时全市共召开了20余次座谈会。

3. 组建女子宣传队，深入城郊农村，向当地妇女进行大力宣传。如：农改所女职工、家庭妇女、纱厂女工等合组宣传队到外东高店子乡村，用通俗易懂、喜闻乐见的方式宣传演讲，表演街头戏、秧歌、金钱板等，向大家介绍当前的中心工作、妇女的社会地位福利和育儿保健知识等。

4. 利用广播、特刊、标语、壁报、歌单等多种方式，扩大"三八"妇女节知识宣传等。如：组织女干部、女教师到人民电台、各电影院进行广播宣传；《川西日报》副刊登载"三八节"特刊；农改所出版"三八"节漫画专刊、剪报等。

5. 其他针对妇女的福利措施。如：电信局筹组两个幼儿园，解决女职工的后顾之忧；全市七个电影院以三百元的票价优待妇女；3月8、9两日妇女同志在新华书店买书可享八折优惠等。

川西区第一次妇女代表大会

随着新生政权的逐渐稳固，社会各项事业日趋向好，为提升妇女社会地位，加强妇女工作力度，发挥妇女在社会主义建设中的重要作用，1950年9月17日，川西区第一次妇女代表大会在成都召开。会议的中心议题是发动与组织川西广大农村劳动妇女及其他各基层民主妇女参加清匪反霸、减租退押等中心任务。参会的代表以劳动妇女为主，并包括知识妇女、自由职业妇女和其他各阶层民主妇女。参会正式代表共有163人，其中妇女工作者51名，女工及劳动妇女68名，少数民族2名，民盟代表2名，民革代表1名，部队妇女代表3名，文教界代表14名……民主妇女列席22名，旁听100名，共283人参加了会议。

1950年9月27日，川西区第一届各界妇女代表会议代表合影（四川省档案馆藏）

这次大会共召开了三天，会上明确了1950年冬和1951年春妇女工作的方针与任务，会上一些妇女代表做了情真意切、感人肺腑的发言，比如成都市女工代表刘玉辉在发言中这样讲道：“我们妇女几千年来均在封建制度下，过着牛马的生活，受旧社会旧家庭双重的封建压迫……从无一点自由，也没有机会来发挥妇女的能力，完全丧失了做人的意义。今天解放了，我们妇女才抬起了头，有了为人民服务的机会……”还有一些大会妇女代表的事迹感人至深，引人共鸣，比如什邡县妇女代表曾大娘，她是一个普通的农村劳动妇女，在旧社会饱受剥削压迫，缺衣少食，穷苦潦倒，甚至连个自己的名字都没有。新中国成立后，她分到了田地，住上了稳固的房子，过上了好日子，这些极大地激发了她建设社会主义的积极性。虽然曾大娘已经52岁了，但还是经常不辞辛苦到处下乡催收公粮、推销公债、组织妇女……并且自发组织了农村第一支农民自卫队，捍卫革命成果，巩固新生政权，代表妇女同志充分发挥了主人翁精神。

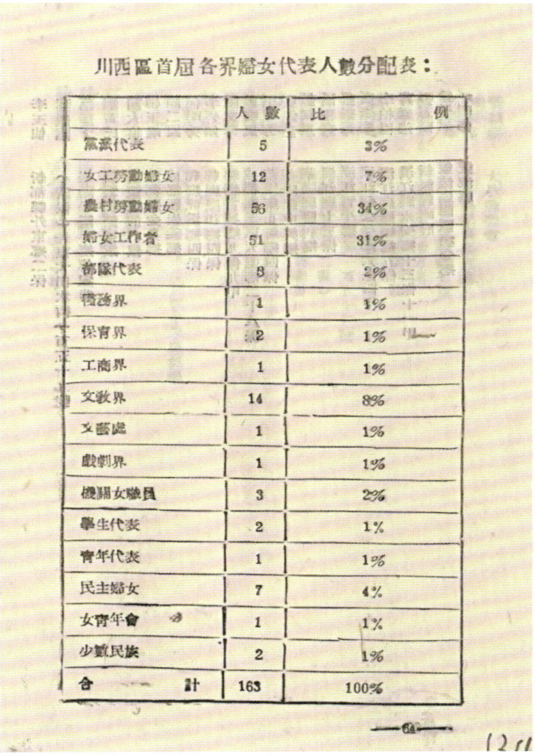

川西區首屆各界婦女代表人數分配表：

	人數	比例
黨派代表	5	3%
女工勞動婦女	12	7%
農村勞動婦女	56	34%
婦女工作者	51	31%
部隊代表	3	2%
醫務界	1	1%
保育界	2	1%
工商界	1	1%
文教界	14	8%
文藝處	1	1%
戲劇界	1	1%
機關女職員	3	2%
學生代表	2	1%
青年代表	1	1%
民主婦女	7	4%
女青年會	1	1%
少數民族	2	1%
合計	163	100%

—64—

1950年9月，川西区首届各界妇女代衰人数分配表（四川省档案馆藏）

这次会议加强了各阶层妇女之间的联系，特别是工农劳动妇女与知识妇女、少数民族妇女之间的联系。她们彼此交谈，交流思想，交换心得，打破以往互不了解的隔阂，在政治上、情感上打下了妇女反封建统一战线的初步基础。

这次大会是新中国成立后川西地区的第一次妇女代表大会，对于川西地区妇女乃至西南地区妇女有着极其重大的意义。它不但极大地提高了妇女的社会地位，也体现了妇女自身的价值。

妇女能顶半边天：首次全国“三八红旗手”评选

“三八红旗手”是妇女界的主要荣誉称号，主要表彰在中国各条战线上为社会主义物质文明和精神文明建设做出显著成绩的妇女先进人物和妇女先进集体，它是全国专项表彰妇女先进人物的最高荣誉。

1960年，“三八”国际妇女节五十周年之际，全国妇联决定在全国范围内评选表彰“三八红旗手”，这是历史上第一次评选表彰全国“三八红旗手（集体）”，也是20世纪60年代唯一的一次评选，后因“文化大革命”，评选表彰一度停止，1979年，这一工作才得以恢复。

1960年“三八红旗手”奖章

《中国妇女》杂志

《中国妇女》杂志1960年第4期刊载的《全国妇联准备奖励万名“三八红旗手”“三八红旗集体”》一文称：“全国妇联决定在今年纪念‘三八’国际妇女节五十周年的时候，奖励一万个在1959年社会主义建设各个战线上的妇女先进人物和以妇女为主的先进集体，分别授予‘三八红旗手’‘三八红旗集体’的奖状和奖旗。”

这次评选“三八红旗手”“三八红旗集体”的标准有四个：“一是思想红、干劲足;二是在工农业生产上、在集体生活福利及社会服务事业中、在社会主义建设各个战线上，大闹技术革新和技术革命，不断提高劳动生产率和工作效率;三是努力提高文化水平，刻苦学习和钻研科学;四是善于团结群众发挥共产主义协作精神。”简而言之就是红、勤、巧、俭。

这次评选，上万名妇女受表彰，其中，四川地区有467名“三八红旗手”和157个“三八红旗集体”，涉及文教、卫生、公安、科技、财贸、交通、少数民族等领域，充分展示了她们勇立时代潮头的巾帼风采。

表彰大会采取广播大会的形式召开，中心会场设在中央人民广播电台。在广播大会上，全国妇联主席蔡畅、中华全国总工会主席刘宁一、共青团中央第一书记胡耀邦、全国科协副主席茅以升等作了重要讲话。大会盛况空前，从边疆到内地，从沿海到山区，辽阔的祖国大地就是广播大会的现场，各族各行各业的妇女参会。以广播的形式开会使得听者众多，大会内容得到广泛迅速传播。

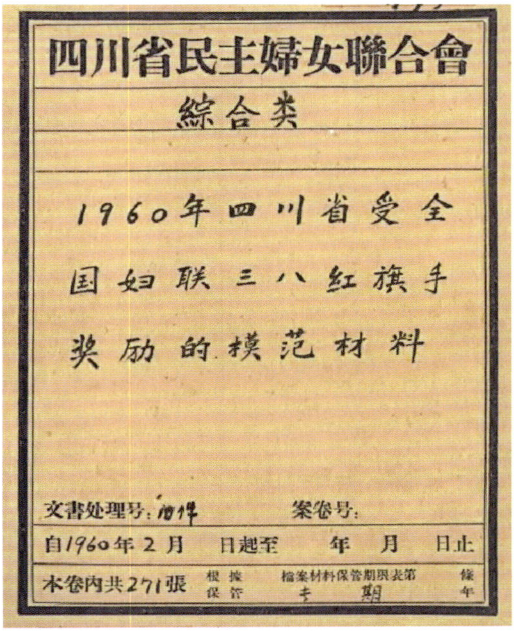
四川省民主婦女聯合會
綜合类
1960年四川省受全国妇联三八红旗手奖励的模范材料
文書处理号：
案卷号：
自1960年2月 日起至 年 月 日止
本卷内共271張 根據 保管 檔案材料保管期限表第 條 年

1960年四川省受全国妇联三八红旗手奖励的模范材料的案卷封面（四川省档案馆藏）

这次表彰活动极大地激发了广大妇女的劳动热情和奉献热情，各地迅速开展形式多样的竞赛活动，掀起了“比、学、赶、超”的热潮，人人争做思想战线上的促进派、生产战线上的红旗手、文化战线上的模范、技术革命的急先锋。

同时，为活跃妇女的业余生活，中华人民共和国文化部、中华人民共和国妇女联合会在全国各省、自治州、直辖市举行“庆祝‘三八’国际劳动妇女节五十周年电影周”，四川也积极响应，组织筹办电影周事宜，成都、重庆及部分农村参加电影周活动，映出的影片有：《万紫千红总是春》《笑逐颜开》《金玉娅》《五朵金花》《战火中的青春》等，受到大家一致好评。

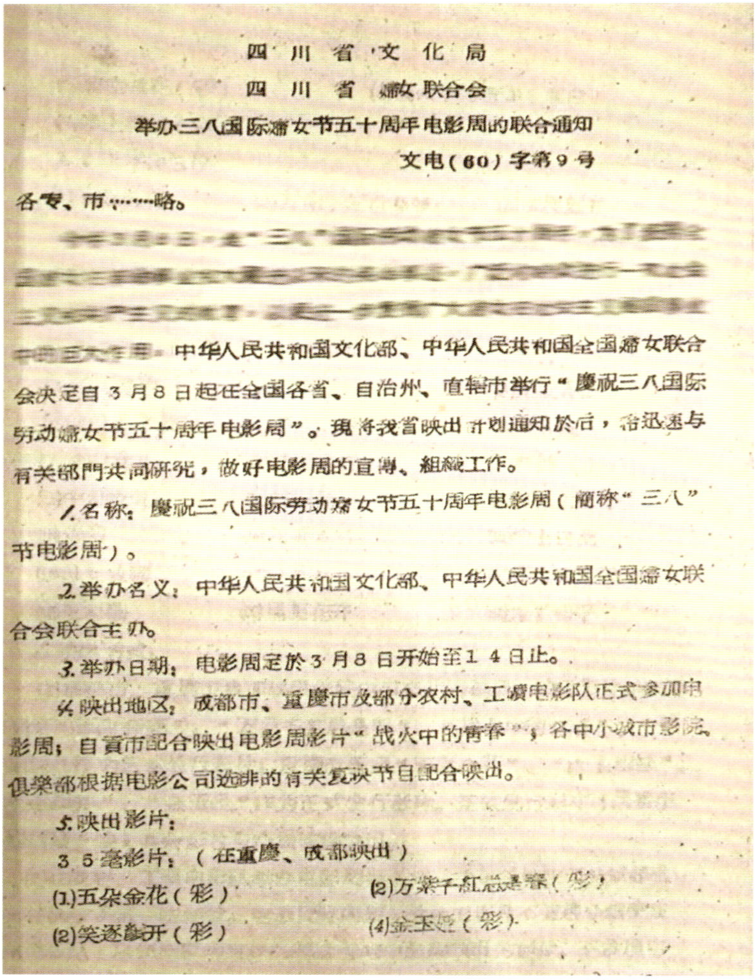

四川省文化局
四川省嬬女联合会
举办三八国际嬬女节五十周年电影周的联合通知
文电（60）字第9号

各专、市……略。

[illegible]中华人民共和国文化部、中华人民共和国全国嬬女联合会决定自3月8日起在全国各省、自治州、直辖市举行“慶祝三八国际劳动嬬女节五十周年电影周”。現将我省映出計划通知於后，希迅速与有关部門共同研究，做好电影周的宣傳、組織工作。

1.名称：慶祝三八国际劳动嬬女节五十周年电影周（簡称“三八”节电影周）。

2.举办名义：中华人民共和国文化部、中华人民共和国全国嬬女联合会联合主办。

3.举办日期：电影周定於3月8日开始至14日止。

4.映出地区：成都市、重慶市及部分农村、工礦电影队正式参加电影周；自貢市配合映出电影周影片“战火中的青春”，各中小城市影院、俱樂部根据电影公司选排的有关复映节目配合映出。

5.映出影片：

35毫影片：（在重慶、成都映出）

(1)五朵金花（彩）　(2)万紫千紅总是春（彩）

(2)笑逐顏开（彩）　(4)金玉娅（彩）

1960年，四川省文化局、四川省妇女联合会举办三八国际妇女节五十周年电影周的联合通知（四川省档案馆藏）

13 妇女能顶半边天 ——新中国第一部法律《婚姻法》

习近平总书记在党的二十大报告中指出，坚持全面依法治国，推进法治中国建设，强调全面依法治国是国家治理的一场深刻革命，关系党执政兴国，关系人民幸福安康，关系党和国家长治久安。新中国的法治建设始于新中国成立初期，标志性开端是1950年4月颁布的第一部法律——《中华人民共和国婚姻法》（以下简称《婚姻法》）。《婚姻法》的颁布实施使我国广大妇女的社会地位迎来重大变革，妇女同胞们逐渐摆脱数千年的封建束缚，积极投身社会主义建设，“妇女能顶半天”成为新中国妇女地位的代名词。我们以档案文献为依据，梳理《婚姻法》的发展改革历程，回望法治中国建设和妇女地位变革的细微缩影，以史为鉴、开创未来，奋力推动社会主义法治国家建设。

新中国成立前的婚姻制度

古代婚姻制度

我国古代婚姻关系最初源于原始社会末期父系家长制下的氏族习俗，经过夏、商两代融合发展，于西周时期确立了宗法制度下的包办和买卖婚姻，明确规定实行一夫一妻多妾制。从西周到清末的两千多年里，逐步发展形成了一整套以父权、夫权为中心的封建婚姻制度，依据父母之命、媒妁之言，女性附属于男性，没有独立人格，自由和权益受到严重束缚。“在家从父，出嫁从夫，夫死从子”是当时妇女地位的高度概括。四川省档案馆保存的清代巴县地区丈夫家贫嫁妻卖妻以换取钱财文约等档案，也印证了女性在婚姻家庭中的从属地位。

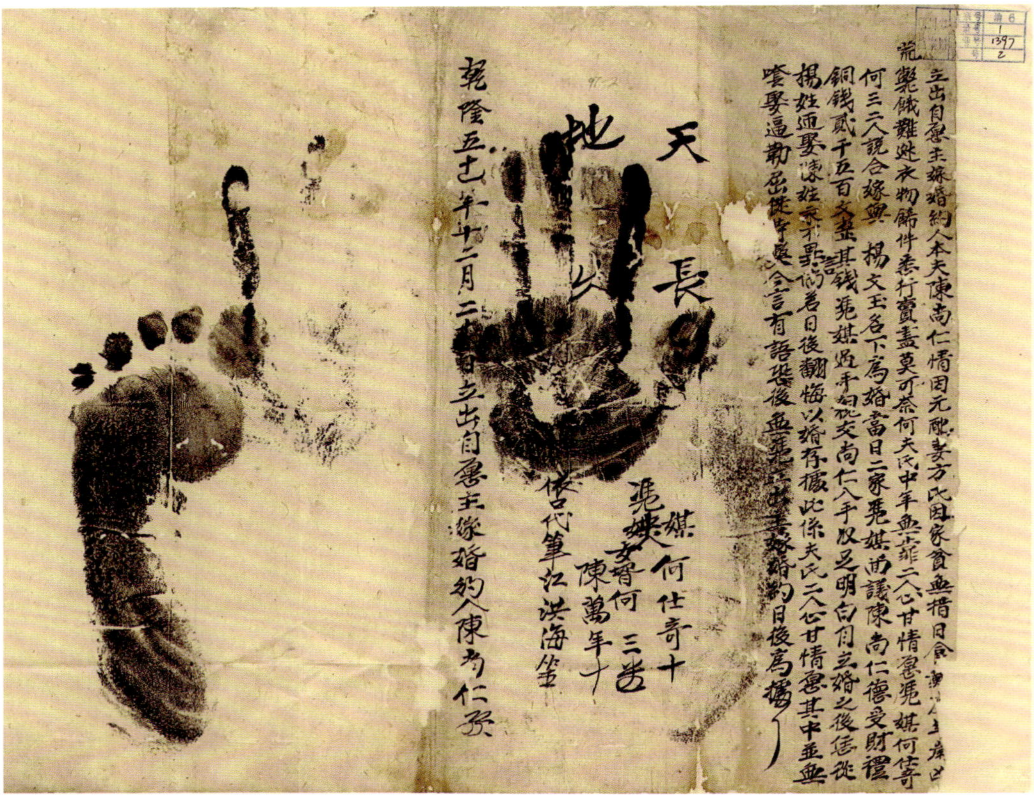
立出自愿主嫁婚约人本夫陳尚仁情因[illegible]妻方氏因家貧無措日食[illegible]
荒[illegible]饑難延衣物[illegible]件悉行賣盡莫可奈何夫氏中年無靠二人心甘情愿凴媒何仕奇
何三二人說合嫁與楊文玉名下爲婚當日二家凴媒面議陳尚仁[illegible]受財禮
銅錢貳千五百文整其錢凴媒過手交尚仁入手收足明白自立婚之後任從
楊姓迎娶陳姓永不異言倘若日後翻悔以婚存據此係夫氏二人心甘情愿其中並無
[illegible]娶逼勒[illegible]今言有語恐後無憑立出主嫁婚約日後爲據
天 地 長 久
凴媒 何仕奇 十
女婿 何三 [illegible]
陳萬年 十
依口代筆江洪海筆
乾隆五十一年十二月二十[illegible]日立出自愿主嫁婚約人陳尚仁 [illegible]

乾隆五十一年（1786年）十二月二十七日陈尚仁家贫嫁妻文约（四川省档案馆藏）

从内容上看，这一时期的婚姻制度主要包括婚姻礼仪、婚姻证明、结婚年龄、离婚制度等。

婚姻礼仪：西周时期初步形成了纳采、问名、纳吉、纳征、请期、亲迎等6个程序，故称“六礼”，主要用于贵族士大夫阶层，普通百姓通常可以简化或合并。“纳采”为男方家请媒人去女方家提亲，女方家答应议婚后，男方家备礼前去求婚；“问名”为男方家请媒人询问女方姓氏、出生时间及其生母姓氏，以便避免同姓为婚和占卜双方是否适宜结婚；“纳吉”为卜得吉兆后，男方派人携礼物和定帖到女方家告知婚事可成，并求得女方回帖；“纳征”亦称纳币、纳财，男方家向女方家赠送贵重财物作为订婚的正式聘礼，宣告婚事已定；“请期”为男方家占卜吉日定下婚期，征得女方同意后，双方开始筹备婚礼；“亲迎”为新郎亲自到新娘家迎娶，伴随有隆重的送亲迎亲仪式。宋朝将“六礼”合并简化为纳采、纳吉、纳征和亲迎“四礼”。元朝初期，增加婚礼后第二日新娘拜见公婆、再拜尊长，新郎新娘随男方主人入拜祖宗祠堂，第四日新郎回见女方父母、次见女方尊长等三道程序。明清时期基本无变化，只在清末民间简化为订婚、结婚两道程序。

萬子千孫

乾造甲戌年二月拾壹日午時建生

坤造乙未年二

清朝咸丰元年（1851年）结婚问名时合八字庚帖（四川省档案馆藏）

如意簪一枝

白布汗衫二件

紅布汗衫一件

清朝咸丰元年（1851年）纳征时嫁女收受彩礼单（四川省档案馆藏）

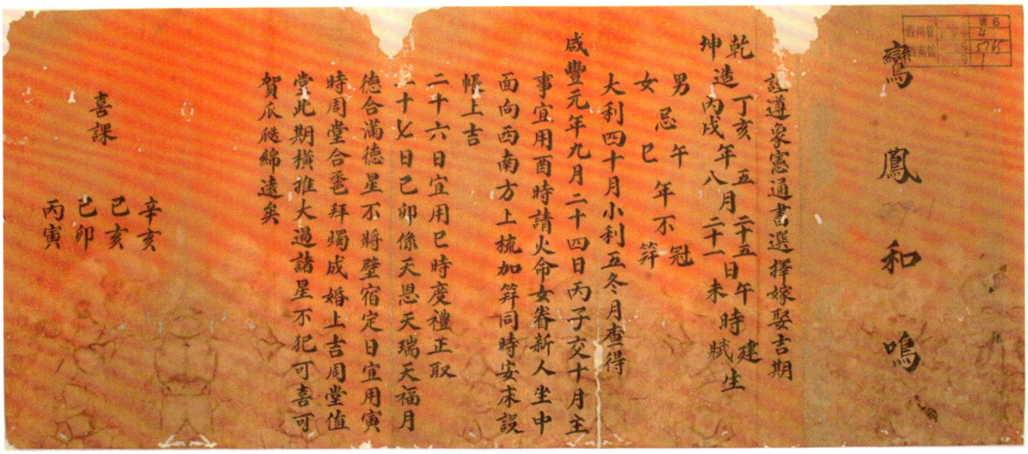
鸞鳳和鳴
謹遵家憲通書選擇嫁娶吉期
乾造丁亥五月二十五日午時建生
坤造丙戌年八月二十一日未時賦生
男忌午年不冠
女巳年不笄
大利四十月小利五冬月查得
咸豐元年九月二十四日丙子交十月主
事宜用酉時請火命女眷新人坐中
面向西南方上梳加笄同時安床設
帳上吉
二十六日宜用巳時庚禮正取
二十七日己卯係天恩天瑞天福月
德合滿德星不將壁宿定日宜用寅
時周堂合卺拜竭成婚上吉周堂值
堂此期撗推大過諸星不犯可喜可
賀瓜瓞綿遠矣
喜課
辛亥
己亥
己卯
丙寅

清朝咸丰元年（1851年）请期时测算婚期、宜忌的喜课（四川省档案馆藏）

婚姻证明：古时证明婚姻关系的文约称为婚书，是配合“六礼”的遵循而出现的。贵族、士大夫阶层的婚书可以追溯到春秋战国时期，民间婚书大概从唐朝时开始兴起，此后宋、元、明、清基本沿用。婚书早期套语虚词较多，后逐渐简化，从注重形式向注重实质转变的趋势十分明显。清末新政时期，川滇边务大臣衙门出于改变婚姻陋习、增加新政经费等考虑，下令废止民间婚书，川边民众开始购买统一印制的官制婚书。

结婚年龄：在以农耕为主的封建社会，为了增加人口和国库收入，多数时间提倡早婚。据目前掌握的资料，男性结婚的法定年龄普遍在15岁及以上，最大为20岁。女性结婚的法定年龄普遍在13岁及以上，且部分时期到龄不结婚会受到惩罚，如西汉初年，汉惠帝规定女子满15岁后不嫁，到30岁止，每增加3岁加收一倍人头税；晋朝晋武帝曾规定女子法定婚龄上限为17岁，超龄未嫁者由地方官员负责嫁配；北齐律法规定女子14岁以上、20岁以下未婚者，需要集中接受教育，如果父母隐瞒会被处以死刑。

長
地
火

清朝道光八年（1828年）的婚书（四川省档案馆藏）

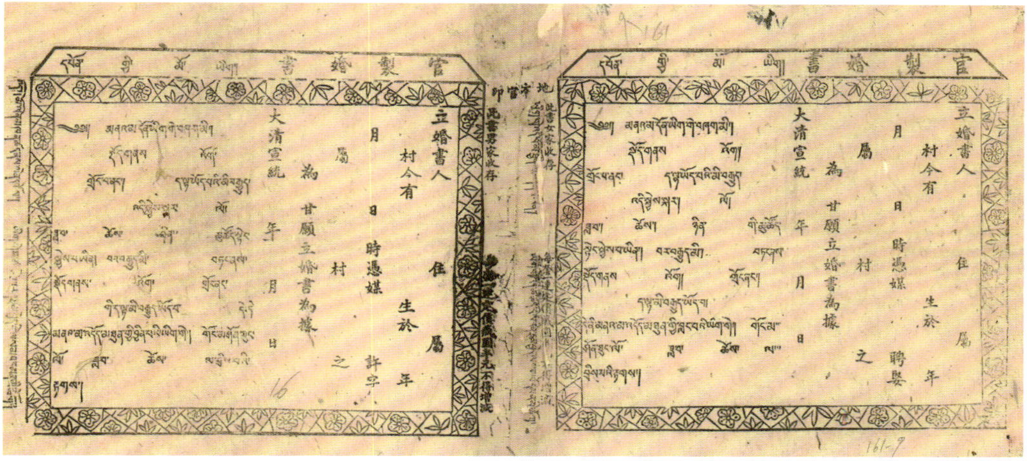

清末川滇边务大臣衙门印制的官制婚书（四川省档案馆藏）

离婚制度：在男权社会为主导的封建时期，婚姻关系的解除权利主要属于男方，女方主动解除婚姻关系的权利受到严格限制甚至剥夺。西周时期，婚姻关系的解除权完全控制在父系家长手中，女子如果不孝顺父母、未生育男孩、乱伦、不许丈夫纳妾、在家庭中搬弄是非、拥有私财等，丈夫可以出妻；但如果妻子离婚后无家可归、曾经为公

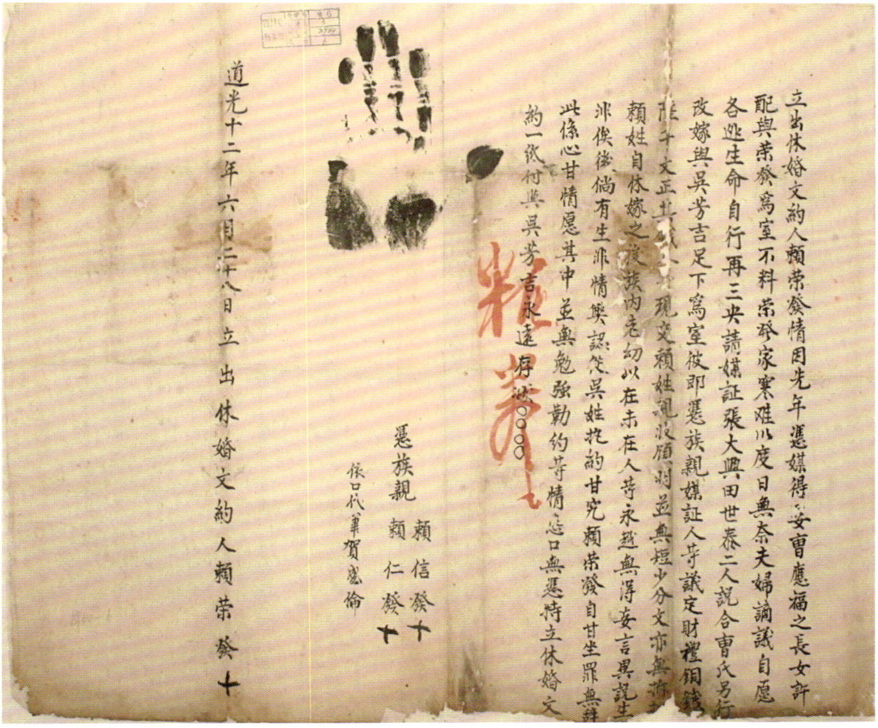

清朝道光十二年（1832年）的休书（四川省档案馆藏）

婆守孝三年或结婚时贫穷，后来富贵的，丈夫不能出妻，意为“七出三不去”。唐朝时期，逐步发展为出妻、和离、义绝三种，女性开始享有一些权利。“出妻”基本沿用西周时期“七出三不去”；“和离”即是双方协议离婚；“义绝”主要是夫妻之间发生了律法规定的事由，经官府判决强制离婚。著名宋代女词人李清照的第二段婚姻就是以义绝方式离婚的。

民国婚姻制度

这一时期，国民政府虽然参照外国立法进行了一些改革，但由于数千年宗法封建婚姻制度根深蒂固，加之中国半殖民地半封建社会状态没有根本变化，包括四川在内的全国大部分地区仍然沿袭晚清婚姻制度，妇女地位没有得到真正意义上的解放和提高。

1915年，北洋军阀政府制定《民律亲属编》，随后于1926年又制定《民律草案亲属编》，明确规定订婚、结婚、离婚都须取得父母允许，即男女双方均无实际婚姻自由，具有浓厚的封建色彩。

民国时期，成都的新郎新娘与中外来宾合影

1930年，南京国民政府颁布《民法典》，其中亲属编明确夫妻可以协议离婚，也可以请求法院判决离婚，且离婚条件适用于双方，这在一定程度上贯彻了男女平等的思想原则，但仍然具有许多封建性质条款。如男女结婚仍由父母包办，主婚权不属于子女；结婚后，妻需要冠夫姓，共同财产由夫保管，女性在婚姻中依然属于从属地位。又比如，法律虽然禁止重婚，但又在司法解释中明确："娶妾并非婚姻，自无所谓重婚。"这无异公开承认和允许纳妾。由此，民国时期有钱有势的官僚军阀、富商地主、帮会头目、地痞恶棍等重婚纳妾或霸占他人妻女为妾者，在城镇农村中并不鲜见。如四川军阀杨森拥有12个妻妾；原简阳县县长李青廷，40多岁时娶一妻四妾；崇宁县唐昌镇大财主赵麟祥，80多岁时用金钱购买三个年轻女子作妾，最小的年仅16岁。

革命根据地婚姻制度

自1921年7月中国共产党正式成立开始，党的历次代表大会都提出了关于妇女解放和改革婚姻家庭制度的基本原则。1927年第一次大革命失败后，中国共产党开始领导革命队伍在全国各地建立根据地，并先后成立乡、区、县、边区等各级苏维埃政权，分别制定了若干有关婚姻家庭问题的政纲、决议或法律法规，尝试打破一切桎梏妇女的封建礼教，废除包办和买卖等强迫婚姻和娼妓、蓄婢、童养媳等制度，实行一夫一妻，婚姻自由，也明确了离婚条件、程序和离婚后财产、债务、子女的处理办法，保障了根据地广大妇女同胞的合法权益，提升了她们的社会地位。

1931年12月，刚成立不久的中华苏维埃共和国在借鉴各根据地实践经验的基础上，颁布了《中华苏维埃共和国婚姻条例》，明确提出婚姻自由、一夫一妻等原则，废除一切封建包办、强迫和买卖婚姻制度，允许男女自由登记离婚，也规定了离婚后子女抚养和财产处理办法。这个条例是以毛泽东为代表的中国共产党人将马克思、恩格斯、列宁、斯大林关于婚姻家庭和社会发展问题的学说中国化，以解决中国婚姻制度问题的最初法律文献，奠定了废除封建婚姻制度和建立新民主主义婚姻制度的原则基础，是中国婚姻制度大革命的开始，也是中国妇女同胞真正获得解放的开始。

1934年4月，在总结前期经验的基础上，修正后的《中华苏维埃共和国婚姻法》正式颁布，确立婚姻自由和一夫一妻制原则，废除一切包办、强迫和买卖婚姻制度，禁止童养媳，规定结婚和离婚的要件和程序，明确离婚后对妇女和子女的特殊保护。随后陕甘宁边区和晋察冀、晋绥、晋冀鲁豫、山东根据地等又相继颁布了婚姻条例或婚姻暂行条例，基本都秉持了中共苏区时期婚姻法规追求婚姻自由平等的基本精神。小说家赵树理1943年创作的中篇小说《小二黑结婚》，正是根据地青年男女追求婚姻自由的写照。

《中华人民共和国婚姻法》的诞生与发展

起草与颁布

1948年9月20日至10月6日，中共中央在西柏坡组织召开解放区妇女工作会议，主要研究讨论建立全新的新民主主义的婚姻家庭制度。期间，刘少奇对邓颖超等中共中央妇女运动委员会（简称“中央妇委”）的同志们说：“新中国成立后，不能没有一部婚姻法，我们这么个五亿多人口的大国，没有一部婚姻法岂不乱套了？这个任务交给你们中央妇委，你们马上着手，先做些准备工作。”他还叮嘱到，这项工作必须要深入调查研究解放区的婚姻状况，总结解放区这些年来执行婚姻条例的经验教训，反复讨论，再动手起草。

位于河北省平山县东柏坡村的中央妇委旧址

会议结束后，中央妇委随即成立了《婚姻法》起草小组，由代理书记邓颖超主持，成员主要有中央妇委秘书长帅孟奇，委员康克清、杨之华、李培之、罗琼等，具体执笔是上海复旦大学法律专业毕业的王汝琪。

1948年冬，中央妇委与中央法律委员会拟出《婚姻法》草稿。此后又逐字逐句审阅学习各根据地婚姻条例，并积极借鉴苏联、朝鲜等国家婚姻制度，对草稿进行了41次修改，具体条款多则修改30至40次，少则修改10至20次，确保不放过每一个细节。

1950年1月21日，中央妇委将《婚姻法》草案呈送党中央审阅。起草小组负责人邓颖超同时附呈了一封亲笔信，对起草过程和有关争论内容做了说明。随后，中央法制委员会就草案内容广泛征求了意见建议，并举行座谈会进行了多次修改，于1月28日将修改后的草案再次呈报党中央，并对征求意见和修改情况做了说明，特别是将邓颖超坚持的“一方坚持离婚可以离婚”的主张写进了呈报的修改意见中。之后，中央组织中国人民政治协商会议全国委员会常委、中央人民政府委员及政务委员召开了两次联席座谈会，对草案做了最后修改。

1950年4月13日，中央人民政府委员会第七次会议审议通过了《中华人民共和国婚姻法（草案）》，于5月1日起正式施行。这是新中国成立后颁布的第一部法律，比1954年颁布的《宪法》还早4年。法律明确废除包办强迫、男尊女卑、漠视子女利益的封建婚姻制度，落实婚姻自由、男女平等、一夫一妻原则，从根本上动摇了封建婚姻制度和旧有家庭关系的根基，揭开了中国婚姻法治的新篇章。

宣传与贯彻

为了确保《婚姻法》有效实施，更好更彻底实现婚姻自由，中共中央在《婚姻法》正式实施的前一天专门下发《关于保证执行婚姻法给全党的通知》，要求各级党委组织党员认真学习，采取适当办法做好宣传教育工作，确保正确执行。

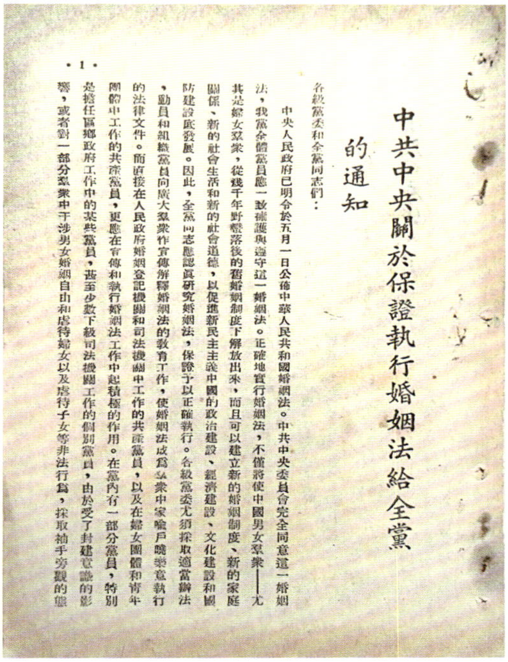

中共中央關於保證執行婚姻法給全黨的通知

各級黨委和全黨同志們：

中央人民政府已明令於五月一日公佈中華人民共和國婚姻法。中共中央委員會完全同意這一婚姻法，我黨全體黨員應一致擁護與遵守這一婚姻法。正確地實行婚姻法，不僅將使中國男女羣衆——尤其是婦女羣衆，從幾千年野蠻落後的舊婚姻制度下解放出來，而且可以建立新的婚姻制度、新的家庭關係、新的社會生活和新的社會道德，以促進新民主主義中國的政治建設、經濟建設、文化建設和國防建設底發展。因此，全黨同志應認真研究婚姻法，保證予以正確執行。各級黨委尤須採取適當辦法，動員和組織黨員向廣大羣衆作宣傳解釋婚姻法的教育工作，使婚姻法成爲羣衆中家喻戶曉樂意執行的法律文件。而直接在人民政府婚姻登記機關和司法機關中工作的共產黨員，以及在婦女團體和青年團體中工作的共產黨員，更應在宣傳和執行婚姻法工作中起積極的作用。在黨內有一部分黨員，特別是擔任區鄉政府工作中的某些黨員，甚至少數下級司法機關工作的個別黨員，由於受了封建意識的影響，或者對一部分羣衆中干涉男女婚姻自由和虐待婦女以及虐待子女等非法行爲，採取袖手旁觀的態

•1•

中共中央关于保证执行婚姻法给全党的通知

綿陽專署監察處

關於婚姻法訓練班及檢查婚姻法執行情况的簡報

一九五二年十月二十五日

00022

1952年10月25日，绵阳区专员公署《关于婚姻法训练班及检查婚姻法执行情况的简报》封面（四川省档案馆藏）

1953年3月22日，北京劳动人民文化宫举行宣传贯彻《婚姻法》游园大会。图为两名青年在观看宣传小册子

《婚姻法》颁布实施后遇到了巨大阻力。1951年9月，政务院在《关于检查婚姻法执行情况的指示》中指出，包办、强迫与买卖婚姻，在许多地方，特别是在农村中，仍然大量存在。干涉婚姻自由与侵害妇女人权的罪行时有发生，甚至严重到迫害妇女的生命，致使全国各地有不少妇女因婚姻问题被杀或自杀。

1953年2月，鉴于土地改革基本完成和抗美援朝战争即将结束，《婚姻法》的宣传贯彻工作被提上了日程。政务院专门印发《关于贯彻婚姻法的指示》，明确1953年3月作为宣传贯彻《婚姻法》的运动月，充分发动男女群众，特别是妇女群众，展开一场声势浩大、规模壮阔的群众运动，务使《婚姻法》家喻户晓，深入人心，发生移风易俗的伟大作用。

1953年3月，全国各地的工厂、机关、学校、街道和广大农村都掀起了宣传《婚姻法》的热潮，超过1.4亿成年人受到教育，使广大青年男女对《婚姻法》内容有了比较全面正确的了解，结婚登记也逐渐被群众所接受。在四川，训练55万余名干部作为运动骨干，在7 510个乡开展运动，占应开展运动地区的92.6 %，处理群众提出的婚姻纠纷案件54 320件，其中由法院审理判决1 457件，严惩了一批违反《婚姻法》、虐待妇女的罪犯。运动月后，我国出现了第一次离婚高潮，仅各级法院1953年受理的离婚案件就达117万件，标志着我国封建主义婚姻家庭制度正式崩溃，也标志着我国妇女真正实现了婚姻自由。

1953年，铁路局职工向旅客宣传《婚姻法》

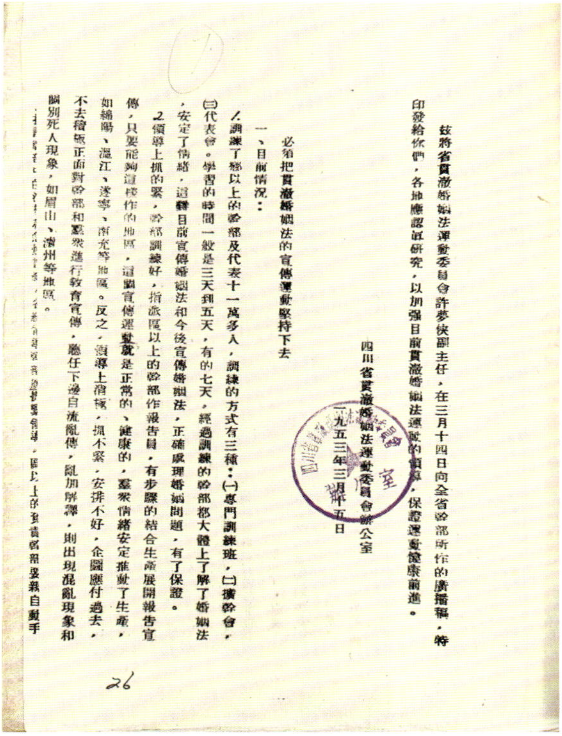

茲將省貫澈婚姻法運動委員會許夢俠副主任，在三月十四日向全省幹部所作的廣播稿，特印發給你們，各地應認眞研究，以加强目前貫澈婚姻法運動的領導，保證運動健康前進。

四川省貫澈婚姻法運動委員會辦公室
一九五三年三月十五日

必須把貫澈婚姻法的宣傳運動堅持下去

一、目前情況：

1.訓練了縣以上的幹部及代表十一萬多人，訓練的方式有三種：(一)專門訓練班，(二)擴幹會，(三)代表會。學習的時間一般是三天到五天，有的七天，經過訓練的幹部都大體上了解了婚姻法，安定了情緒，這對目前宣傳婚姻法和今後宣傳婚姻法，正確處理婚姻問題，有了保證。

2.領導上抓的緊，幹部訓練好，指派區以上的幹部作報告員，有步驟的結合生產展開報告宣傳，只要能夠這樣作的地區，這個宣傳運動就是正常的、健康的，羣衆情緒安定推動了生產，如綿陽、溫江、遂寧、南充等地區。反之，領導上消極，抓不緊，安排不好，企圖應付過去，不去積極正面對幹部和羣衆進行教育宣傳，聽任下邊自流亂傳，亂加解釋，則出現混亂現象和個別死人現象，如眉山、瀘州等地區。

1953年3月15日，四川省贯彻婚姻法运动委员会办公室印发的《四川省贯彻婚姻法运动委员会副主任许梦侠在3月14日向全省干部所作的宣传婚姻法广播稿》首页（四川省档案馆藏）

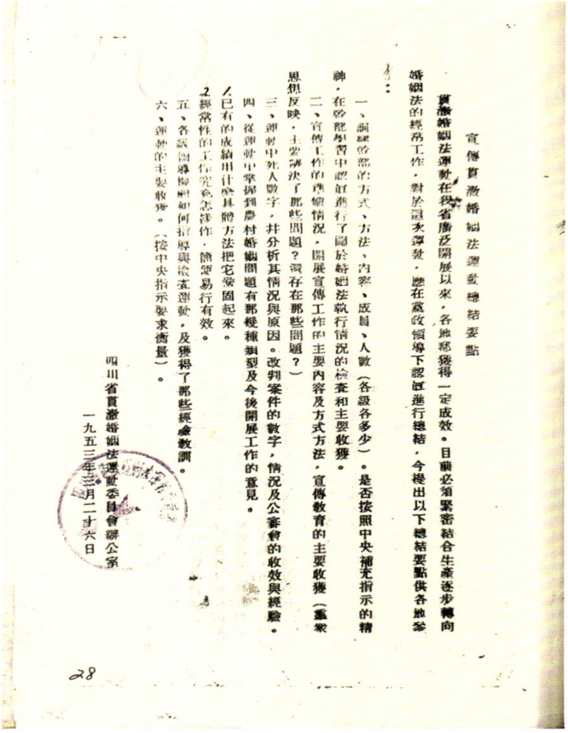

宣傳貫澈婚姻法運動總結要點

貫澈婚姻法運動在我省廣泛開展以來，各地都獲得一定成效。目前必須緊密結合生產逐步轉向婚姻法的經常工作，對於這次運動，應在黨政領導下認眞進行總結，今提出以下總結要點供各地參考：

一、訓練幹部的方式、方法、內容、成員、人數（各級各多少）。是否按照中央補充指示的精神，在幹部學習中認眞進行了關於婚姻法執行情況的檢查和主要收獲。

二、宣傳工作的準備情況，開展宣傳工作的主要內容及方式方法，宣傳教育的主要收獲（羣衆思想反映，主要解決了那些問題？還存在那些問題？）

三、運動中死人數字，并分析其情況與原因。改判案件的數字，情況及公審會的收效與經驗。

四、從運動中掌握到農村婚姻問題有那幾種類型及今後開展工作的意見。

1.已有的成績用什麼具體方法把它鞏固起來。

2.經常性的工作究竟怎樣作，纔算易行有效。

五、各級領導與如何指導與檢查運動，及獲得了那些經驗教訓。

六、運動的主要收獲。（按中央指示要求衡量）。

四川省貫澈婚姻法運動委員會辦公室
一九五三年三月二十六日

1953年3月26日，四川省贯彻婚姻法运动委员会办公室印发的《宣传贯彻婚姻法运动总结要点》（四川省档案馆藏）

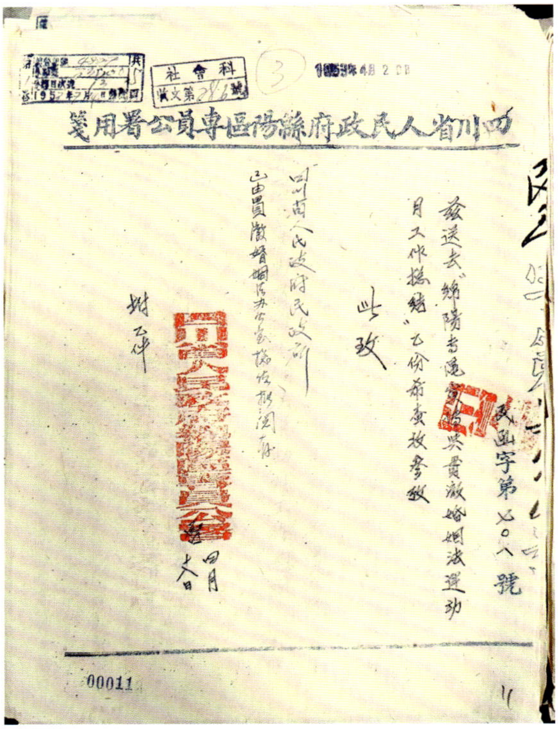
四川省人民政府绵阳区专员公署用笺

00011

1953年4月18日，绵阳区专员公署向四川省人民政府呈报的关于宣传贯彻婚姻法运动月工作总结封面（四川省档案馆藏）

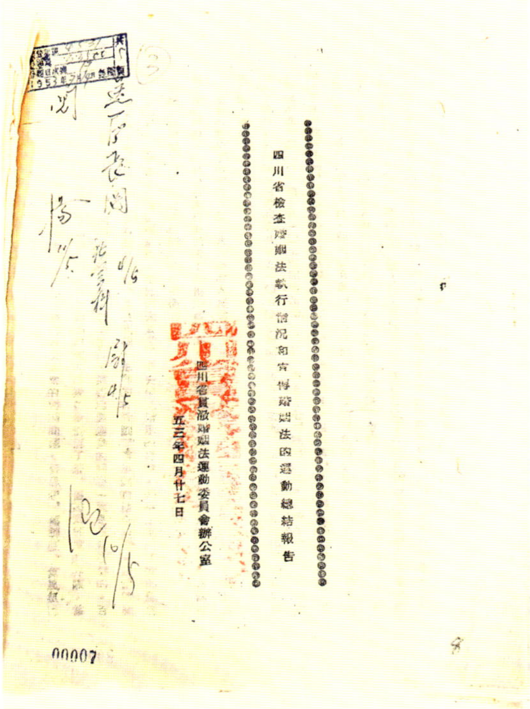
四川省检查婚姻法执行情况和宣传婚姻法的运动总结报告

四川省贯澈婚姻法运动委员会办公室
五三年四月廿七日

00007

1953年4月27日，四川省贯彻婚姻法运动委员会办公室《四川省检查婚姻法执行情况和宣传婚姻法的运动总结报告》封面（四川省档案馆藏）

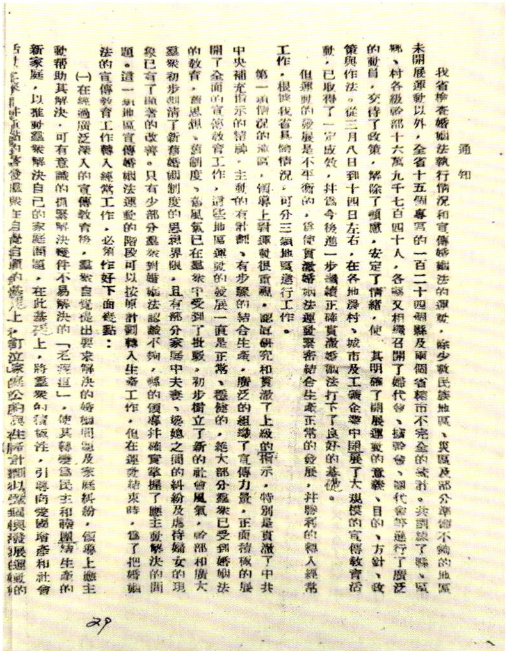
通知

我省檢查婚姻法執行情況和宣傳婚姻法的運動，除少數民族地區、災區及部分準備不夠的地區未開展運動以外，全省十五個專區的一百二十四個縣及兩個省轄市不完全的統計。共訓練了縣、區、鄉、村各級幹部十六萬九千七百四十人，各縣又相繼召開了婦代會、擴幹會、鄉代會等進行了廣泛的動員，交待了政策，解除了顧慮，安定了情緒，使其明確了開展運動的意義、目的、方針、政策與作法。從三月八日到十四日左右，在各地農村、城市及工礦企業中開展了大規模的宣傳教育活動，已取得了一定成效，并為今後進一步繼續正確貫澈婚姻法打下了良好的基礎。

但運動的發展是不平衡的，為使貫澈婚姻法運動緊密結合生產正常的發展，并勝利的轉入經常工作，根據我省具體情況，可分三類地區進行工作。

第一類情況的地區，領導上對運動很重視，認真研究和貫澈了上級的指示，特別是貫澈了中共中央補充指示的精神，主動的有計劃、有步驟的結合生產，廣泛的組織了宣傳力量，正面積極的展開了全面的宣傳教育工作，這些地區運動的發展一直是正常、穩健的，絕大部分群眾已受到婚姻法的教育，舊思想、舊制度、舊風氣已在群眾中受到了批駁，初步樹立了新的社會風氣，幹部和廣大群眾初步劃清了新舊婚姻制度的思想界限，且有部分家庭中夫妻、婆媳之間的糾紛及虐待婦女的現象已有了顯著的改善。只有少部分群眾對婚姻法認識不夠，鄉的領導并確實掌握了應主動解決的問題。這一類地區宣傳婚姻法運動的階段可以按原計劃轉入生產工作，但在運動結束時，為了把婚姻法的宣傳教育工作轉入經常工作，必須作好下面幾點：

(一)在經過廣泛深入的宣傳教育後，群眾自覺提出要求解決的婚姻問題及家庭糾紛，領導上應主動幫助其解決，可有意識的抓緊解決幾件不易解決的「老疙瘩」，使其轉變為民主和睦團結生產的新家庭，以推動群眾解決自己的家庭問題，在此基礎上，將群眾的積極性，引導向愛國增產和社會

29

1953年，四川省人民政府关于推动贯彻婚姻法运动胜利转入经常工作的通知（四川省档案馆藏）

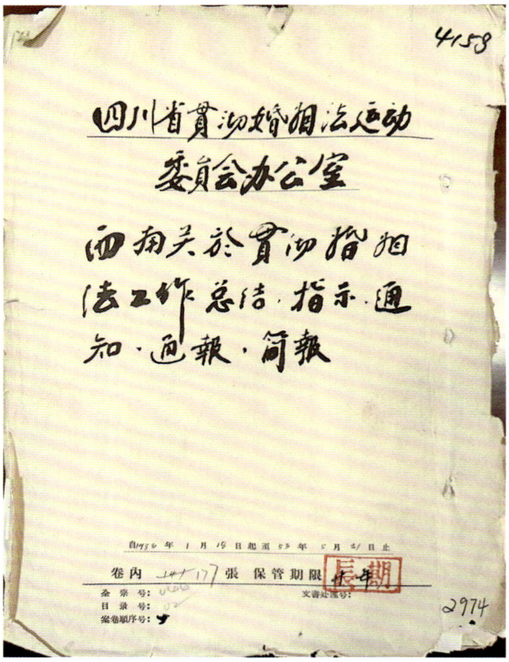
4158

四川省貫沏婚姻法運動
委員会办公室

西南关於貫沏婚姻
法工作总结、指示、通
知、通報、简報

卷内 張 保管期限 長期

2974

1953年，西南区关于贯彻婚姻法工作总结、指示、通知、简报案卷封面（四川省档案馆藏）

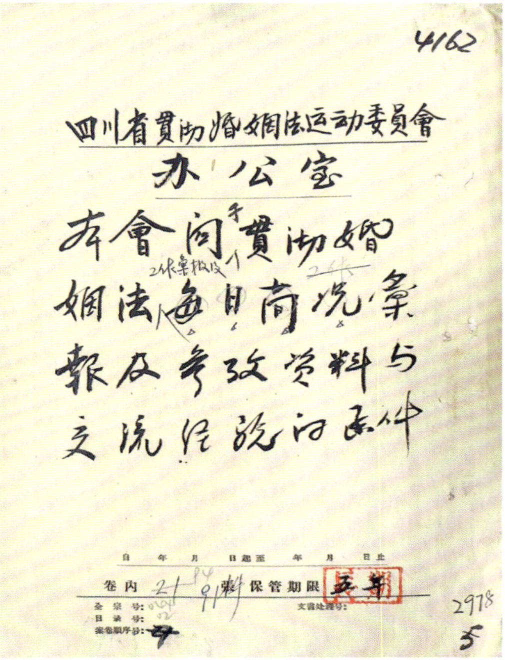

四川省贯彻婚姻法运动委员会关于贯彻婚姻法工作汇报及每日简况汇报及参考资料与交流经验的函件案卷封面（四川省档案馆藏）

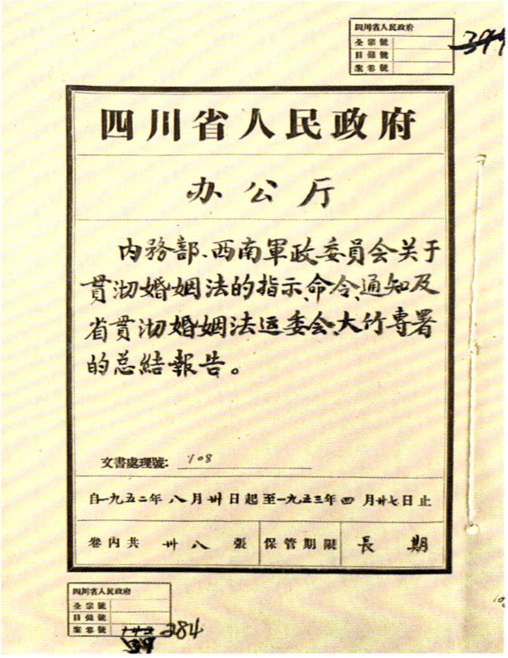

内务部、西南军政委员会关于贯彻婚姻法的指示、命令、通知及省贯彻婚姻法运动委员会、大竹专署的总结报告案卷封面（四川省档案馆藏）

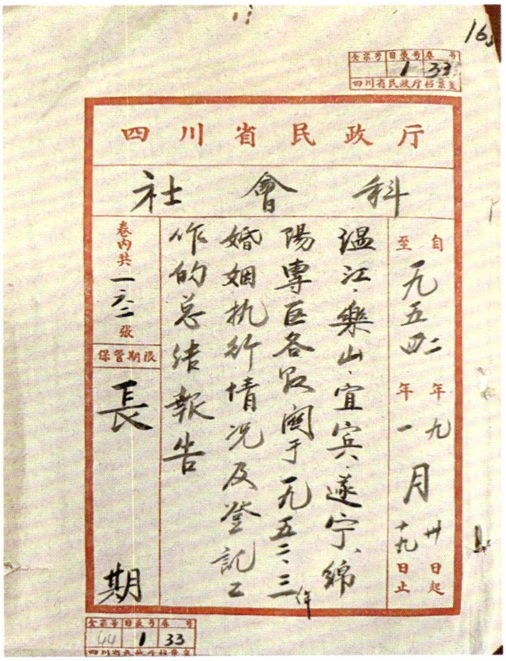

温江、乐山、宜宾、遂宁、绵阳专区各县1952、1953年婚姻执行情况及登记工作的总结报告案卷封面（四川省档案馆藏）

1956年，最高人民法院开展《婚姻法》执行情况专项调查，结果显示全国大部分地区均实现了自主婚姻。

结婚証

(62)字第1725号

自愿结婚，经审查合於中华人民共和国婚姻法关於结婚的规定，发给此証。

一九六二年 月七日

1962年的结婚证书

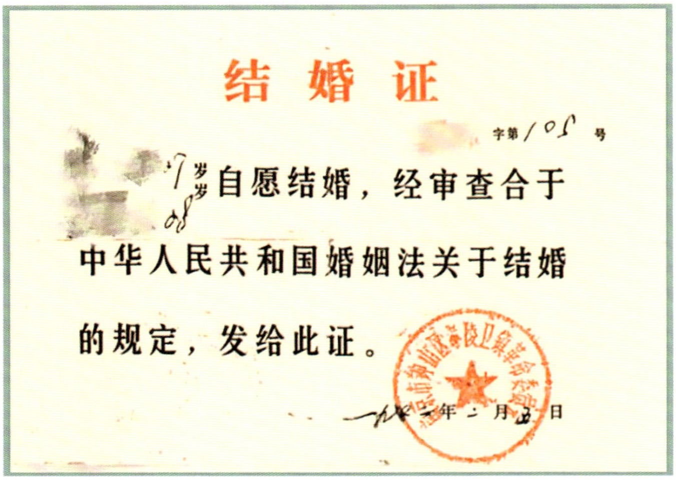
结婚证

字第105号

自愿结婚，经审查合于中华人民共和国婚姻法关于结婚的规定，发给此证。

1972年的结婚证书

20世纪70年代结婚时的“三大件”

修改与修正

1980年9月10日，第五届全国人民代表大会第三次会议通过了修改的《婚姻法》，自1981年1月1日起施行，原《婚姻法》同时废止。新修改的《婚姻法》增加了实行计划生育、保护老年人权益、夫妻约定财产制等新规定。

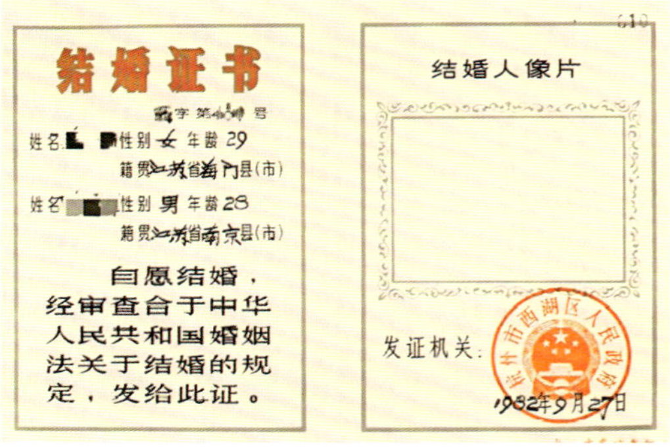
结婚证书

姓名[redacted]性别女 年龄29

姓名[redacted]性别男 年龄28

自愿结婚，经审查合于中华人民共和国婚姻法关于结婚的规定，发给此证。

结婚人像片

发证机关：

1982年9月27日

1982年的结婚证书

20世纪80年代结婚时的“三大件”

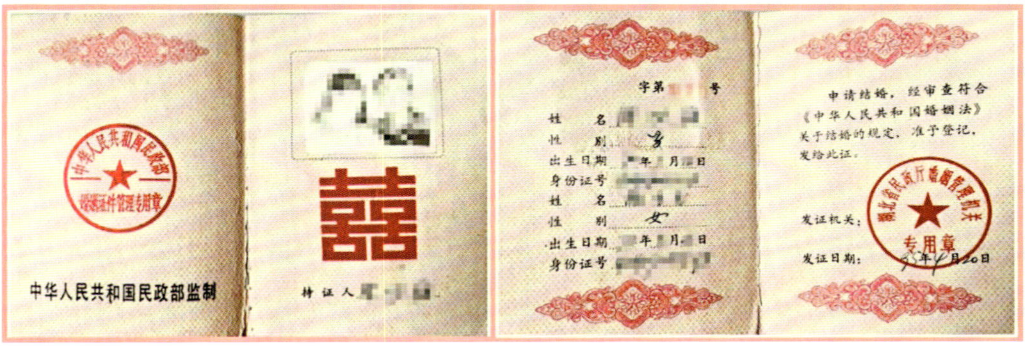

1995年的结婚证书

2001年4月28日，第九届全国人民代表大会常务委员会第二十一次会议对《婚姻法》进行了修正，增设了无效婚姻、可撤销婚姻条款，增加了重婚和离婚无过错方损害赔偿请求权的规定，完善了对家庭暴力受害者、受虐待者、被遗弃家庭成员的救助制度。

新时代妇女权益保障与婚姻制度变革

2012年，“坚持男女平等基本国策，保障妇女儿童合法权益”被写进党的十八大报告，成为党的施政纲领。

2015年9月2日，国务院新闻办公室发表《中国性别平等与妇女发展》白皮书，全国女性就业人数占总数的45%；本专科和硕士研究生在校生中的女生比例分别为52.1%和51.6%；中国被世界卫生组织列为妇幼健康高绩效的10个国家之一。27日，国家主席习近平在全球妇女峰会上发表重要讲话，明确表示：追求男女平等的事业是伟大的。纵观历史，没有妇女解放和进步，就没有人类解放和进步。中国将更加积极贯彻男女平等基本国策，发挥妇女“半边天”作用，支持妇女建功立业、实现人生理想和梦想。

《中国性别平等与妇女发展》白皮书

2018年12月12日，国务院新闻办公室发表《改革开放40年中国人权事业的发展进步》白皮书，我国妇女参与公共事务管理和经济社会发展的权利得到切实保障，男女平等基本国策进一步贯彻落实，党政机关中女性干部从改革开放初期的42.2万名提升至2017年的190.6万名，占干部总数的26.5%，妇女参政议政权得到切实保障。

改革开放40年
中国人权事业的发展进步

（2018年12月）

中华人民共和国
国务院新闻办公室

人民出版社

《改革开放40年中国人权事业的发展进步》白皮书

2020年5月28日，十三届全国人大三次会议表决通过了《中华人民共和国民法典》，自2021年1月1日起施行，《婚姻法》同时废止。

《民法典》婚姻家庭编除继续坚持原《婚姻法》的基本理念和原则，还更加突出弘扬社会主义核心价值观，新增了离婚冷静期，明确了夫妻共同债务“共债共签”、完善了离婚赔偿制度、删除了“计划生育”、确立了日常家事代理权等，处处彰显着党和国家对妇女权益的重视，彰显着“家”在国人生活中的重要地位。正如习近平总书记曾经指出：“无论时代如何变化，无论经济社会如何发展，对一个社会来说，家庭的生活依托都不可替代，家庭的社会功能都不可替代，家庭的文明作用都不可替代。”

《婚姻法》是党和国家利用法律手段保护妇女权益、推动男女平等的伟大创举。从诞生到废止的70年岁月里，《婚姻法》保障妇女同胞实现了婚姻自由，走上了工作岗位，彰显了自身价值，获得了经济独立，提升了社会地位，也见证了我国经济社会发展翻天覆地的变化和人民群众婚姻家庭观的巨大变革。

参考文献

[1] 四川省地方志编纂委员会．四川省志·民政志[M]．成都：四川人民出版社，1996．

[2] 张希坡．中国婚姻立法史[M]．北京：人民出版社，2004．

[3] 四川省档案馆．打开跟着档案去旅行[M]．成都：四川人民出版社，2008．

[4] 四川省档案馆馆藏档案资料；部分内容和图片来自网络。

14 青春之歌
——永远19岁的丁佑君

1919年5月4日，在民族危难之际，中国大地爆发了震惊中外的五四运动，孕育了以爱国、进步、民主、科学为主要内容的伟大五四精神，鼓舞一代又一代青年接续奋斗，把最美好的青春献给祖国和人民，谱写了一曲又一曲壮丽的青春之歌。我们收集整理并集中展示巴蜀好儿女丁佑君烈士的档案资料，以此纪念她永远定格在19岁的青春生命，激励新时代青年树立远大理想、热爱伟大祖国、担当时代责任、勇于砥砺奋斗，继续谱写永不落幕的青春之歌。

我是共产党派来为老乡们工作的，就是死了也光荣！能为人民而死，是最光荣的！

——丁佑君

丁佑君烈士，1931年9月27日生于四川省乐山市五通桥。1950年1月考入西康人民革命干部学校，同年9月18日在西昌盐中区征粮工作中不幸落入国民党残匪手中。敌人用死来威胁丁佑君，她毫无畏惧地回答：“死，我见得多，怕死不革命，革命就不怕死。”敌人又强迫她喊反动口号，她却高声大喊：“拥护毛主席！中国共产党万岁！”气急败坏的匪徒向丁佑君射出了罪恶的子弹……丁佑君为保卫新生的红色政权献出了宝贵的生命，牺牲时年仅19岁。

丁佑君（四川省档案馆藏）

四川省档案馆珍藏着丁佑君烈士的系列档案：《丁佑君烈士纪念册》《安葬丁佑君烈士纪念册》《纪念丁佑君的报纸和剪贴》《青年团西康省工委关于安葬丁佑君烈士的启示和追悼会的照片》以及连环图书《丁佑君》。这些珍贵的档案翔实记录了丁佑君烈士短暂而伟大的一生。

丁佑君烈士纪念册（四川省档案馆藏）

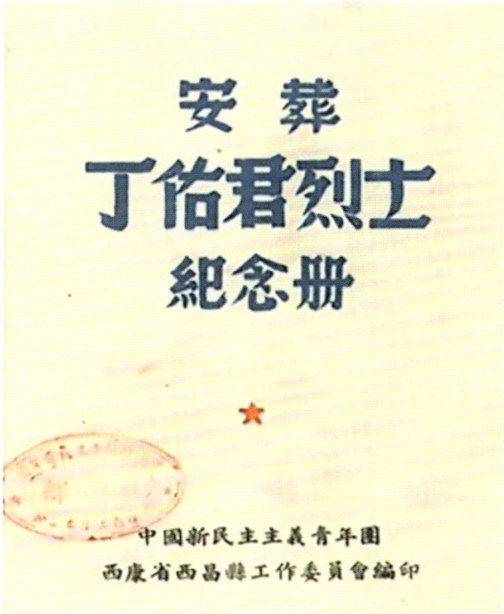

安葬丁佑君烈士纪念册（四川省档案馆藏）

中国版画家阎风编绘连环画：《丁佑君》（四川省档案馆藏）

毅然走进革命阵营

1931年9月27日，丁佑君出生在四川省乐山市瓦窑沱岷江江畔的一个封建习气浓厚的中等盐商家庭，在兄妹三人中排行最末，自小深受家人宠爱。1942年在五通桥民彝小学毕业，1944年在五通桥私立高级小学毕业，1947年在当地通材中学初中毕业。

1947年秋，丁佑君考入成都市立女子中学高中，这是她离开家庭独自一个人在外生活的开始。在这期间，她阅读进步报刊，开始倾向革命，对家里的庸俗市侩氛围感到不满。她的二哥丁好德对她思想影响很大，当时丁好德在燕京大学念新闻系，经常写信给她，并寄一些进步书刊给她看。读书期间，正值国民党挑起内战，大举向解放区进攻，全国各地学生运动日益高涨，她也积极参加游行等学生活动，1948年4月，丁佑君参加了中共地下党组织领导的罢课斗争，1949年11月又投身于中共地下党组织发起的护校运动。

1949年12月27日，成都解放。是继续升学还是参加轰轰烈烈的革命事业？丁佑君陷入思考中，这时，二哥丁好德写信鼓励她响应毛主席号召，为人民服务，坚定了丁佑君投身革命的信心。1950年1月，丁佑君瞒着家庭，考入西康人民革命干部学校。入校前，亲朋好友都劝她："西康是一个穷苦的地方，生活很困难，你又是一个女孩子，不必去吧！” 听了这些话，她总是说：“女孩子就不能吃苦吗？既然要革命，还怕吃苦不成。”她在写给二哥的信中说道：“前些时日你的来信鼓舞了我，我下定决心，有机会要参加工作，而不该让家中的人知道，否则一定增加困难。”

就这样，她毅然决然地走进了革命阵营。

革命熔炉锻炼成长

西康人民革命干部学校位于雅安，学生是在成都招生的，因此，入校后面临的第一个考验就是长途行军，从成都奔赴雅安。1950年2月8日，西康人民革命干部学校师生员工1 300多人从成都到雅安长途行军。这次行军异常艰苦，在新津到邛崃的路上，师生们遭受了土匪的包围和袭击，同学们在学校领导的鼓励下，冒着枪弹，匍匐前进三十多里，身体本来就不好的丁佑君，却一直坚持轮流背受伤的同学。到邛崃后，又值土匪攻城，学生的东西全部丢光了，睡觉没有被子，天气又冷，伙食很差，生活非常艰苦，她不但没有动摇，而且去劝说那些动摇的同学：“土匪没有什么了不起，一定会被我们消灭的。不要灰心丧气，这是革命给我们的考验。”这种鼓励，增强了同学的意志。这一路上的艰辛以及丁佑君乐观的革命精神，我们可以从她写给同学的信中看出：“身体虽然很苦，但是在意志上更坚强了我为人民服务的决心。”“我可以骄傲地告诉你们一句，在这情形下，我的革命决心，绝没有动摇一点，革命本来就苦嘛！”“现在我和管珉他们几个在一起，衣服都是这个脱了那个穿，可是我告诉你们吧，朋友！我的精神是愉快极了。”

这次血的教训，使丁佑君认识到阶级斗争的残酷，也让她深刻体会到了阶级友爱情，也就是二哥丁好德说的“同志爱”。

在雅安西康人民革命干部学校学习期间，丁佑君如饥似渴地学习，制订自己的学习计划，努力按时完成各项学习任务，同时，她是学代会的代表，担任组长，白天主持班内各组的讨论，帮大家分析问题，晚上听各组的汇报，拟定第二天讨论的题目。她的个性很倔强，对学校领导的号召，一向都是很积极的，一切活动都带头参加。在学习了新民主主义青年团团章后，她是五班女同学中第一个申请入团的，第一次没有被批准，她并不灰心丧气，继续努力，终于在1950年4月29日被批准为光荣的青年团员。第一学期结束时被选为学习模范。

西康人民革命干部学校毕业后，她响应组织号召，第一个报名到西昌去工作，争取到革命最需要最艰苦的地方去，组织上批准了她的请求，并将她分配到西昌分区去做青年工作。在走上工作岗位的长途行军中，每日要步行一百二十里路，她从没有喊过苦叫过累，始终坚强地走着，并能很好地照顾其他女同志和病号同志，每到一处还要搬米背柴，没有先于别人休息。到汉源富林的时候，遇土匪偷袭，在极其混乱的情况下，为解决同志们吃饭问题，她和别的同志一道去河坝乡磨坊推苞谷面。这些在她给同学们的信中都有体现。

到西昌后，丁佑君先担任西昌县立女子中学军代表，教课和做青年工作，暑假时，她又被调任到西昌县盐中区任青年干事，参加征粮工作。

参加征粮英勇赴义

1949年10月1日，中华人民共和国成立，但新生的人民政权仍然面临着种种威胁，粮食问题尤其严峻。邓小平及中共中央西南局高度重视，把粮食问题提高到稳定西南社会、巩固政权的高度，并在各项指示中明确提出：解决西南地区粮食问题的办法，是依靠党、政、军各方面力量，发动人民群众，及时组织征粮工作队，到广大农村地区开展征粮工作，以便尽快解决粮食问题。1949年12月，西南局展开了具有战略意义的征粮工作。

丁佑君就是征粮工作队中的一员。1950年8月她被调任到西昌县（今西昌市）盐中区参加征粮工作，常常往返各乡二三十里，向群众宣传党的政策，讲解革命道理，当地农民和群众妇女都亲切地叫她“丁代表”“丁姐姐”。

1950年9月17日，盐中区发生土匪叛乱，丁佑君在征粮途中不幸被土匪绑架。土匪们要她缴枪，她坚决果断地说：“我没有枪，只有命！”土匪问她是做什么工作的，她简洁地答复：“我是盐中区的工作人员。”严正地指责土匪们：“当土匪只有死路一条。”并向土匪们说明政府的“首恶必办、跟从不问、立功受奖”的剿匪政策，争取他们放下武器向人民投降。土匪们企图从丁佑君嘴里获取情报，她却刚强地没有吐露出一点消息。匪徒恼羞成怒，9月18日下午，剥掉她的衣服，缚着两只胳膊，由二十几个土匪押着她，在罗家场（玉龙镇）裸体游行。匪特们的兽行没有使丁佑君屈服，她沿街高呼：“老乡们，这并不是我的耻辱，我是为老乡们来工作的，死了也要得。唯有这些土匪才是最卑鄙、下贱、无耻的。”她刚毅的呼声使土匪们惊奇发抖。土匪问她是不是共产党，她说：“我们的党不像你们这些狐朋狗党，我还不够入党的条件，我是新民主主义青年团员。”一个青年团员竟能如此，这是他们没有想到的。下午四点钟左右，土匪百余人包围西盐区公所，企图抢劫仓库。当时留守区公所的只有侦察队的八位同志，他们坚守碉堡，和匪特们开展了激烈战斗，坚持一整夜，匪特始终没有攻下。19日，土匪妄想利用丁佑君去劝说碉堡内的同志们缴械投降，匪徒们威胁她，如不把碉堡内的同志们喊出来投降，就立刻枪毙她。土匪们把她押到碉堡附近的一间矮屋的墙脚下，她拉开嗓门高声喊叫起来，“同志们！不要怕，勇敢些，沉住气，小毛毛土匪没有几个，我们的援军就要到了，要坚持到底，胜利是属于我们的。”土匪们气恼了，立刻止住她的喊叫。土匪让她喊“拥护蒋委员长，国民党万岁”，英勇的丁佑君毫不迟疑地喊出：“拥护毛主席，共产党万岁！”土匪们疯狂起来，一声枪响，子弹从她的胸膛穿出，她倒在血泊里。倒下了的丁佑君还断断续续地喊：“同志们，不要怕，革命是要流血的，死了我一个人算不了什么，会有千千万万的人给我报仇的。”就这样，丁佑君在“中国共产党万岁”的呼声中壮烈牺牲了。

穷凶极恶的匪徒没有放过倒在血泊中的丁佑君，匪徒提着她的脚在地上拖了一里多地，她的背血肉模糊、皮开肉绽，被丢在田坎上。土匪们恐吓周围的百姓散去，不准出来，并在街上放哨。第二天，老乡们悄悄找到丁佑君的遗体，草草掩埋。

这年，她刚刚 19岁，花一样的年龄，为保卫新生的红色政权，永远合上了美丽的双眼。

青春生命永远活着

丁佑君牺牲了。噩耗传来，同事亲朋好友陷入悲痛，西昌女中的师生没有一个不流泪，盐中区的人民群众都为她的牺牲而悲伤。丁佑君壮烈牺牲的感人事迹，也迅速传到全国各地。

1951年11月27日，西昌县各界组成了丁佑君烈士治丧委员会，决定在盐中区公所驻地修建丁佑君烈士陵园。1952年5月4日，正值五四青年节，丁佑君烈士陵园修建竣工，烈士的遗骨移入园内。当天，中共西昌县委、青年团西昌工委等单位以及万名干部群众

西昌各界公祭安葬丁佑君烈士大会（四川省档案馆藏）

青年团中央、团西南工委和团西康省工委代表王明江向丁佑君烈士敬献花圈（四川省档案馆藏）

数不清的花圈表达对烈士无限的哀痛与思念（四川省档案馆藏）

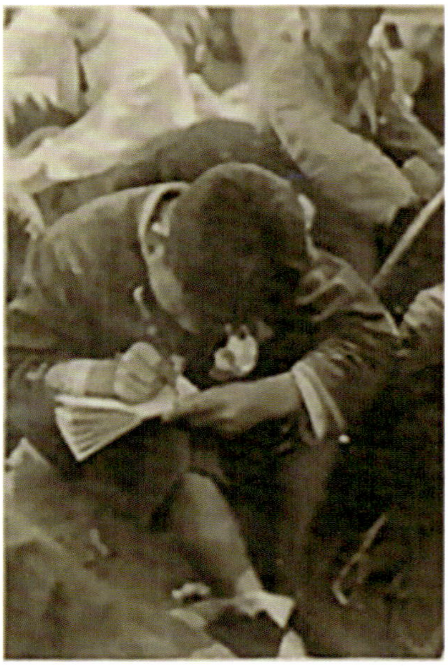

牢牢记住烈士的英勇事迹（四川省档案馆藏）

在陵园集合，举行丁佑君烈士公祭、安葬仪式。

生命可以被毁灭，但不能够被打败。英雄倒下了，但她的精神永存。

在公祭仪式上，各界领导为丁佑君烈士题词。中共川西区党委第一书记李井泉题词：“英勇坚贞，至死不屈，是中华民族的优秀儿女，是青年团员的光辉榜样。”中共西康区委员会题词：“党和人民的好女儿！”西昌地委书记梁文英题词：“人民英雄 青年楷模！”中共西昌地委副书记苗前明题词：“生前诚爱精神受人尊 死后光荣芳名为众敬。”西昌军管会副主任樊不屈题词：“学习丁佑君同志为人民革命事业忠贞不屈的伟大精神。”副师长陈捷第题词：“悼念佑君同志视国家人民利益重于生命，在敌人面前坚贞不屈，此种为人民服务自我牺牲的精神将永远记在人民的心怀。”

为纪念丁佑君，各机关、学校、各城市，如西康人民革命干部学校、成都女中、团中央等都发吊唁电文，撰写诗歌、散文等纪念文章，无不为丁佑君的壮烈牺牲而深感惋惜，无不为党培养出这样的好青年而感到骄傲自豪，大家都称她为第二个刘胡兰。这些纪念文章有《纪念党的好女儿，模范的青年团员——丁佑君》《把丁佑君同志的革命精神贯彻到我们的工作中去》《为纪念丁佑君同志而作》《纪念丁佑君烈士，我们应该做些什么？》……纪念文章中写道：“丁佑君同志，为人民的事业英勇牺牲，堪为全国青年楷模”“党和人民的好儿女丁佑君同志的壮烈牺牲，不仅为中国新民主主义青年团的历史写下了可歌可泣的一页，而且为全体团员和革命青年树立永垂不朽的楷模。”“佑君同志，牺牲了，但她并没有死，她的坚贞英勇，顽强斗争，全心全意服务人民的精神是长存的。”“死者要是不活在生者的心里，那就真正的死了。今天，我们这么多人来悼念丁佑君同志，也还有无数的人在别处悼念她，这就说明我们的佑君同志没有死，死不了，她已经永生在千千万万人的心中了。”“活，要怎样的活法，死，又该怎样的死法。”“你是永生的丹娘，你是不死的卓娅！”“一个19岁的花季少女，为了祖国将自己的生命奉献出去，这种宁折不弯的革命精神也正是如今的我们所欠缺的，我们应该将英雄的精神永传下去。”“他们活在我们的心中，我们活在他们的事业中。”……

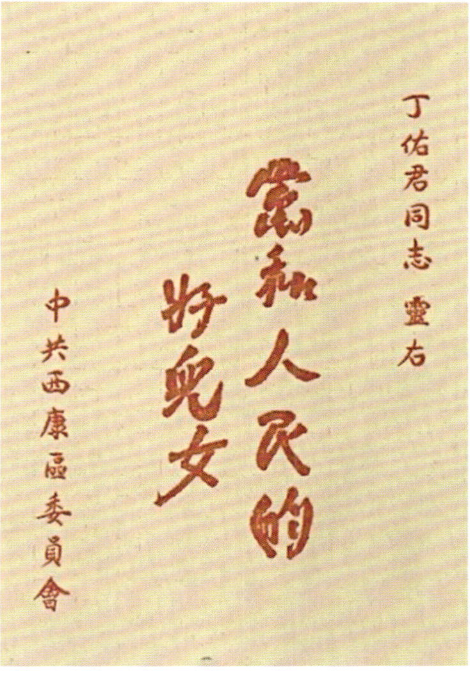

中共西康区委员会题词：党和人民的好儿女（四川省档案馆藏）

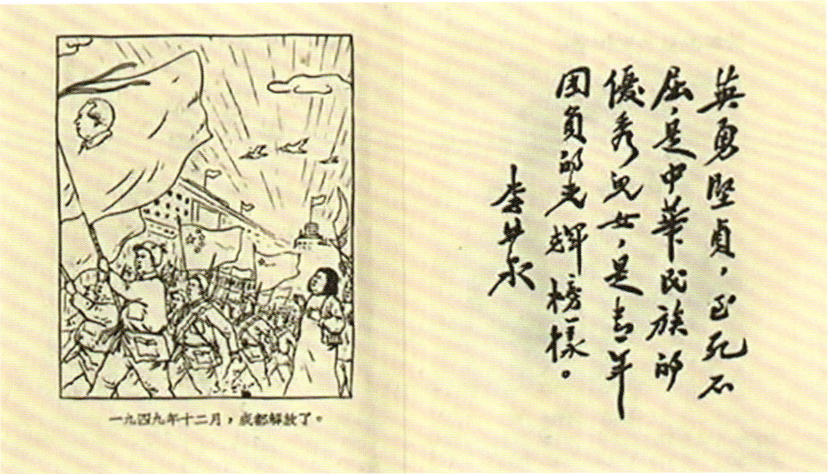

中国版画家阎风编绘连环画：《丁佑君》（四川省档案馆藏）

丁佑君烈士牺牲后，根据其生前的请求，1950年9月25日，西昌县委追认她为中国共产党党员。1952年5月19日，中央人民政府签发了毛泽东署名的《革命牺牲人员家属光荣纪念证》，为丁佑君核定“革命功绩：一大功”。1958年3月，全国人民代表大会常务委员会委员长朱德同志题词：“丁佑君同志是党和人民的好女儿，是共青团员和青年的好榜样。中国青年应该学习她把自己的一切都献给党和人民的革命精神。”

1985年9月19日，在丁佑君光荣牺牲35周年纪念日，由家乡人民义捐，在五通桥菩提山上修建的“丁佑君烈士纪念馆”落成，占地面积2 292.60平方米，建筑面积776平方米。时任中共中央总书记的胡耀邦同志为纪念馆题写馆名匾额，馆内还陈列有朱德等党和国家领导人的题词。

1987年10月1日，西昌市人民政府将丁佑君烈士殉难地河西镇更名为佑君镇。

丁佑君烈士纪念馆

丁佑君烈士墓

后　记

《兰台寻踪——档案里的四川故事》一书由四川省档案馆统筹、谋划、组织，档案编研处负责具体编写和审校。

本书在编纂过程中，得到了四川省档案馆馆长祝云、副馆长张辉华的大力支持和指导，馆内各处（室）、直属单位提供了诸多帮助。西南交通大学出版社亦对本书的编纂出版工作给予了鼎力支持。兹值本书出版之际，谨向关心、支持本书编辑出版的单位及个人致以最诚挚的谢意！

由于涉及范围广、信息量大，书中难免有不妥和疏漏之处，恳请读者批评指正。

编　者

2023年10月